U0598044

产业与消费双升级视角下
服务业发展模式与供给政策研究

路红艳 著

中国商务出版社
CHINA COMMERCE AND TRADE PRESS

图书在版编目（CIP）数据

产业与消费双升级视角下服务业发展模式与供给政策

研究 / 路红艳著 . -- 北京：中国商务出版社，2016.9（2017.9 重印）

ISBN 978-7-5103-1648-7

Ⅰ . ①产… Ⅱ . ①路… Ⅲ . ①服务业 – 经济发展 – 研

究 – 中国 Ⅳ . ① F719

中国版本图书馆 CIP 数据核字（2016）第 243725 号

产业与消费双升级视角下服务业发展模式与供给政策研究

CHANYE YU XIAOFEI SHUANGSHENGJI SHIJIAO XIA FUWUYE FAZHAN MOSHI YU GONGJI ZHENGCE YANJIU

路红艳　著

出　　版：中国商务出版社
社　　址：北京市东城区安外东后巷 28 号　　　　邮　　编：100710
责任部门：经管与人文社科事业部（010-64255862　cctpress@163.com ）
策划编辑：王筱萌
责任编辑：刘文捷
直销客服：010-64255862
传　　真：010-64255862
总 发 行：中国商务出版社发行部 （010-64208388　64515150 ）
网购零售：中国商务出版社淘宝店 （010-64286917）
网　　址：http://www.cctpress.com
网　　店：http://cctpress.taobao.com
邮　　箱：cctp@cctpress.com
排　　版：北京华彩博文文化传媒有限公司
印　　刷：北京建宏印刷有限公司
开　　本：787 毫米 ×1092 毫米　　　　1/16
印　　张：17.5　　　　　　　　　　　　字　　数：292 千字
版　　次：2016 年 10 月第 1 版　　　　印　　次：2017 年 9 月第 2 次印刷
书　　号：ISBN 978-7-5103-1648-7
定　　价：49.00 元

前 言
Preface

　　当前，我国已进入经济新常态阶段，经济增长动力正在从要素驱动和投资驱动向创新驱动和消费驱动转变，产业结构也正在从原来的工业经济主导向制造业与服务业协同发展转变，服务业和服务消费成为经济增长的新引擎。如何发挥服务业和服务消费在经济增长的重要作用，既关系到我国能否成功跨越中等收入陷阱和经济社会持续稳定发展，也关系到全面建成小康社会的成败。

　　2015年11月10日召开的中央财经领导小组第十一次会议上，中央提出"在适度扩大总需求的同时，着力加强供给侧结构性改革，着力提高供给体系质量和效率，增强经济持续增长动力"。随后，在中央经济工作会议上提出供给侧结构性改革的五大重要任务，即去产能、去库存、去杠杆、降成本、补短板，强调从生产端入手，化解过剩产能，消除房地产库存，促进产业优化重组，降低企业成本，发展战略性新兴产业和现代服务业，增加公共产品和服务的供给。供给侧结构性改革已成为当前及未来一段时期指引我国经济发展的重大方略。供给侧结构性改革的本质是经济调整结构。加快推动供给侧结构性改革，是推动产业结构转型升级，提高供给体系质量和效益，满足经济社会发展和消费结构升级的需要。服务业作为国民经济中的主导产业，不仅本身属于产业供给的重要组成部分，而且也是连接供给和消费的桥梁纽带，对工农业供给结构有着重要的市场化调整和优化作用，对满足消费需求特别是服务消费需求有着重要的保障作用。

　　从服务业促进产业升级的角度看，产业结构调整一般包括两方面内容：一是对现有不合理的产业结构、产品结构和企业组织结构进行调整，即存量调整；二是对新增投资、新增产能进行调整，使其投入国家鼓励发展的新兴行业，以实现产业结构高级化的目标，即增量调整。由于存量结构的调整涉及复杂的既得利益关系，如果不充分发挥市场机制配置资源的作用，单纯依靠以"政府主导"为特征的行政手段或产业政策进行调整，不可避免地会使产业结构调整陷入两难困境。从我国产业结构调整的历史实践来看，在我国计划经济向市场经济转轨的过程中，产业结构调整沿用了计划经济的行政命令、会议发文等形式，即便是一系列看似符合市场规律的产业政策的出台，也或多或少打上了行政色彩的印记。20世纪80年代，国家消费导向型的工业化发展战略推动了轻纺、家电等制造业的快速发展。但由于当时缺乏统一规划以及一些地方政府强调开拓财源而大搞高利税项目，使我国工业领域出现了工业消费品制造业重复、盲目建设现象。到20世纪90年代，国家为了控制重复建设，加强了项目行政审批。但由于行政审批赋予了部门更多的权利，导致部门追求利益最大化和"寻租"现象的出现。特别是90年代末，针对部分轻工产业重复建设和产能过剩问题，国家采取了对库存积压严重的行业限制产量以及对一些被认定重复建设严重的行业强行淘汰落后产能的办法。突出表现在纺织业限产压锭方面。由于当时纺织、煤炭、冶金等行业国有企业较多，对纺织、煤炭、冶金等行业淘汰落后的生产能力起到了积极成效，缓解了纺织等行业的结构性矛盾。但同时也造成了大量国有企业员工下岗，企业包袱沉重，大批国有企业纷纷倒闭和破产，社会负担加重。与此同时，这一时期以大规模引进国外先进技术和设备推动产业结构调整的做法，一定程度上也造成了投资浪费、企业开工不足、三角债问题严重等现象。进入21世纪以来，随着亚洲金融危机的阴影逐步散去，在房地产以及随后的汽车、电子产品等消费结构升级的推动下，我国经济开始回到了快速增长的轨道，重工业化趋势日益加强。为抑制投资增长和盲目建设，国家采取了供地、融资、核准、审批、检查等行政手段，限制部分行业投资。特别是2008年全球金融危机爆发后，国家为稳定经济增长出台了十大产业振兴规划，由此造成了新一轮产业结构性过剩与膨胀。不难看出，过去我国产业结构存量调整主要运用的是行政手段，其中行政审批是惯用的工具。而在产业组织结构的调整上，我国长期以来都是通过关、停、并、转的行政措施来实现的，产业的成长仍属于"他组织"状态。这种过多依赖"政府主导"的行政手段和产业政策调整产业结构的弊端是不言而喻的。因此，推动供给侧结构性改革，着力消除工业过剩产能，增强优质产品供给，必须要充分发挥生产性服务业在推动产业结构升级中的市场化作用机制，通过改革制约生产性服务业发展的体制机制，增强生产性服务业供给，促进制造业向智能化、绿色化、服务化转型，提升制造业国际竞争力。

从服务业对消费升级的作用来看，传统意义上一般将消费作为需求侧，因此许多人认为经济新常态下，推动供给侧结构性改革是主要任务，不应再关注需求结构调整。这里面存在一个误区，就是将扩大总需求与满足消费需求混淆。在新古典经济学理论中，凯恩斯的需求理论认为对商品总需求的减少是经济衰退的主要原因，强调利用财政政策来扩大总需求，包括扩大投资需求和消费需求。而以哥伦比亚大学教授罗伯特·蒙代尔和美国经济学家阿瑟·拉弗等为代表的供给学派却认为，引起滞胀的原因是供给不足，而造成供给不足的原因是政府干预过度，因此强调对人们的工作、储蓄和投资的刺激，主张通过大规模减税来促进生产或总供给增加，用供给管理政策取代凯恩斯主义的需求管理政策。可见，凯恩斯的需求理论与供给经济学派的观点是对立的，因而扩大总需求与供给侧结构性改革也是两种不同的经济策略。但供给侧结构性改革与扩大消费却是一个问题在不同层面的反映，实质上二者是一致的。在当前消费结构加速由商品消费向服务消费升级，由温饱消费向品质消费转变，由线下消费向线上消费延伸，由模仿型、大众化消费向个性化、定制化、体验化消费转变的趋势下，只有推动供给侧结构性改革，提高商品和服务供给质量，才能满足消费需求，促进经济稳定增长。因此，推动供给侧结构性改革，必须瞄准消费结构升级方向和趋势，加快创新生活性服务业制度供给和政策供给，提升生活性服务业供给质量和效益，满足服务消费快速增长的需要。

本书正是基于产业升级与消费升级两个维度，深入系统地研究了生产性服务业对产业结构调整的作用、机制和模式，以及生活性服务业供给对促进消费结构升级的作用、模式和政策。特别值得一提的是，本书选择了市场化这一视角，强调了生产性服务业对制造业结构优化的市场化作用机制和生活性服务业市场化改革对增强服务供给的作用机制。

由于自身能力和研究水平有限，本书在很多研究领域仅仅提出了相关问题，并没有提出很好的解决方案，研究内容也难免有许多疏漏之处，仍有待于下一步进行深入系统研究。不足之处，敬请读者批评指正！

路红艳

2016 年 8 月

目 录
Contents

上篇：生产性服务业发展与产业结构升级

下篇：生活性服务业发展与消费结构升级

总　论

中国迈入服务经济时代的战略选择

第一章 服务经济理论的演进与发展

从服务经济理论演进与发展的脉络来看，由最早的古典经济学将服务业视为"非生产性"的经济活动，到后来阿兰·费希尔（Allan G.B.Fisher）和科林·克拉克（Colin Clark）对三次产业的划分，以及服务经济理论的兴起和发展，确立了服务业在国民经济中的重要地位。在维多克·富克斯（Victor Fuchs）、丹尼尔·贝尔（Daniel Bell）以及库兹涅茨（Kuznets）、钱纳里等人的经典文献里均可看到有关服务业重要性的论述。但对服务经济理论演进阶段的划分，不同学者的划分标准不尽相同，法国学者让－克洛德·德劳内和让·盖雷在其《服务经济思想史——三个世纪的争论》一书中将服务经济理论分为质疑服务时期、服务泛化时期、第三产业时期和服务经济时期四个时期。我国学者江小涓在此研究基础上，结合 21 世纪以来现代服务经济发展的特点，又增加了一个阶段，即产业融合时期[①]，形成了较为系统完善的服务经济理论框架。

第一节 关于服务业本质与作用的争论

在服务经济理论演进与发展过程中，很多经济学家和学者都关注了服务业在经济社会发展中的作用，既有质疑又有肯定。其中，对于服务业本质和作用的质疑和争论主要是早期古典服务经济思想关于服务业的"非生产性"，威廉·鲍莫尔（W. J. Baumol）关于服务业"低生产效率"，以及新工业主义理论关于服务业"自我服务"的论述。

---

① 江小涓等著：《服务经济——理论演进与产业分析》，人民出版社 2015 年版，第 2 页。

一、关于服务业的"非生产性"

长期以来，以亚当·斯密（Adam Smith）为代表的传统古典经济学家认为，服务业是"非生产性"的部门。斯密从价值增值角度，将人类劳动区分为生产劳动和非生产劳动，他认为，"有一种劳动，加在物上，能增加物的价值；另一种劳动却不能够。前者因可生产价值，可称为生产性劳动，后者可称为非生产性劳动"。①斯密认为，非生产性劳动不能对社会财富的增加做出贡献。斯密虽然没有直接说生产服务的劳动是非生产劳动，但他认为个人服务（家仆）、律师、医生、艺员等服务是非生产性劳动。马克思（Karl Marx）对斯密的观点进行了吸收和批判，他在《剩余价值论》中也对生产性劳动进行了定义。与斯密不同的是，马克思虽然也认为提供服务的劳动是"非生产性的"，但他是从使用价值角度认识服务的，他认为服务同一般商品一样具有使用价值，其使用价值就是劳动，提供服务的劳动没有固化于商品之中，而是直接进入了消费过程。

尽管马克思也意识到，服务业产生价值与否取决于它们在资本主义生产和交换过程中的地位，但多数后来的马克思主义者没有看到服务的价值，而是认为只有物质生产才能创造价值②。曼德尔（Mandel，1975）把生产性劳动定义为"能够创造剩余价值的劳动"，并认为生产性劳动与非生产性劳动的区别在于前者能够创造、改变或保存价值，以及实现价值，后者则改变交换价值的形式③。不难看出，曼德尔的观点是矛盾的，因为假如所有的剩余价值是以生产商品的形式存在的，那么对于那些没有增加价值的劳动或资本就可以认为是非生产性的，实际上却并非如此。例如，金融机构关于企业在萧条时期是否进行投资或购买证券的建议可能对企业的长远发展十分重要，而这种服务仅仅改变了价值的形式。

总体来看，关于服务业是非生产性活动的认识主要集中在以下两方面：

一是以往认为非生产性劳动不创造价值。古典经济学关于服务业的"非生产性"的观点有其时代背景的限制。在斯密生活的时代，农业是主要的部门，制造业还十分幼稚，与服务有关的主要是家仆和律师，因此，他们更看重资本积累对财富的集结。传统的服务业"非生产性"的观点，把服务业看做是非物质生产部门，是一种带"寄生性"的行业。它在国民经济中不能创造价值，因为不能创造

---

① 亚当·斯密：《国民财务的性质和原因的研究》（上卷），商务印书馆1997年版，第303页。
② 魏江等：《知识密集型服务业与创新》，科学出版社2004年版，第15页。
③ Mandel,E.1975: Late capitalism. London:Verso.

财富。但实际上非生产性劳动提供的服务业虽然没有"物化"在产品中，但在消费过程中增加了消费者的效用。而且在当今科技和信息技术广泛应用的时代，一些与生产活动密切相关的服务，比制造业创造了更大的价值。一些学者通过实证分析证明，美国商品生产部分的大约 75% 的价值增值是由部门内部的服务活动创造的；美国 1980 年 GDP 的 25% 归功于被商品制造部门用于中间投入的服务活动，而这高于制造业对 GDP 创造的价值增值（Riddle，1986）。

二是服务业是否是非生产性的。随着社会分工的演化，原来在制造业内部的活动分化出来，为制造业服务，这些活动是生产过程中的重要组成部分，其天生具有生产性。笔者认为，如果从价值创造角度来区分是生产性的还是非生产性的，那么能够创造价值的服务，尤其是生产性服务显然是生产性的。在知识、技术快速发展的趋势下，服务业正在向生产领域渗透，其范围也逐渐同生产领域相融合。这一趋势使得从生产领域内独立出来的服务业越来越具有一种主导性和支配性，现代经济中的许多生产部门已成为服务业的附属部分，它们的生产目标将围绕着"服务"这一核心而展开，比如研发设计。这是现代服务业最重要的特征，也是现代服务业的最终发展趋势。

实际上，希克斯、萨伊、巴斯夏都否定了服务不创造价值的观点，使得 20 世纪 70、80 年代"服务是生产劳动、服务创造价值"的观点上升为主流观点。如萨伊不仅定义了"在生产同时被消费的产品"的"非物质性产品"这一概念，而且将服务与人力资本联系起来，认为服务业也有投资和收益，从事服务需要获取知识和技能，提供服务得到的报酬就是投资收益。但由于当时服务业不够发达，对于服务的生产性和如何创造价值没有深入研究。

二、关于服务业的"低生产效率"

随着古典经济学关于服务是生产劳动还是非生产劳动之争逐渐定论，服务劳动被认为是一种生产劳动，服务产品具有交换价值和使用价值，服务有利于财富积累和增长。但是，关于服务业生产率低的理论又使服务业在经济社会发展中的作用遭到了质疑。1967 年，威廉·鲍莫尔（W. J. Baumol）在研究经济增长的论文中提出两部门非均衡增长的宏观经济增长模型，分别为"停滞部门"（stagnant sector）和"进步部门"（progressive sector），前者（主要指服务部门）的劳动生产率增长率为零，后者的劳动生产率增长率为正。鲍莫尔认为，制造业等进步部门的生产率增长较快，而服务业具有"停滞部门"的特征，生产率增长缓慢。相对于制造业，服务业的劳动生产率难以提高。这就是所谓的"鲍莫尔病"。尽管后来鲍莫尔增加了渐进停滞部门（asymptotically stagnant sector）以修正其初始模型，但依然有"成本病"的趋势。该模型认为"成本病"并非服务业缺乏管理或管理不善的结果，而是生产方法、技术的差异和落后所导致的服务生产率相对低下的结果[①]。鲍莫尔的基本观点可以概括为：第一，与制造业和其他行业相比，服务业就业增长相对较快，但主要原因是服务业劳动生产率增长相对滞后；第二，服务的需求弹性对服务业增长有重要影响，较低的价格弹性会导致"成本病"问题。

鲍莫尔提出的模型过于简单，不可避免地存在对复杂现象解释力不足的问题。随着技术的发展，许多学者认为并不是所有的服务业都存在低效率问题。同时，所谓的"鲍莫尔病"更多的是统计方法上对服务业产出覆盖不足的结果[②]。贝利和劳伦斯（Baily & Lawrence, 2001）对美国 20 世纪 90 年代各行业的劳动生产率进行了测算，表明不仅金融、房地产等生产性服务业的劳动生产率保持着较高的水平，而且传统生产率较低的个人服务、健康服务、批发和零售业也出现了生产率上升的趋势（表 1-1）。

表 1-1　美国 1989—1999 年间各行业劳动生产率年均增长率（%）

行　业	1989—1995 年	1995—1999 年	差　别
私人经济	0.88	2.31	1.43
农业	0.34	1.18	0.84
矿业	4.56	4.06	−0.50
建筑	−0.10	−0.89	−0.79
制造业	3.18	4.34	1.16
耐用品	4.34	6.84	2.50
非耐用品	1.65	1.07	0.58
交通运输及仓储	2.48	1.72	−0.76
通信	5.07	2.66	−2.41
批发	2.84	7.84	5.00

---

① 张卿："20 世纪 30 年代以来西方服务增长理论述评"，《南方经济》，2005 年第 7 期，第 79 页。
② 转引自吴敬琏：《中国经济增长模式抉择》，上海远东出版社 2005 年版，第 83 页。

续　表

行　业	1989—1995 年	1995—1999 年	差　别
零售	0.68	4.93	4.25
金融	3.18	6.76	3.58
保险	−0.28	0.44	0.72
房地产	1.38	2.87	1.49
个人服务	−1.47	1.09	2.56
商务服务	−0.16	1.69	1.85
健康服务	−2.31	−1.06	1.25
其他服务	−0.72	−0.71	0.01
IT 密集使用部门	2.43	4.18	1.75
非 IT 密集使用部门	−0.10	1.05	1.15

资料来源：Martin Neil Baily 和 Robert Z. Lawrence，2001

　　笔者认为，由于许多生产性服务业内置于制造业内部，在进行实证分析时，并没有看到这些部门生产率增长的情况。实际上，制造业高生产率在一定程度上也是这些中间需求的生产性服务业促进的。因此，认为服务业劳动生产率低，进而认为服务业的发展会阻碍经济增长的看法需要重新进行辩证分析。

三、关于服务业的"自我服务"

　　20 世纪 70 年代，很多经济学家开始质疑服务型社会的延续性和继续发展的问题，形成了新工业主义学派，他们认为未来社会并不是以服务需求增长为动力的"服务经济"模式，而仍然是以物质产品的需求增长为动力的"工业经济"模式，但工业生产将由原本依靠体力劳动为主转变为以人力资本为主的劳动投入方式。在新工业主义理论中，比较有代表性的是乔纳森·格沙尼（Jonathan Gershuny）提出的自我服务理论。

　　乔纳森·格沙尼认为未来社会并非是贝尔所描述的服务社会，而是一种自我服务社会（self-service society）。格沙尼（1978）利用 1954 至 1974 年英国的家庭消费支出数据说明，除了医疗和教育外，对服务的支出实际上是减少的，反而可以说出现了从服务向产品转移的趋势，这是由于技术进步使得人们可以通过购买耐用消费品来进行家庭内的自我服务，医疗和教育之所以例外是因为供需双方的保守性和技术上存在困难。因此，他认为，人们对服务需求的增加是通过购买商品并通过自己使用商品"内在地"获得满足，而不是向外直接购买服务本身，其结果就是商品在最终需求中的比重增加而不是服务比重的增加。例如，由于工业化生产效率和人们收入水平的提高，自动化的家电将会代替从外部购买的服务，私人汽车的购买将代替部分公共交通运输服务等，也就是说服务产品的供给具有可替代性。格沙尼还认为，服务的替代效应大于收入效应，这主要是因为服务（相对）价格的上升速度远大于收入的增长，因而可能出现"自我服务社会"。

格沙尼的自我服务理论看到了人力资本、技术在经济发展中的重要性，也更多地关注了生活性服务的变化，并认为生活性服务由于技术的发展而具有"自我服务"的特征。这为我们进一步研究服务业的发展提供了新的视角。但是，格沙尼在探讨未来社会是主要生产商品还是生产服务时，割裂了工业或制造业与服务业之间的关系，也就是说他没有注意到，随着经济的发展，更多的服务业是为制造业和其他行业服务的。而那些可以实现"自我服务"的生活性服务业主要是一些简单的可操作的服务，而且随着消费者需求的个性化、多样化，这部分可替代的服务业在生活性服务业中所占比重可能不会很大。

第二节　关于服务业产业化的理论发展

与对服务业本质和作用的质疑理论不同，很多经济学家都关注了服务业增长对经济社会的影响，他们或者将服务业作为一个独立的行业或部门，分析其对经济增长、就业等方面的影响，或者将服务业与工业、农业的关联作为研究对象，分析其对经济社会结构的影响。在服务经济理论体系中，有关服务业产业化的理论比较具有代表性的主要是三次产业分类理论、服务经济理论和产业融合理论。

一、三次产业分类理论

三次产业概念和分类方法的主要贡献者是费希尔（Fisher）和克拉克（Clark），他们根据实证研究，观察到第三产业（服务业）在经济增长和就业转移中的巨大潜力，奠定了服务经济理论研究的基础。

费希尔在1935年发表的《安全与进步的冲突》和1945年发表的《经济进步与社会安全》两部著作中明确指出，尽管第一产业是维持人类基本需求的产业，但劳动力仍然会逐渐从这些"初级"活动中转移出来，进入第二产业，而后更多地进入第三产业。

克拉克在1940年出版的《经济进步的条件》一书中提出了三次产业划分的基本分析框架，即将农业、畜牧业、渔业、林业划分为第一产业，将制造业、建筑业、电力、煤气的制造和供给等公共事业以及采矿业划分为第二产业，将运输通信业、批发零售业、金融业、房地产业、服务业和国家机关等划分为第三产业。克拉克通过对40多个国家和地区不同时期三次产业投入和产出的分析，总结了劳动力在三次产业中的结构变化与人均国民收入变化的规律，指出在产业结构演进过程中，随着人均国民收入水平的进一步提高，一个国家的劳动力构成会逐渐由第一产业占优势转向由第二产业、第三产业占优势，即"配第——克拉克定理"。克拉克的研究指出了经济发展过程中劳动力在三次产业间分布变化的原因在于产业间存在相对收入差距，但他并没有对产业间这种收入相对差距是如何产生的进行深入研究[①]。同时，克拉克定理既无法解释与企业相关的生产性服务业的快速发展，也无法解释服务业内部行业的消长现象。1957年，克拉克在其所著的《经济进步的条件》（第3版）中还提出了服务业的概念，他以"服务性行业"代替了"第三产业"，并将其界定为：与物质产品生产完全无关的产业部门。

美国经济学家库兹涅茨（Kuznets）在继承克拉克研究成果的基础上，从国民收入和劳动力在产业间的分布两个方面对产业结构进行了分析研究，发现三次产业的产业结构变化趋势与国民经济发展的关系，得出结论：（1）随着国民收入的发展，第一产业的国民收入和劳动力比重会持续下降，其中国民收入相对比重下降程度超过了劳动力相对比重下降的程度；（2）在工业化时期，第二产业国民收入比重和劳动力相对比重会上升，但在工业化后期，劳动力相对比重则大体保持不变；（3）第三产业比重及劳动力比重持续处于上升状态，其中劳动力相对比重上升快于国民收入比重。这为研究经济结构和服务业发展的阶段性特征提供了重要的分析框架（表1-2）。

---

① 李悦、李平主编：《产业经济学》，东北财经大学出版社，2002年版，第115页。

表 1-2 不同学者的行业分类

行　业	费希尔 （1935 年）	克拉克 （1940 年）	克拉克 （1957 年）	库兹涅茨 （1966 年）
制造业	第二	第二	工业	工业
建筑业	第二	第二	服务业	工业
公用设施	第二	第二	服务业	工业
运输	第三	第三	服务业	工业
通信	第三	第三	服务业	工业
贸易	第三	第三	服务业	服务业
服务	第三	第三	服务业	服务业
政府	第三	第三	服务业	服务业

资料来源：江小涓等著：《服务经济——理论演进与产业分析》，人民出版社 2015 年版，第 11 页。

二、服务经济理论

20 世纪 60 年代中期到 20 世纪末，伴随世界服务业的快速发展，现代服务经济理论快速兴起并获得了快速发展。在这一时期，比较有代表性的服务经济理论主要是维克托·富克斯（Fuchs）的服务经济理论和丹尼尔·贝尔（Bell）的后工业化理论。

（一）服务经济理论

1968 年，富克斯（Fuchs）出版了《服务经济学》一书，第一次明确将服务经济作为研究对象。在《服务经济学》中，富克斯（Fuchs）以实证方法对以美国为代表的发达国家各服务行业之间生产率变化及差异等方面进行了详尽的论证。在分析服务业就业增长的原因时，富克斯首先假设可能的原因有三个：（1）对服务业的最终需求的增长较快；（2）对服务的中间需求相对增长；（3）服务业人均产出增长较低[①]。经过实证分析，富克斯发现 1930—1960 年间就业向服务业转移的原因在于人均产出的差异，这些差异主要是由于技术、劳动力素质和资本密集程度不同。同时，他对 1948—1978 年间美国的劳动生产率和全要素生产率进行了研究，发现服务业的劳动生产率要显著低于农业和工业。对服务业生产率的缓慢增长，富克斯的解释是：（1）服务业的人均工作时间下降较快；（2）工业劳动力素质的提

---

① [美] 维克托·R. 富克斯著：《服务经济学》，商务印书馆 1987 版，第 11 页。

高快于服务业，或者说，服务业的人力资本增长慢于工业；（3）工业的资本密集度上升较快；（4）工业的技术进步速度快于服务业，而这又源于工业的规模效应更显著。显然，以现行的国民经济统计方法为基础，服务业的劳动生产率比商品生产的劳动生产率低是一个能够被确认的事实，这一事实不仅可被单个国家的情况所佐证，而且还被跨国的截面分析所证实。不过，富克斯的结论是基于经验统计基础上的一种直观归纳，并未对服务业生产率较低的生成机制及影响进行深入解析。

此外，富克斯还指出服务最终需求增长和中间服务需求增长的重要性，也就是说他认识到了生产性服务业与生活性服务业的不同。

（二）后工业化理论

根据富克斯的服务经济理论，丹尼尔·贝尔（Bell，1973）在《后工业社会的来临——对社会预测的一项探索》一书中，提出了"后工业社会"的概念。贝尔认为，经济发展可以分为三个阶段：即前工业社会、工业社会和后工业社会。前工业社会的经济部门主要是初级采掘性的农业、采矿、捕鱼等；工业社会的经济部门主要是从事商品生产的制造、加工行业；而后工业社会的经济部门主要是交通运输、贸易、金融、保险、不动产以及教育、研究等服务行业。同时，他详细分析了后工业社会的特征，认为后工业社会有四个主要特点：（1）后工业社会是服务社会；（2）知识、科学和技术将在社会生活中占主导地位；（3）专业人员和技术人员具有较突出的重要作用；（4）价值体系和社会控制方式将发生变化。也就是说，贝尔认为后工业社会的特征之一就是经济"从产品生产经济转变为服务经济"。在后工业社会，"服务业部门雇佣的劳动力占就业总人数的一半以上"，专门性、技术性职位占据优势，技术革新和理论知识成为社会的基础原理。

同一时期，未来学家托夫勒·奈斯比特等也相继提出类似概念与理论，认为人类社会经历了农业社会、工业社会以后，正在迈向以服务经济或信息经济为特征的后工业社会或信息社会。

尽管后工业社会理论指出，随着经济的发展，后工业社会服务业在经济发展中占据主导地位，并在富克斯研究的基础上，认为典型的服务业生产组织的特点一般是企业规模不大、各部门具有较大的自由度，因而专业人员具有较大程度的权威。但是贝尔对后工业社会中服务业的定义主要是与人们生活相关的享受型健康和教育等服务，而没有注意到与生产密切相关的生产性服务业在经济和社会发展中的作用，因此没有很好地解释服务业内部行业间的发展变动问题。

三、产业融合理论

我国学者江小涓根据产品与消费在生产、消费过程中的融合发展趋势，提出了服务经济理论发展的新阶段——产业融合阶段。

20世纪80年代以来，随着信息技术的快速发展、产业管制政策的放松以及跨国企业之间合并、合作浪潮的掀起，一些基于工业经济时代规模生产分工的产业边界逐渐模糊或消失，并逐步发展形成了一些新的产业形态，加速了经济信息化、服务化趋势的发展。产业融合最早的含义，多指信息产业融合或数字融合，其典型案例是电信、广播电视和出版三个行业在数字融合的基础上形成的产业融合。美国麻省理工学院（MIT）媒体实验室的尼古路庞特（Nicholas Negroponte，1978）用三个重叠的圆圈来描述计算、印刷和广播三者的技术边界，认为三个圆圈的交叉处将成为成长最快、创新最多的领域。尤弗亚（Yoffie，1997）将产业融合定义为"采用数字技术后原本各自独立的产品的整合"；格里斯坦和卡恩（Greenstein & Khanna，1997）从电信、广播电视和出版三大产业融合的角度出发，指出"产业融合作为一种经济现象，是指为了适应产业增长而发生的产业边界的收缩或消失"。后来，人们认识到产业融合不仅仅限于信息产业内部，在信息技术扩散和产业链延伸不断加强的趋势下，也会形成高新技术对传统产业改造、上下游产业紧密关联环节在产品、市场等方面的融合。日本产业经济学家植草益（2001）认为，产业融合就是通过技术革新和放宽限制来降低行业间的壁垒，加强企业间的竞争合作关系。他还推测，在制造业领域，产业融合也将得到进一步发展。我国学者多从技术关联和产业关联的角度对产业融合现象进行解释和分析。马健（2002）认为，由于技术进步和放松管制，发生在产业边界和交叉处的技术融合，改变了原有产业产品的特征和市场需求，引起企业之间竞争合作关系发生改变，从而导致产业界限的模糊化甚至产业界限重划。周振华（2003）认为，从微观上，产业融合导致了许多新产品与新服务的出现，开辟了新市场，使更多的新参与者进入，增强了竞争性和新市场结构的塑造，促进了资源的整合，带来了就业的增加和人力资本的发展。江小涓（2015）认为，产业融合主要体现在生产过程中的融合、企业性质的融合和消费过程的融合三个方面，表现为产品制造与服务提供相融合、企业跨界经营、商品与服务消费一体化。

（一）产业融合对传统的产业划分提出了新挑战

产业融合现象的出现，使不同产业之间的传统边界趋于模糊甚至消失，改变了原有产业的性质，使得产业界定变得困难。同时，不同产业之间的融合拓展了产业空间，形成了一些新兴产业。由于这些产业的信息化、服务化特征较强，已经很难按照原有的产业分类进行归类。因此，在产业融合的趋势下，传统的产业分类方法已经不适应经济发展的要求，必须对其进行调整。周建华（2003）根据生产对象、内容形态进行产业分类，构建了包括内容产业、位置产业与特质产业的新的产业分类体系。他认为，整个产业经济要素由两大部分构成：一是物质（原子），二是信息（比特）。尽管这两方面是交织在一起的，但随着信息技术和网络的发展，两者也有了分离，并且"比特"的部分越来越大。以此为基础，他把整个产业体系分成两部分：以原子为基础的产业和以比特为基础的产业。前者统称为物质产业，后者统称为内容产业，介于二者之间的、由信息流带动的物流，为位置产业（表1-3）。

表1-3　新型产业分类

产业	物质产业部门	位置产业部门	内容产业部门
农业	以生产加工农产品为主提供物质产品的部分	运输、仓储以及销售中的物流部分	规划设计、经营决策、营销策划、品牌商标塑造及注册、R&D、专利申请、技术推广与服务、服务管理与审计、法律文件起草与实施、企业理念及文化等
制造业	以生产加工制造品为主提供制造品的部分	运输、仓储以及销售中的物流部分	同上
建筑业	以建造为主的部分	建筑材料的运输、仓储	同上
服务业	餐饮中加以制作食品的部分	交通运输和仓储业，以及邮电通信业中以信息基础设施为主的信息传递部分，批发和零售中的货物传送部分等	金融保险业、房地产业、社会服务业、信息咨询业、卫生体育与社会福利业、教育文化与传媒业、科学研究与综合技术服务业、国家党政机关的社会团体等，以及邮电通信业中的信息内容部分，批发零售业中的商流部分

资料来源：周建华："新型产业分类：内容产业、位置产业与物质产业——兼论上海新型产业体系的构建"，《上海经济研究》，2003年第4期。

（二）产业融合改变了产业形态和产业间、企业间竞合关系

产业融合是一种新的产业创新和变革方式，它通过技术、产业间的相互渗透，产业间的功能互补和延伸，拓宽了产业发展空间。一般认为，产业融合主要有高新技术的渗透融合、产业间的延伸融合、产业内部的重组融合三种形式（胡汉辉、刑华，2003；李浩，2003；厉无畏等，2003）。在产业演进进程中的不同分叉处，产业融合的类型往往不同，不同类型的产业融合导致了产业创新体系的转换，从而推动了产业不断演化发展（Gerum 等）。不同的产业融合方式对产业结构的影响是不同的。

1. 高新技术的渗透融合是传统产业升级的重要方式

信息时代，产业融合以信息技术之间的相互融合和信息技术与其他产业技术之间的广泛渗透和融合为特征[①]。高新技术的渗透融合，就是高新技术及其相关产业向其他产业渗透，通过两个或多个产业的融合，形成新的产业或促进传统产业的结构升级。这种融合主要表现为技术融合。技术创新是促进产业结构高级化的一个重要途径，技术创新在不同产业之间的扩散会产生溢出效应，进而产生了外部经济。塞海尔（Sahal，1985）和多西（Dosi，1988）通过对技术创新的研究，认为技术融合所产生的创新活动及其在一系列产业中的广泛应用和扩散会激活那些原本死气沉沉的市场，推动某些产业的发展。盖恩斯（Gaines，1998）揭示了信息技术融合的技术基础，认为信息技术融合存在着替代和不断学习的过程，并给出了信息技术融合的学习曲线，如生物技术与信息技术的融合产生了 DNA 芯片计算机。

同时，高新技术的渗透也表现为高新技术对传统产业的改造。高新技术融入其他传统产业中，影响和改变了传统产业产品的生产特点、市场竞争状况以及价值创造过程，从而使传统产业从低技术含量、低附加价值产品占主导向高技术含量、高附加价值产品占主导转变，提高了产业的核心竞争能力。如 90 年代后期信息和生物技术对传统产业的渗透，产生了机械电子、生物电子等新型产业。因此，产业融合成为传统产业创新的重要方式和手段[②]。

---

① 马健："产业融合理论研究评述"，《经济学动态》，2002 年第 5 期，第 78—82 页。
② 马健：前引文，第 80 页。

2. 产业间融合提高了产业链连接的紧密程度和整体运行效率

在技术融合的同时，还表现为产业间的功能互补和延伸实现产业融合，往往发生在产业链延伸的部分。这种融合更多地表现为产业边界的相互交叉和部分重叠，产品与服务的融合以及服务业向第一产业和第二产业的延伸，如服务业中的金融、法律、管理、培训、研发、设计、客户服务、广告、市场研究等逐步融入制造业的生产系统中，它们彼此融合形成新型产业体系。在这种意义上，产业融合意味着传统产业边界模糊化和经济服务化趋势，产业间新型竞争协同关系的建立和更大的复合经济效应（周振华，2003）。

这种产业融合，通过产业链上不同环节之间功能的互补，可以使原有的生产加工过程融入更多的技术、知识、信息要素，提高生产方式的集约化程度和产业之间的关联程度。并通过产业链的传导机制，引起生产要素在不同产业部门相对收益的变化，从而使生产要素在产业部门间发生转移，导致不同产业的扩张和收缩，进而促进产业结构的有序发展。

3. 产业内部的重组融合促进了产业沿产业链方向的整合

产业内部的重组融合，主要发生在具有紧密联系的产业或同一产业内部不同行业之间，是原本独立的产品或服务往往在同一标准元件束或集合下通过重组完全结合为一体的整合过程。如制造业内部通过把上中下游相关联的产业联系在一起，最终产生了新的产业形态。从微观角度讲，这种融合改变了企业之间的竞争与合作关系，业务融合和市场融合是产业内部企业重组融合的具体表现。企业必须不断开发新产品、开拓新市场，提高企业的研发水平，并通过兼并联合、战略联盟等手段整合业务和市场能力。

Malhotra（2001）认为，通过技术能使不同产业原本无关的企业产生相互依赖性，数字技术跨产业（如计算机和通信等）的扩散，使这些隶属不同产业的企业因为产业间供需双方的联接而成为直接的竞争对手。企业对产业融合做出的战略反应是：融合产业进入的多元化，即"融合多元化"，以及通过收购活动所进行的产业内扩张，即"产业内收购"，企业采用多元化战略是为了生产与他们原属产业产品功能有关的新产品。企业通过这种融合的多元化反应还可以促进两个产业的融合，企业进行"产业内收购"是一种快速提高市场势力、效率以及获得资源的途径。同时，大企业和小企业有更高程度的融合多元化活动，而中等企业则倾向于更高程度的产业内收购活动。

（三）产业融合改变了产业转换和升级的路径

传统产业经济理论认为，产业结构转换一般表现为产业结构从低水平状态向高水平状态的发展。根据产业结构演进一般规律，产业结构的转换具有如下几个特征：由第一产业占优势比重向第二、第三产业占优势比重的方向依次演进；由劳动密集型产业占优势比重向资本密集、技术密集、知识密集型产业占优势比重的方向依次演进；由低附加价值产业占优势比重向高附加价值产业占优势比重的方向顺次演进；由低加工度产业占优势比重向高加工度产业占优势比重的方向顺次演进。产业融合趋势的出现，改变了传统的产业转化和升级的路径，随着信息技术在不同产业之间的扩散和应用，产业之间"并存"的格局会逐渐形成，产业表现的是服务化和信息化的特征。

1. 产业融合弱化了产业结构演进机制

传统产业结构理论认为，技术创新所带来的各产业的生产率上升率是不均等的，从而导致各产业的增长率不同，出现高增长部门替代低增长部门的趋势，推进产业结构的转换。而在产业融合这种产业创新的条件下，由于信息技术的应用，不同产业间的资源共享度上升，资源流动范围扩大，转移配置速率提高，使得各产业生产率上升的差距在大大减小。产业融合使各产业部门增长率的差异大大缩小，从而弱化了产业结构的演进机制，对经济增长中产业结构依次演进理论产生影响[1]。

2. 产业融合使主导产业动态变动增强

传统产业结构理论认为，收入弹性、生产率上升、产业关联度等是确定主导产业的基准。在产业融合的推动下，原来低速增长、产业关联不强的一些产业，由于融入了现代技术和知识，增长的速度和产业关联性大大提高。主导产业在产业结构演变和调整中将呈现加速动态更替的现象，其带动作用更强。

笔者认为，从制造业中分化出来的生产性服务业由于具有技术和知识密集、产业关联度高、与相关产业联系紧密的特点，通过技术、显性知识和隐性知识的渗透融合，产业链的延伸以及产业内供应链网络的整合，更容易与制造业和服务业形成产品与服务的融合、产业链上的产业间融合和产业内融合，而使经济体系

---

① 柳旭波："产业融合对产业结构理论的新发展"，《长白学刊》，2006 年第 2 期，第 62 页。

呈现出经济服务化的特征。正如让－克洛德·德劳内和让·盖雷认为，未来理论界可能放弃第二和第三产业的划分，将所有经济活动都视为工业领域和服务领域的结合，虽然二者结合的比例会有所变化。[①]

第三节　关于服务业分类的理论与概念

20世纪40年代中期以来，国民经济核算和经济预测机构一直将如何划分服务"产业"特别是生产性服务业和个人服务业作为讨论焦点。服务业门类的合理划分，不仅有利于国民经济核算统计更加准确，而且有利于政府部门指导和促进服务行业的发展。但遗憾的是，由于服务业行业门类众多、特性各异且相互交叉融合，在理论界和实践界至今都未能形成一套公认的分类方法和框架。

一、服务业统计核算与分类的理论

从服务产业的特殊性看，一般认为，服务具有非实物性、生产与消费的同时性、不可存储性，以及不可贸易性等传统的特性。在西方国家，早期的出口模型基本上都是以制造业为基础建立的，但随着信息技术的发展和应用，服务业的这些特征受到空前挑战。信息技术的发展使得服务的生产与消费的同时性、不可存储性一并被打破，同时服务也被大量用于跨国和跨地区贸易。许多服务，例如，计算机程序和保险并不是在生产的同时被消费。而软件产业，作为服务业，其产品是有形的，而且数据处理等服务也变得可以储存。从服务需求的角度看，消费或使用服务的主体主要包括企业、家庭（或个人）和政府，由企业作为中间需求投入的服务为生产性服务，为家庭或个人消费的服务为生活性服务。从服务供给机制看，服务产品被生产出来后，一般通过市场化与非市场化两种机制提供给需求者，通过市场交易提供或获取的服务为市场化服务，而通过内部提供或作为公共服务的服务活动为非市场化服务（图1-1）。

---

① [法] 让－克洛德·德劳内和让·盖雷著，江小涓译：《服务经济思想史——三个世纪的争论》，上海人民出版社2011年版，第83页。

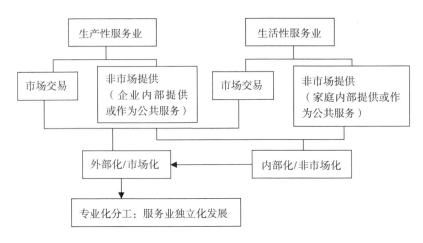

图 1-1　市场化与服务市场化服务

资料来源：江小涓等著：《服务经济——理论演进与产业分析》，人民出版社 2015 年版，第 38 页，笔者有修改。

二、服务业四种分类方法与框架

按照国际通行的产业概念，在统计上服务业等同于第三产业。在我国国民经济核算工作中，将服务业视同为第三产业，即将服务业定义为除农业、工业和建筑业以外的其他所有行业。在理论研究和各国的实践中，在运用三次产业的分类方法时，往往对"第三产业"和"服务业"两个概念交互使用，如世界银行、经济合作与发展组织（OECD）都是用农业、工业和服务业的提法来对经济活动的领域加以区分。但事实上，随着社会分工不断深化和产业融合趋势增强，服务行业交叉叠加，服务业的外延不断拓宽。目前在统计上纳入农业、工业范畴的，如企业技术研发、农业信息化服务等，实际上也属于服务业的重要组成部分。总体来看，主要有四种分类方法：

（一）产业门类分类法

产业门类分类方法主要基于联合国的《国际标准产业分类体系》，该标准产业分类体系最早于 1958 年制定，之后经过几次修订，已经推出了 ISIC 第四版（ISIC Rev.4）。按照联合国最新标准产业分类，服务业共有 15 大类，主要涉及：（1）批发与零售贸易；机动车和摩托车修理；（2）住宿与餐饮服务活动；（3）运输与仓储；（4）信息与通信；（5）金融与保险活动；（6）房地产活动；（7）专业性的科技活动；

（8）行政的和支持性的服务活动；（9）公共管理与国防、社会保障；（10）教育；（11）人类健康与社会工作活动；（12）艺术、娱乐与消遣；（13）其他服务活动；（14）有雇用的家庭活动；供自己使用的家庭生产的无差异性货品和服务的活动；（15）域外组织和机构的活动。

在我国的《国民经济行业分类》（GB/T 4754-2011）中，服务业共涉及 15 个门类，包括批发和零售业；交通运输、仓储和邮政业；住宿和餐饮业；信息传输、软件和信息技术服务业；金融业；房地产业；租赁和商务服务业；科学研究和技术服务业；水利、环境和公共设施管理业；居民服务、修理和其他服务业；教育；卫生和社会工作；文化、体育和娱乐业；公共管理、社会保障和社会组织；国际组织。

（二）服务功能分类法

美国经济学家布朗宁和辛格曼在《服务社会的兴起：美国劳动力部门转换的人口与社会特征》（1975）中，根据联合国标准产业分类（ISIC）把服务业分为四类：生产者服务（商务和专业服务业、金融服务业等）；消费者服务（又称个人服务，包括旅馆、餐饮业等）；流通服务（又称分销或分配服务，包括零售业、批发、交通运输业、通信业等）和社会服务（政府部门、医疗、健康、教育、国防）（表1-4）。这一分类对后来服务业的研究产生了深远影响，是服务业分类的基本文献。

表 1-4　服务业的分类

生产者服务	银行、信托及其他金融业、保险业、房地产业、工程和建筑服务业、会计和出版业、法律服务、其他营业服务
流通服务	交通、仓储业、通信业、批发业、零售业（不含饮食业）、广告业以及其他销售服务
社会服务	医疗和保健业、医院、教育、福利和宗教服务、非营利机构、政府、邮政、其他专业化服务和社会服务
消费者服务	家庭服务、旅馆和饮食业、修理服务、洗衣服务、理发与美容、娱乐和休闲、其他个人服务

资料来源：Joachim Singelmann: From Agriculture to Services: The Transformation of Industrial Employment; Sage Publications, Inc.,1978

19

（三）服务对象分类法

服务对象分类法主要是根据服务业服务的对象将服务业分为生产性服务业（producer services）与生活性服务业（consumer services）两大类。生产性服务业也称生产者服务业，是主要为生产活动提供中间投入的服务业（即中间需求性服务业，与最终需求相对应），它们进入各个经济部门的企业和其他经济组织的生产过程（与家庭和个人相对应），并且一般都具有相当的知识含量。生活性服务业也称消费者服务业或消费性服务业，它是与生产性服务业相对应的一个概念，主要指为消费者提供服务产品的服务业（最终需求性服务业），主要包括住宿、餐饮等为个人提供的服务业、为家庭提供的服务业等。

由于有些服务行业，如金融、保险、法律、信息咨询、不动产等在为生产者提供服务的同时，也为消费者提供服务，既可以看做生产性服务业，也可以看做生活性服务业，确切地说应该是生产—消费型服务业，因此有部分学者认为商务服务的概念是较生产性服务更贴切的概念（Tordoir，1994）。

在我国服务业发展实践中，在国家层面对生产性服务业和生活性服务业进行了分类。在《国务院关于加快发展生产性服务业促进产业结构调整升级的指导意见》（国发〔2014〕26号）中，提出我国生产性服务业重点发展研发设计、第三方物流、融资租赁、信息技术服务、节能环保服务、检验检测认证、电子商务、商务咨询、服务外包、售后服务、人力资源服务和品牌建设这几类生产性服务业。同时，以《国民经济行业分类》（GB/T 4754–2011）为基础、以数据可获得性为划分主要依据，采取线分类法和分层次编码方法，制定了《生产性服务业分类》，将生产性服务业划分为研发设计与其他技术服务、货物运输仓储和邮政快递服务、信息服务、金融服务、节能与环保服务、生产性租赁服务、商务服务、人力资源管理与培训服务、批发经纪代理服务、生产性支持服务10个大类，涉及34个中类、135个小类。此外，适应我国消费升级的趋势，《国务院办公厅关于加快发展生活性服务业促进消费结构升级的指导意见》（国办发〔2015〕85号）首次对生活性服务业的范围进行了大致界定，主要包括居民和家庭、健康、养老、旅游、体育、文化、法律、批发零售、住宿餐饮、教育培训10个行业和领域[①]，着力通过

---

① 笔者不赞同将法律服务作为生活性服务业，因为在服务业行业大类中，一般法律服务属于专业服务，主要为企业提供服务。特别是在当前我国法制化社会还未形成的情况下，法律服务主要服务对象还是企业，而不是消费者。

增强服务供给促进服务消费。

（四）服务结构分类法

服务结构分类法主要从结构优化的角度将服务业分为传统服务业与现代服务业。传统服务业是指为人们日常生活提供各种服务的行业，如零售业、餐饮业、住宿业、旅游业等。现代服务业一词是国内提出的，在国外没有现代服务业之称，一般称为知识密集性服务业或新兴服务业。"现代服务业"的提法最早出现在1997年党的"十五大"报告中，提出"要加快现代服务业的发展"，后来2000年在十五届三中全会关于"十五"计划的建议中也提出"要发展现代服务业，改组和改造传统服务业"。2002年月11月，党的十六大报告中又明确提出，"加快发展现代服务业，提高第三产业在国民经济中的比重"。但都未给出明确的定义。根据2012年2月22日国家科技部发布的第70号文件，现代服务业是指以现代科学技术特别是信息网络技术为主要支撑，建立在新的商业模式、服务方式和管理方法基础上的服务产业。它既包括随着技术发展而产生的新兴服务业态，也包括运用现代技术对传统服务业的改造和提升。另外，在一些重要文件和领导同志讲话中，也把用先进理念和现代技术改造提高后的传统服务业，称为现代服务业。

此外，理论界一些学者在研究中，从产业融合、技术融合等角度，对现代服务业进行了相应的界定。一是认为现代服务业＝服务业＋现代技术，如电子商务、信息服务。二是现代服务业＝从卖产品到卖服务。著名的IT企业IBM最初是生产销售电脑硬件的行业巨头，但现在的业务格局却是60%卖服务、20%卖软件、20%卖硬件。在所有业务中，最赚钱的是卖软件，但IBM选择用卖软件的钱支持卖服务，包括为银行做布局选址方案，为电力部门定价提供解决方案，为城市提供交通管理方案等。

本书采用服务对象分类法，将服务业分为生产性服务和生活性服务两大类：其中生产性服务业主要包括金融、物流、商务、研发、信息服务等，生活性服务业主要包括旅游、教育、文化、健康养老、住宿餐饮、家庭服务等。

第二章 我国服务业大发展的背景与特征

服务业是国民经济的重要组成部分,服务业的发展水平是衡量现代经济社会发达程度的重要标志。国际经验表明,服务业快速发展一般发生在一个国家整体经济由中低收入水平向中上收入水平转化的时期。按照世界银行 2014 年的标准,低收入国家人均 GDP 为 1 025 美元或以下者;下中等收入经济体在 1 025~4 055 美元之间;上中等收入经济体在 4 055~12 476 美元之间;高收入经济体为 12 476 美元或以上者。按照此标准,2010 年,我国人均 GDP 已超过 4 000 美元,已进入中高收入国家行列,我国经济结构正在发生重大变化,由工业主导向服务业主导加快转变,正在成为经济新常态的重要特征。

第一节 服务业大发展的时代背景

在我国经济结构调整和转换过程中,服务业发展相对滞后一直是制约我国产业结构升级的重要因素。近年来,随着我国工业化和新型城镇化的加速推进、科技革命与产业变革兴起,服务业实现了快速发展,并在 2013 年首次超过第二产业,成为国民经济中第一大产业。服务业的快速发展不是偶然的,而是经济发展的必然结果。

一、工业化中后期阶段与服务经济兴起

根据国际经验,服务业发展水平与经济发展水平密切关联,即随着人均 GDP 水平提升,服务业增加值比重也趋于上升,但存在明显的阶段性特征。按照钱纳里、西蒙·库兹涅茨、霍夫曼、赛尔奎因等人对经济发展阶段的划分,有前工业

化、工业化和后工业化阶段，其中工业化阶段又分为工业化初期、中期和后期三个阶段（表 2-1）。对于不同工业化阶段的判断，可采用人均收入水平、三次产业产值结构和就业结构、主导产业类型和城市化发展水平等指标（表 2-2）。如钱纳里等人以人均 GDP 为划分依据，将不同国家和地区的经济增长划分为不发达经济、工业化初期、工业化中期、工业化后期、工业化社会和现代社会六个时期，服务业从工业化中期逐步迅速发展并成为主导。

表 2-1 钱纳里等关于经济发展阶段的划分

序号	人均 GDP 变化范围（1982 年美元计价）	产业结构	发展阶段
1	364~728	以农业为主	不发达经济
2	728~1 456	农业逐步向现代工业为主的工业化结构转变	工业化初期
3	1 456~2 912	制造业内部由轻型工业向重型工业迅速增长；第三产业开始迅速发展，即重化工业阶段	工业化中期
4	2 912~5 460	第一、二产业协调发展，同时第三产业由平稳增长转入持续高增长	工业化后期
5	5 460~8 736	制造业内部结构由资本密集型产业为主导向技术密集型产业为主导转换	发达经济
6	8 736~13 104	第三产业开始分化，知识密集型产业开始从服务业中分离出来，并占主导地位	

资料来源：[美] 霍利斯·钱纳里、谢尔曼·鲁滨逊、摩西·赛尔奎因：《工业化和经济增长的比较研究》，上海三联书店 1995 年版。

表 2-2 工业化发展阶段划分标准

指标	前工业化阶段	工业化阶段			后工业化阶段
		初期阶段	中期阶段	后期阶段	
人均 GDP（2013 年美元）	766~1 671	1 671~3 342	3 342~6 685	6 685~12 533	>12 533
产业结构	A>I	A>20%, A<I	A<20%, I>S	A<10%, I>S	A<10%, I<S
轻重工业比例	5(±1)	2.5(±1)		1(±0.5)	1 以下

指标	前工业化阶段	工业化阶段			后工业化阶段
		初期阶段	中期阶段	后期阶段	
就业结构（农业就业比重）	60%以上	45%~60%	30%~45%	10%~30%	10%以下
空间结构（人口城市化率）	30%以下	30%~50%	50%~60%	60%~75%	75%以上
工业阶段特征	—	原料工业为重心的重工业化	以加工为重心的高加工度化	技术集约化	服务化

注：A、I、S分别代表第一、第二和第三产业增加值在GDP中所占的比重。
资料来源：根据钱纳里等（1989）、库兹涅茨（1999）、科迪（1990）有关资料整理。

　　从工业化发展进程看，2015年我国人均GDP已达到8016美元，城镇化率达到56.1%。因此，按照钱纳里的总量法对经济发展阶段的划分和西蒙·库兹涅茨、赛尔奎因等人的综合结构法对经济发展阶段的划分，可以判断，目前我国处于工业化中后期阶段。根据服务业发展规律，在工业化中后期阶段，生产性服务业和生活性服务业将开始兴起和快速发展。近年来我国生产性服务业和教育、健康、养老服务等生活性服务业快速发展充分证明了这一点。同时，在这一阶段，服务业的发展与制造业发展程度密切相关，较高的制造业发展水平需要生产性服务业的配套发展。从我国工业化所处阶段判断，在制造业向高加工度、高技术含量方向转变的过程中，对生产性服务业将产生巨大需求，这是近年来生产性服务业快速发展的主要原因之一。特别值得一提的是，针对欧美发达国家的再工业化战略，如美国制订的"再工业化""制造业复兴""先进制造业国家战略计划"，德国提出的工业4.0，英国、法国、日本、印度等国家分别推出的"英国制造2050""新工业法国""日本再兴战略""印度制造"等战略，我国提出了"中国制造2025"战略，旨在通过推动工业化与信息化的深度融合，重点发展新一代信息技术、高档数控机床和机器人、航空航天装备、海洋工程装备及高技术船舶、先进轨道交通装备、节能与新能源汽车、电力装备、新材料、生物医药及高性能医疗器械、农业机械装备十大领域，促进生产方式由大规模同质粗放生产向柔性化、智能化、服务化、数字化、精细化转变，实现高端制造、智能制造、绿色制造。"中国制造2025"战略的实施，不仅本身会通过发展服务型制造和生产性服务业，提升生产性服务业发展水平，而且在制造业转型升级过程中将对生产性服务业产生巨大需求。

专栏 2-1　《中国制造 2025》的主要内容

　　"中国制造 2025"是升级版的中国制造，是未来 10 年中国制造业发展的顶层规划和路线图，目标是实现中国制造向中国创造、中国速度向中国质量、中国产品向中国品牌三大转变，推动中国到 2025 年基本实现工业化，迈入制造强国行列。

　　"中国制造 2025"规划的九大任务、十大领域和五大工程：

　　九大任务：提高国家制造业创新能力；推进信息化与工业化深度融合；强化工业基础能力；加强质量品牌建设；全面推行绿色制造；大力推动重点领域突破发展；深入推进制造业结构调整；积极发展服务型制造和生产性服务业；提高制造业国际化发展水平。

　　十大领域：新一代信息技术、高档数控机床和机器人、航空航天装备、海洋工程装备及高技术船舶、先进轨道交通装备、节能与新能源汽车、电力装备、新材料、生物医药及高性能医疗器械、农业机械装备。

　　五大工程：实施国家制造业创新中心建设、智能制造、工业强基、绿色制造、高端装备创新等。

资料来源：《中国制造 2025》

二、新型城镇化推进与服务业大发展

　　城市是服务业发展的空间载体。城镇化是由农业为主的传统乡村社会向工业、服务业为主的现代城市社会逐渐转变的历史过程，也是人口由分散居住向集中居住转变的过程。国内外城市发展经验表明，城市化率提高，服务业比重也会提高，并最终超过工业比重而成为城市发展的主要推动力量。李勇坚和夏杰长（2008）考虑到户籍制度影响的回归模型显示：城市化每提高 1 个百分点，可使服务业占比提高 0.96 个百分点。

　　从我国城镇化发展过程看，改革开放以来直至 20 世纪 90 年代，城镇化发展速度较为缓慢，一直低于 30%。但 90 年代中期特别是 1998 年以来，城镇化开始加速发展，到 2015 年达到 56.1%（图 2-1）。从国际经验看，城镇化率达到 50% 以后是服务业大发展的时期[①]。在城镇化过程中，人口向城市集聚，生产方式变革和生活方式现代化，既促进了生产性服务业的集聚发展，也带动了生活性服务业的蓬勃发展。

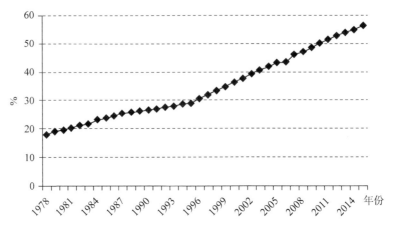

图 2-1　1978—2015 年我国城镇化率变化

资料来源：历年中国统计年鉴

（一）城镇化为生活性服务业创造了需求

当城市人口集中到一定规模时，生产方式变革和生活水平提高会带来生活性服务需求，同时生活性服务业也才能形成有效的供给。这是由服务产品本身所具备生产和消费同时进行的特性决定的。因此，一般在人均收入水平相同的情况下，城镇化水平高的地区对生活性服务的需求量相对较大，要求该地区有较高的生活性服务业发展水平与之相匹配。同时，在我国经济发展现阶段，新型城镇化进程的推进，一方面，意味着有更多的农村人口转化为城市人口，农民变为市民，必然会带来消费方式的转变和消费规模的提升，带动文化、旅游、休闲、家庭服务、健康服务等行业的服务水平不断提升，享受型消费所占比重必然会不断提高，从而会增加服务消费的总量，带动生活性服务业发展。城镇化也会改变社会消费心理，促进生活性服务消费增长，其突出表现是在城镇化过程中，小城镇消费心理向大城市的趋同，农民工的消费心理向城市居民的趋同。由于大城市的消费信息更丰富，消费渠道更广泛，因此在小城镇和农村居

---

① 迟福林主编:《转型抉择——2020：中国经济转型升级的趋势与挑战》，中国经济出版社 2015 年版，第 75 页。

民消费中有巨大的示范效用。

（二）城镇化促进生产性服务业集聚发展

在城镇化进程中，各种要素的重新配置、社会分工的逐步细化，特别产业在城市不断集聚、发展和升级，必然带来物流、金融、信息、中介、技术服务等生产性服务业需求的增长。Keeble 和 Nacham（2002）认为，城市化代表高密度的人群，有利于人们近距离地接触，促进了劳动市场和服务业知识的外溢，这样有利于分工深化和新企业从原企业分化出来，促进生产性服务业发展。虽然部分研究表明，生产性服务业在向大都市集聚的同时也有向周边地区及边远地区分散的趋势，但这是生产性服务业在大城市饱和、城市发展成本上升的情况下出现的。目前，我国城镇化发展的空间还非常广阔，城镇化水平的提高会促进产业、人才、信息、技术等资源的集聚，进而会为生产性服务创造大量的需求和有效的供给。

三、科技革命、互联网＋与服务业态创新

迄今为止，人类已经经历三次科技革命，这三次科技革命推动了西方发达国家不同产业部门的发展，也促进了世界产业革命和经济发展。2008 年全球金融危机爆发后，各国纷纷采用新的技术抢占世界经济发展的制高点，推动了以生物技术、机器人技术、人工智能、3D 打印和新型材料等技术为标志的新一轮技术革命的掀起，引发了第四次工业革命（工业 4.0）（表 2-3）。

表 2-3　三次科技革命特征及对产业发展的影响

时　　间	主要标志	产业发展
第一次科技革命（18 世纪 60 年代）	以纺织机器的发明、蒸汽机改良为标志	蒸汽机的发明和采用促进了化学、采掘、冶金、机器制造等工业的发展
第二次科技革命（19 世纪 70 年代）	以电力的广泛应用、内燃机和新交通工具的创制、新通讯方式的发明为标志	推动了原有的钢铁、采煤、机器制造等重工业的发展，并带动了电力、电器、化学、石油、汽车和飞机制造等工业的发展
第三次科技革命（20 世纪 40 年代）	以原子能技术、航天技术、电子计算机的应用为标志，包括人工合成材料、分子生物学和遗传工程等高新技术	形成了许多崭新的工业部门，如高分子合成工业、核工业、电子计算机工业、半导体工业、航天工业、生物工程、激光光导纤维等，特别是计算机技术推动了发达国家工业化的发展

在工业 4.0 不断深化，以物联网、移动互联网、云计算和大数据为代表的新一代信息技术迅猛发展和广泛应用的推动下，重大创新和融合发展正在重塑未来全球产业发展的体系，并将引起社会生产方式、制造和服务模式、消费方式等方面的重大变革。一方面，全球产业价值链分工逐步深化，全球制造业领域的产业分工正在从传统的产业间分工，向各个产业内部的分工、乃至以产品专业化为基础的更精细的专业化分工转变，跨区域、跨国界生产经济活动不断增加，引发了企业对协调跨区域、跨国生产经营活动的生产性服务需求的增长。跨国公司把核心技术活动留在发达国家完成，把非核心的生产活动分包给成本较低的发展中国家的企业去完成，这就在不同国家的企业间形成了一个国际分工协作网络，每一个生产环节都成为全球生产体系的一部分。另一方面，大规模定制、弹性生产、模块化生产、分包制和虚拟制造、集群生产、智能制造等生产组织方式不断涌现，企业组织的网络化、扁平化和虚拟化趋势不断增强，使生产的灵活性、柔性化和企业间关系由松散型联系向协作竞争的紧密型联系转化，由此产生了对作为中间投入和产业间、企业间联系纽带的生产性服务需求的增长。同时，在新一轮技术革命和产业变革的推动下，产业跨界融合发展成为世界产业发展新潮流。基于不同产业间的组合、企业内部价值链和外部产业链环节的分化、融合、行业跨界整合以及嫁接信息及互联网技术所形成的新型企业、商业乃至产业的组织形态，突破了原来农业、工业和服务业的界限，形成了一些全产业链跨界融合的功能集成性的新产业、新业态和新模式。主要表现：一是"从制造到智造"的新技术模式，如智能机器人、新型显示、3D 打印等；二是"从制造到制造 + 服务"的制造业和服务业相融合的新业态，如卫星导航、车联网、工业互联网以及高端消费品生产装备制造服务产业、软件产业、物联网等装备生产与服务功能性集成产业；三是"从服务到服务"的跨界融合服务新形态，包括互联网金融、供应链金融、云计算、大宗商品交易平台、智慧医疗等业态以及大健康产业、大文化产业等生活服务功能性集成产业等；四是"从制造到消费"的生产 + 消费一体化融合模式，信息消费和基于移动互联网的共享经济蓬勃发展，使居民消费方式发生了根本性的变革，从过去以线下实体零售渠道消费为主逐步向线下体验 + 线上交易融合消费方式转变，网络消费已成为人们生活的重要组成部分。互联网为消费者和生产企业搭建了快捷实用的互动平台，C2B 商业模式正在兴起，消费者从以往被动式消费逐步参与到产品设计与生产中去，形成了生产 + 消费一体化融合模式。

专栏 2-2 "互联网 +"的主要内容

"互联网 +"是互联网的应用从面向网民个体到面向企业的拓展，是从消费互联网到产业互联网的跃升，是互联网技术演进和互联网化深入的新阶段。"互联网 +"的发展在于更多地与线下实体经济融合，更多地与传统行业融合，形成新的产业、业态和模式（图 2-2）。

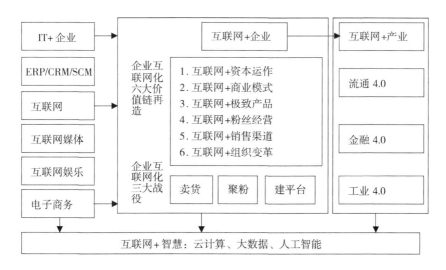

图 2-2 "互联网 +"示意图

资料来源：腾讯科技频道：《跨界：开启互联网与传统行业融合新趋势》，机械工业出版社 2014 年版

"互联网 +"推动了消费互联网向产业互联网的升级。在消费互联网时代，互联网改变的主要是服务业，如互联网与零售业、金融业等的结合推动了网络购物、互联网金融等业态的蓬勃发展。而在产业互联网时代，产业与互联网逐步融合，互联网企业与传统产业趋于融合，线上向线下发展，线下向线上迈进，实业与虚拟紧密结合成为一种趋势。如在工业领域，互联网通过改造工业生产、研发及销售的各个环节，推动企业间的协作和从供应链到终端用户的综合集成，形成了智能家居、可穿

戴设备、无人飞机、智能机器人、无人驾驶汽车、车联网等一批软硬件一体化的智慧工业，促进生产性服务业与制造业融合。在服务业领域，互联网金融、互联网交通、互联网医疗、互联网教育及互联网健康等成为新型现代服务业，本地化O2O生活服务成为主流。在农业领域，农业类APP应用开始在移动互联网领域大量出现，为农户提供农业信息推送，解决农户获取信息问题。农业互联网主要有三种模式：一是运用互联网技术实现自动化、精准化操作的智慧农业模式；二是利用互联网的营销功能进行农产品营销推广；三是借助互联网的整合能力打造营销＋金融深度融合的产业链模式。

四、 消费结构升级与服务消费需求拉动

改革开放以来，随着收入水平的稳步提升，居民消费结构呈现出从温饱向小康升级、从吃穿向住行升级、从商品消费向服务消费升级的趋势，这表现在我国居民消费结构升级与产业结构变化的相互作用可以大致划分为四大阶段：第一阶段是20世纪80年代初，以自行车、手表、缝纫机等"老三件"为代表，以满足温饱为目标的消费结构升级；第二阶段是80年代中后期到90年代初期，以电视机、冰箱、洗衣机等家电普及为标志的消费结构升级；第三阶段是20世纪90年代末到2010年以汽车、住房为主导的消费结构升级；第四阶段是2011年以来以旅游、教育、通信等服务消费为主导的消费结构升级。第一轮消费结构升级，形成了以轻工纺织业为主导的经济增长周期，满足了居民吃、穿、用为主的消费需求；第二轮消费结构升级带动了基础设施建设和家电产业的发展，使得家电等耐用消费品成为居民消费的主要对象；第三轮消费结构升级带动了住宅、汽车、城市基础设施建设的发展，进而通过产业链的传导机制，又带动了上下游的能源、钢铁等行业的发展，使中国进入了以重化工业为特征的经济增长周期；第四轮消费结构升级带动了旅游、文化、教育、体育等生活服务业的发展，进而使信息消费、养老消费、旅游消费等成为新的消费热点和消费内容（图2-3）。可见，居民消费结构升级对产业结构升级具有重要的促进作用，在居民消费由吃穿向住行再向服务消费升级的过程中，推动制造业从食品、纺织等劳动密集型产业向汽车、电子信息等资本密集型—技术密集型产业升级，三次产业结构由制造经济占主导逐步

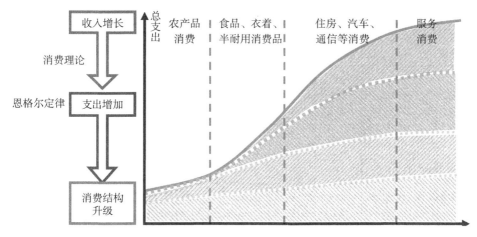

图 2-3　消费结构升级推动产业升级

资料来源：国务院发展研究中心

向服务经济占主导转变。同时，消费需求的个性化、多样化的发展，也使得生产方式出现了定制化、柔性化、智能化，促生了更多的新兴行业，带动了产业结构升级。

居民消费水平的提高对生活性服务业发展产生了较大需求。"十二五"以来，我国迈入中高收入国家行列，以信息技术为引领的信息、教育、旅游、健康、文化等服务消费成为新一轮消费热点，居民消费由追求物质的商品消费向追求享受和精神满足的服务消费转变，商品在居民消费结构中的比重不断下降，住宿餐饮、文化体育、医疗保健、养老、家政、旅游等服务需求持续增长，服务消费规模不断扩大，在消费中占比逐年提高。统计显示，2010—2014 年，交通通信、教育文化娱乐分别提高了 1.1 和 0.7 个百分点（表 2-4）。

表 2-4　1990—2014 年我国城镇居民消费支出构成比例（%）

年份	食品	衣着	家庭设备	医疗保健	交通通信	教育文化娱乐	居住	其他
1990	54.2	13.4	8.5	2.0	3.2	8.8	4.8	5.2
2000	39.4	10.0	7.5	6.4	13.5	8.4	11.3	3.4
2001	38.2	9.8	7.1	6.5	9.3	14.0	11.5	3.5
2008	37.9	10.4	6.2	7.0	12.6	12.1	10.2	3.7

续　表

年份	食品	衣着	家庭设备	医疗保健	交通通信	教育文化娱乐	居住	其他
2010	35.7	10.7	6.7	6.5	14.7	12.1	9.9	3.7
2011	36.5	10.1	6.8	6.4	14.2	12.2	9.3	3.8
2014	35.2	9.7	7.3	6.2	15.8	12.8	9.7	3.2
1990—2000 年变化幅度	−14.8	−3.4	−1.0	4.4	10.3	−0.4	6.5	−1.8
2000—2010 年变化幅度	−3.7	0.7	−0.8	0.1	1.2	3.7	−1.4	0.3
2010—2014 年变化幅度	−0.5	−1.0	0.6	−0.3	1.1	0.7	−0.2	−0.5

资料来源：根据《中国统计年鉴 2015》相关数据计算整理。

从消费需求角度看，消费者根据年龄、收入水平、文化修养、价值观念等可以细分为不同的消费群体，不同的消费群体的消费需求、消费心理、消费习惯和消费结构存在很大区别。就收入水平而言，一般收入水平较高的消费群体的消费结构更加多元化，注重生活品质，对休闲、娱乐、健康等方面的需求相对其他消费者要高。相应地，收入水平较低的消费者的消费需求侧重于吃、穿、用等日常生活最基本的消费需求。这些不同的消费特点和消费结构决定了生活性服务业发展的不同层次和方式。一个城市消费群体的结构越复杂，其生活性服务业发展的层次也就越多。同时，生活性服务业的发展很大程度上受居民消费观念和消费行为的影响。一方面，我国 1980 年以后出生的人口约为 4.2 亿，占总人口的 31.4%。其中，80 后正处于婚育的高峰期，成为拉动旅游、婚庆、月嫂等生活消费需求的主体。90 后新一代消费群体更善于接受新鲜事物，对一些新型消费，如网络服务、旅游等休闲类服务消费有着强劲需求。另一方面，中国中产阶级群体正在迅速崛起。2015 年 10 月 13 日瑞士信贷银行发布的《全球财富报告》显示，中国的中产阶级人数已达到 1.09 亿人，首次超过美国，取代日本成为全球第二富裕国家。波士顿咨询估计，到 2020 年，中国中产阶级及富裕消费者数量将从 1.5 亿增长到 4亿以上。这意味着未来几年中高端消费将成为消费市场增长的主力。伴随居民消费观念和行为的改变，必然引导生活性服务业不断进行创新、服务质量不断提高，以满足不同层次居民的消费需求。例如，随着居民生活消费观念的变化，家庭外出就餐消费比例不断攀升，在外就餐已成为一种新的消费时尚，在很大程度上促进了餐饮业的规模化、特色化、连锁化发展，推动了传统餐饮业向现代餐饮业转变。

五、社会人口结构变化与服务需求增长

人口的结构性变化，从需求和供给两个方面对我国服务业发展产生重大影响[1]。从我国总人口抚养比看，已经从 1982 年的 62.6% 下降到 2014 年的 38.1%。其中老年抚养比稳步上升，2014 年已达到 13.9%。少儿抚养比一直呈现下降趋势，2014 年已降到 24.2%（图 2-4）。根据卫计委最新公布的数据，2014 年中国 0—14 岁低龄人口占总人口比重为 16.5%，比 2010 年第六次人口普查降低了 0.1%，已经处于严重少子化水平。

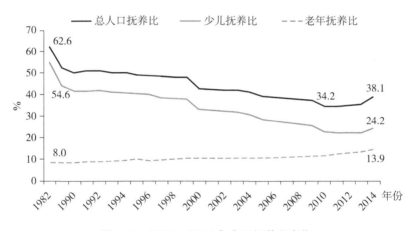

图 2-4　1982—2014 年人口抚养比变化

资料来源：《中国统计年鉴 2015》

从人口老龄化进程看，我国从 1999 年进入老龄化国家行列。到 2015 年，60 周岁以上老年人口已经增长到 2.22 亿人，占总人口的比重达到了 16.1%；其中 65 周岁以上老年人口 1.44 亿人，占总人口的比重超过了 10.5%（图 2-5）。老龄化进程的加快，并伴随空巢家庭的增多，使居民更加重视生命和生活质量，从而对现有的服务内容及提供方式提出了新的要求。

---

[1] 任兴洲、王微、刘涛："'十三五'推动我国服务业扩量增质发展"，《中国经济时报》，2016-04-28。

图 2-5　1998—2015 年我国老年人口变化情况

资料来源:《中国统计年鉴 2015》

　　为积极应对人口老龄化，2015 年 10 月，党的十八届五中全会提出"坚持计划生育的基本国策，完善人口发展战略，全面实施一对夫妇可生育两个孩子政策"。据相关专家预测，"十三五"期间（2016—2020 年）全面二孩政策放开后，出生人口预计每年达到 2000 万左右。2029 年到 2030 年将达到总人口最高峰值14.5 亿。全面实施二孩政策，短期内出生人口明显增加，在婴儿出生到儿童成长过程中，将增加对家政、健康服务、教育培训、文化娱乐等生活性服务业的需求，进一步推动生活性服务业的发展。

第二节　服务业大发展的表现及特征

　　"十二五"以来，在需求和供给多重因素的推动下，我国服务业进入前所未有的大发展阶段，服务业规模快速扩大、结构不断优化，新兴服务业态、商业模式不断涌现，服务业成为国民经济的主导产业和新常态下经济增长的引擎。

一、服务业已成为国民经济中的主导产业

　　随着我国工业化、新型城镇化进程的加快，以及国家产业结构调整政策的引

导，我国服务业获得了快速发展。2013 年，我国第三产业增加值占 GDP 比重首次超过第二产业，达到 46.9%，2014 年和 2015 年第三产业增加值比重达到 48.1% 和 50.5%，分别比第二产业高出 5.6 个百分点和 10 个百分点（图 2-6）。我国经济由工业主导正在向服务业主导加快转变。第三产业对 GDP 贡献率在 2014 年超过第二产业，开始在我国国民经济发展中占据最重要的地位，成为国民经济的主导产业和支柱产业。

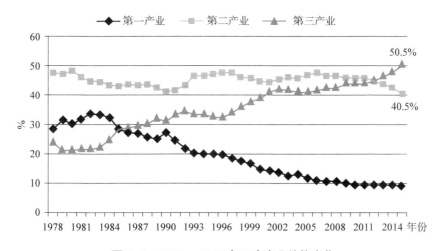

图 2-6　1978—2015 年三次产业结构变化

资料来源：《中国统计年鉴 2015》和《2015 年国民经济和社会发展统计公报》

　　服务业成为拉动社会就业总量上升的主要力量。在 2011 年服务业就业人数占总就业人数的比重（35.7%）首次超过第一产业、成为吸纳就业主渠道的基础上，2015 年服务业就业人员占全部就业人员比重为 42.4%，比 2010 年提高了 7.8 个百分点，分别比第一产业和第二产业高出 14.0 和 13.2 个百分点（图 2-7）。其中 2015 年互联网和相关服务、科技推广和应用服务业、软件和信息技术服务业等高技术服务业的从业人员分别比上年增长 13.6%、4.2% 和 4.5%，娱乐业、文化艺术业、卫生、教育等民生类服务业的从业人员同比增长分别为 7.0%、5.7%、5.5% 和 4.0%，远高于同期全国就业人员 0.3% 的增速[①]。

---

① 国家统计局："2015 年服务业引领国民经济稳步发展"，中国政府门户网站，2016-3-10。

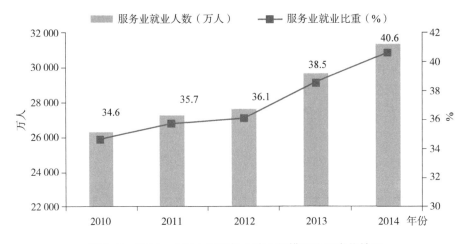

图 2-7　2010—2014 年服务业就业规模及比重变化情况

资料来源：《中国统计年鉴 2015》和《2015 年国民经济和社会发展统计公报》

二、服务业内部结构逐步优化

为进一步分析服务业内部结构变化，按照两分法，将服务业分成生产性服务业和生活性服务业两大类，其中生产性服务业主要包括交通运输、仓储和邮政业、信息服务业、金融业、商务服务业等；生活性服务业包括批发和零售业[①]、住宿餐饮业、居民服务业[②]、房地产业以及公共服务业等（表 2-5）。

表 2-5　两分法的生产性服务业和生活性服务业

分类	生产性服务业	生活性服务业
细分行业	1. 交通运输、仓储和邮政业 2. 信息传输、计算机服务和软件业 3. 金融业 4. 租赁和商务服务业 5. 科学研究、技术服务和地质勘查业 6. 水利、环境和公共设施管理业	1. 批发和零售业 2. 房地产业 3. 居民服务、修理和其他服务业 4. 教育 5. 卫生和社会工作 6. 文化、体育和娱乐业 7. 公共管理、社会保障和社会组织

注：本表中行业主要根据《中国统计年鉴 2015》分行业增加值中服务行业划分。

---

① 批发和零售业既具有生产性服务也具有生活性服务的特征，本书为便于分类，这里将其作为生活性服务业，后文在论述时也将其视为生产性服务行业。

② 房地产业在国外的文献中一般作为生产性服务业，鉴于目前我国房地产业主要为居民住房消费，故将其作为生活性服务业。

（一）生产性服务业呈现稳步增长态势，比重依然偏低

从服务业内部结构变化来看，随着全球经济服务化趋势不断增强，制造业与服务业分离加快，我国生产性服务业在国民经济和服务业中所占比重均呈现持续上升态势。2004 年，生产性服务业增加值占 GDP 比重为 15.1%，2008 年这一比重上升到 15.9%，之后稳步上升，到 2013 年占 GDP 比重达到 18.2%；生产性服务业占服务业比重也从 2004 年的 37.3% 上升到 2008 年的 38.0%，之后上升到 2013 年的 40.7%。与此同时，随着居民消费结构加速升级和扩大内需战略的推动，居民对生活性服务的需求继续增长，从而推动了文化、餐饮、休闲娱乐、体育等生活性服务业的发展。生活性服务业占 GDP 的比重基本保持在 25% 左右；生活性服务业占服务业的比重则从 2004 年的 62.7% 下降到 2008 年的 61.9%，之后再降到 2013 年的 59.3%（图 2-8）。

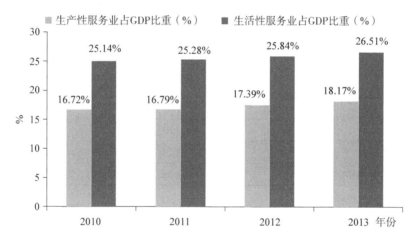

图 2-8　2010—2013 年生产性服务业与生活性服务业占 GDP 比重变化

资料来源：《中国统计年鉴 2015》

（二）传统劳动密集型生产性和生活性服务业依然占主导地位

从细分服务行业来看，交通运输仓储和邮政业、批发和零售业等传统劳动密集型服务业比重依然占据主导地位。2014 年，批发和零售业、运输仓储和邮政业占服务业增加值比重超过 30%，仅比 2010 年下降了 2.2 个百分点（表 2-6）。但从发展趋势来看，"十二五"时期以来批发和零售业发展缓慢，2010—2014 年间批发和零售业增加值年均增长 11.3%，2015 年大幅下滑至 6.1%，占服务业的比重降至 19.4%；金融业增长势头强劲，2010—2014 年间增加值年均增长 9.2%，2015 年大幅提高至 15.9%，占服务业的比重达到 16.8%，比 2010 年提高了近 1.8 个百分点。[①]

表 2-6　2010—2014 年服务业内部结构变化（%）

行　业	2010 年	2011 年	2012 年	2013 年	2014 年
生产性服务业	39.96	39.91	40.22	40.67	
交通运输、仓储和邮政业	10.97	10.72	10.29	9.91	9.39
信息传输、计算机服务和软件业	5.23	5.00	5.11	5.16	
金融业	15.01	15.06	15.24	15.68	15.22
租赁和商务服务业	4.37	4.63	4.86	5.06	
科学研究、技术服务和地质勘查业	3.33	3.46	3.62	3.71	
水利、环境和公共设施管理业	1.05	1.05	1.10	1.16	
生活性服务业	60.04	60.09	59.78	59.33	
批发和零售业	20.98	21.47	21.59	21.42	20.33
居民服务、修理和其他服务业	3.75	3.69	3.53	3.28	
房地产业	13.77	13.83	13.53	13.70	12.47
教育	7.02	7.05	7.00	7.01	
卫生、社会工作	3.42	3.63	3.89	4.19	
文化、体育和娱乐业	1.56	1.54	1.53	1.47	
公共管理、社会保障和社会组织	9.53	8.88	8.71	8.26	

资料来源：《中国统计年鉴 2015》

三、　服务业新兴业态不断涌现

（一）新产业、新业态快速发展

"十二五"时期以来，随着互联网信息技术的广泛应用和"互联网 +"战略的实施、产业转型升级和居民消费升级对生产生活服务的需求不断增加，电子商务、快递、节能环保、健康服务、养老服务等新兴行业以及互联网金融、供应链金融等新兴业态快速兴起和成长。2015 年，全国电子商务交易总额达到 20.8 万亿元，比 2010 年增长 3.6 倍；网络零售额达到 3.9 万亿元，比 2010 年增长 6.6 倍。其中

[①] 郭怀英："服务业能否支撑"十三五"经济中高速增长？"，《中国发展观察》，2016 年第 3 期。

实物商品网上零售额占当年社会消费品零售总额的 10.8%。规模以上服务业企业中"互联网和相关服务业"营业收入增长 25.0%，远高于同期规模以上服务业营业收入 9.5% 的增速。在住宿和餐饮服务行业，民俗客栈、主题型酒店、短租公寓、中档连锁、度假饭店等住宿业态迅猛发展，休闲餐饮、外送外卖、半成品售卖、O2O 等大众化餐饮新业态快速兴起，极大地满足了消费者多样化消费需求。在健康、养老等服务行业，医疗服务、中医保健、健康体检、康复护理、健康养老等多层次、多样化服务蓬勃发展，成为服务消费的新增长点。

（二）线上线下融合快速发展

在"互联网 +"行动计划的推动下，一些企业运用大数据、云计算、物联网、移动互联网等新一代信息技术创新生活性服务业，新产业、新业态、新模式不断涌现。很多餐饮、人像摄影企业推出"私人订制"模式，主题酒店、特色民宿纷纷兴起，各种生活服务信息平台、线上与线下融合的 O2O 生活服务模式大量涌现，如旅游业的"携程""同城""艺龙"，餐饮业的"大众点评""美团"，住宿领域的"途家""小猪短租"，家政领域的"阿姨来了""阿姨帮"，等等，对于提升服务质量、整合供求资源、满足细分市场、催生定制化个性化服务、促进创新创业等发挥了重要作用。

（三）跨界融合服务新形态逐步形成

在新一轮科技革命和产业变革的推动下，生活性服务业跨界融合趋势加快，由原来的单一功能向融合餐饮、休闲、保健、娱乐、体验、养生等多功能转变，健康、养老、旅游、文化融合的大健康产业、大文化产业等生活服务功能性集成产业正在逐步形成。例如，在零售行业，很多连锁超市和社区便利店延伸服务，开发出集快餐、洗衣、维修、快递、家政服务、居家养老和再生资源回收等为一体的融合发展模式，极大地方便了社区居民的日常生活。在旅游行业，出现旅游与文化、体育、教育、会展紧密结合的多种发展形式。在养老服务行业，不仅出现了养老服务与健康看护、中药养生、金融保险、观光度假等融为一体的趋势，而且居家养老、社区养老和机构养老之间也逐渐融合，如个人利用家庭资源在社区开展助老服务，社区养老服务进家庭，养老机构专业人员进社区进家庭提供服务和培训等。

第三章　服务业发展水平的国际比较与问题

从世界服务业发展情况看，已进入工业化后期的一些发达国家，如美国、英国、法国、德国和日本等国服务业发展呈现两个 70% 规律，即服务业增加值占 GDP 比重为 70% 左右，生产性服务业增加值占服务业增加值比重也为 70% 左右。通过与发达国家及其他国家比较服务业发展水平，更清楚了解我国服务业发展的实际情况，有利于我们发现问题，寻找服务业发展路径。

第一节　中国服务业与世界服务业发展水平比较

尽管近年来我国服务业获得了快速发展，服务业规模占比显著提升，但服务业所占比重与发达国家及世界平均水平相比还存在一定差距，与我国进入中高收入国家的发展阶段不相匹配，服务业发展水平还相对滞后。

一、中国服务业比重处于世界各国中较低水平

20 世纪 60 年代初，世界主要发达国家的经济重心开始转向服务业，产业结构呈现出由"工业经济"向"服务经济"转变的趋势。截至 2014 年，全球服务业总规模超过 54.5 万亿美元，增加值占全球 GDP 的比重达到 71%。其中，中等收入国家和中高收入国家普遍出现了服务业加快发展的态势，服务业增加值占 GDP 的比重分别从 2000 年的 50.5%、51.7% 提高到 2014 年的 55.5% 和 56.8%，部分国家已实现或接近实现向服务经济的转型。高收入国家服务业基本保持稳定增长，服务业增加值占 GDP 的比重在 70% 以上。而我国服务业增加值到 2015 年才超过 50%，不仅远远低于世界平均水平，而且也落后于中高收入国家平均水平（表 3-1）。

表 3-1 2000—2015 年中国与主要发达国家产业结构变化比较

国别	占 GDP 比重（%）	2000 年	2005 年	2010 年	2011 年	2012 年	2013 年	2014 年	2015 年
低收入国家	农业	34.5	32.8	32.9	32.3	33.2	31.8	31.0	30.5
	工业	29.6	20.8	20.0	20.8	20.4	20.7	21.1	21.3
	服务业	45.4	46.3	47.1	46.9	46.4	47.3	47.7	47.9
中等收入国家	农业	12.8	10.7	9.5	9.6	9.4	9.5	9.3	8.5
	工业	37.5	38.7	37.0	37.7	36.9	35.7	35.0	33.8
	服务业	49.6	50.6	53.2	52.8	53.7	54.7	55.6	57.4
中高等收入国家	农业	10.3	8.5	7.4	7.3	7.3	7.4	7.3	7.2
	工业	39.1	40.3	38.9	39.1	38.1	36.8	36.0	34.3
	服务业	50.6	51.2	53.7	53.8	54.8	55.8	56.7	58.3
高收入国家	农业	1.9	1.7	1.4	1.5	1.5	1.5	1.5	—
	工业	27.6	26.3	25.2	25.3	25.1	24.9	24.7	—
	服务业	70.5	72.1	73.4	73.2	73.5	73.6	73.9	—
世界平均	农业	5.2	4.3	3.9	3.9	3.9	4.0	3.9	—
	工业	30.5	30.0	28.5	28.8	28.4	27.9	27.6	—
	服务业	64.3	65.7	67.5	67.3	67.8	68.1	68.5	—

资料来源：世界银行数据库

据世界银行 WDI 数据库数据显示，1990—2015 年间，美国、日本、英国、法国、德国等主要发达国家逐步进入后工业化社会，服务业已成为经济发展的主要动力。2015 年，英国、法国和德国服务业增加值占 GDP 比重分别为 79.2%、78.8% 和 69.0%，美国和日本服务业增加值比重在 2014 年分别达到 78.0% 和 72.0%（图 3-1）。

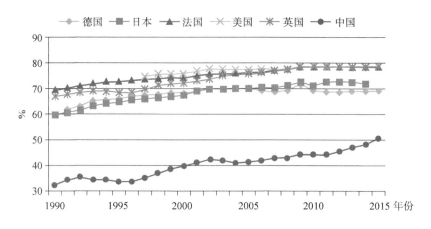

图 3-1　1990—2015 年中国与主要发达国家服务业比重变化

资料来源：世界银行数据库

　　1990—2015 年间，印度、巴西、南非、墨西哥和俄罗斯五个新兴市场国家服务业增加值占 GDP 比重呈现波动式上升趋势，且服务业增加值占 GDP 比重都超过了 50%。2015 年，巴西、南非、墨西哥、俄罗斯服务业增加值占 GDP 比重分别为 72.0%、68.9%、63.6% 和 62.9%，都高于我国服务业增加值占 GDP 的比重。其中就印度而言，虽然是低收入国家，但 20 世纪 90 年代以来，印度走上以服务业（主要是以计算机技术、信息产业为主导的服务业）优先的发展模式。印度服务业特别是软件业迅猛发展，在印度经济中所占比重连年攀升，使印度成为了"世界办公室"。根据印度储备银行的统计，2012 年到 2013 年，印度科技化服务与业务过程外包（ITeS/BPO）出口增长了 37%[①]。但随着国际金融危机后印度经济持续下滑，印度开始重视制造业的发展。2011 年印度政府出台《全国制造业政策》，并于 2014 年推出"印度制造"计划，力争利用劳动力优势，把制造业占印度经济的比重从 18% 增加到 25%，打造世界制造中心。这意味着未来印度服务业比重很可能降低（图 3-2）。

　　从全球服务业发展趋势来看，服务业除了在 GDP 中所占比重呈现上升趋势之外，服务业内部结构也呈现出由劳动密集型为主向技术与知识密集型产业为主升级的趋势，特别是信息技术的发展和应用，使一些新的服务行业、服务业态不断涌现，极大地丰富了服务业发展的内容，推动了服务业发展方式和商业模式变革。

---

　　① "为什么印度必须复兴制造业？"中国经济网，2014-09-07。

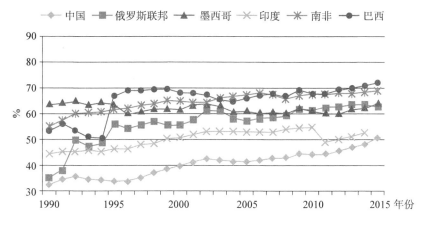

图 3-2　1990—2015 年主要新兴市场国家服务业增加值变化

资料来源：世界银行数据库

主要表现：一是金融、保险、信息、商务服务、教育等行业发展较快，在服务业中的比重呈现上升趋势。二是电子商务、文化创意、移动游戏等新兴知识密集型服务业不断涌现。新一轮产业革命中产业和技术融合的特点和趋势，促进了技术创新、商业模式创新和服务产品创新，促进了电子商务、移动互联网、物联网、文化创意等新兴服务业的快速兴起。由云计算所带来的 SaaS（软件即服务）、PaaS（平台即服务）、IaaS（基础设施即服务）等新兴的云计算交付模式对信息产业带来更大的变革，正在形成一系列云外包、协同创新、协同制造等互联网时代的新经济模式。物联网在交通、电信、零售、旅游等服务领域的应用，正在催生新的商业模式。三是批发零售、运输以及餐饮等传统服务业通过运用新技术新知识进行改造，创新和转型升级步伐正在加快。现代商业正在从原来的购物功能逐步向集购物、餐饮、旅游、休闲、娱乐、体验等功能于一体的综合性服务业转变。

二、中国服务贸易发展水平仍然相对较低

服务贸易是服务业国际竞争力的体现。随着经济全球化趋势稳步发展，世界各国经济的融合程度进一步加深，国际分工协作从传统的制造环节日益向研发设计、供应链服务等高端环节延伸，全球服务业的离岸外包高速发展，服务业外国直接投资迅速扩张，以跨国公司为主体的全球服务产业链加速形成，服务业全球化发展趋势不断加快，服务贸易已成为国际贸易的重要内容。

据 WTO 年度报告的数据显示，1991 到 2015 年，全球服务贸易已从 16 913

亿美元增长到 92 450 亿美元。特别是 2008 年金融危机后，服务贸易与世界贸易、世界经济增长波动完全同步，全球服务贸易一直保持着较快的增长速度。2008—2014 年，全球服务贸易出口从 3.78 万亿美元扩大到 4.94 万亿美元，年均增长 3.7%，明显高于同期货物贸易 2.7% 的增长率（表 3-2）。

表 3-2　2000—2015 年实际服务贸易占全球贸易的比重

年　　份	世界服务出口 （10 亿美元）	世界货物出口额 （10 亿美元）	世界服务出口在全球贸易中占比（%）
2000	1 435	6 186	18.8
2001	1 460	5 984	19.6
2002	1 570	6 272	20.0
2003	1 795	7 294	19.7
2004	2 125	8 907	19.3
2005	2 415	10 159	19.2
2006	2 755	12 083	18.6
2007	3 290	13 950	19.1
2008	3 780	16 070	19.0
2009	3 350	12 490	21.1
2010	3 665	15 238	19.4
2011	4 278	18 217	23.5
2012	4 347	18 627	23.3
2013	4 709	18 954	19.9
2014	4 940	19 002	20.6
2015	4 675	15 985	22.6

资料来源：WTO，International Trade Statistics，2001—2015

我国服务贸易世界排名于 2012 年首次进入前三位，2014 年上升至第二位，2015 年我国服务进出口总额继续保持世界第二，其中服务出口居第五位，服务进口居第二位。我国服务进出口额达到 7 130 亿美元，占世界服务进出口额的比重为 7.7%，占我国对外贸易总额的比重为 15.3%，占 GDP 的比重为 6.8%。但相对于服务贸易发达的国家，还存在一定差距，如 OECD 国家服务贸易额占对外贸易总额的平均比重在 20% 左右，占 GDP 的比重约为 10%。同时，20 世纪 90 年代以来，我国服务贸易一直保持逆差，且逆差有逐步扩大的态势。尤其是 2007 年以后，服务贸易的逆差呈现倍速增长，2008 年逆差额首次超过 100 亿美元，达到 115.5 亿美元，2013 年逆差额达到 1 185.0 亿美元，2014 年和 2015 年逆差额分别扩大到 1 599.3 亿美元和 1 366.2 亿美元。中国服务贸易逆差最大来源是旅游贸易，旅游贸易逆差占到服务贸易逆差总额的六成以上，其次是运输服务、专有权利使用费和特许费逆差（图 3-3）。

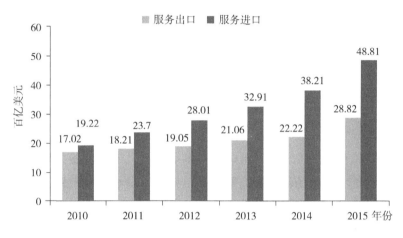

图 3-3　2010—2015 年我国服务贸易发展情况

资料来源：《中国统计年鉴 2015》、商务部网站

第二节　现阶段中国服务业大发展所面临的问题

与发达国家相比，我国服务业除发展水平和竞争力相对不高之外，受体制改革滞后、市场化程度低、政策扶持不到位等因素影响，还存在内部结构不合理、整体效益不高等问题，转型升级仍面临巨大困难。特别是在经济新常态下，推动产业转型升级、促进消费结构升级、保持经济稳定增长都对服务业发展提出了新的要求。

一、供给不足问题

2015 年 11 月 10 日举行的中共中央财经领导小组第 11 次会议上，习近平主席首次提出了"供给侧结构性改革"，强调在适度扩大总需求的同时，着力提高供给体系质量和效率。随后，中央经济工作会议上提出供给侧结构性改革的五大重要任务，即去产能、去库存、去杠杆、降成本、补短板，强调从生产端入手，化解过剩产能，消除房地产库存，促进产业优化重组，降低企业成本，发展战略性新兴产业和现代服务业，增加公共产品和服务供给。

按照西方经济学理论，供给是指生产者在一定时期内，在各种可能的价格水平上愿意并且能够提供的商品或服务的数量，其本质是完全竞争市场条件下的有效供给，生产者提供的是具有充分效用的产品，即产品不仅在数量和品质上适应于市场需求，而且在价格上与购买者的支付能力和现实购买欲望相适应[①]。低档劣势产品或服务，不能满足消费者需要的品质和性能，就不能形成有效供给。同样，产品或服务档次和质量再好，如果高昂的价格超过了消费者的购买力，无法形成现实的交易，也不能成为有效的、能转化为需求的供给。

因此，按照有效供给理论，所谓服务供给，就是通过市场交易提供的满足生产者和消费者需求的市场化服务的数量、结构、质量和效益。目前，我国服务业面临的主要问题之一就是服务有效供给不足，既表现为总量供给不足，也表现为供给质量较低，无法满足经济社会发展需求。

从总量供给上看，研发设计、检验检测、现代物流、市场营销等生产性服务业仍主要存在于工业企业内部，专业化、规模化水平低，与制造业和农业联动发展不足，对人才和资金等要素的聚集能力不强，特别是研发服务能力不足。我国大中型工业企业研发投入占主营业务收入比重不到1%，主要发达国家这一指标一般在2.5%以上的水平，我国的关键核心技术及装备仍主要依赖进口。现代物流发展相对滞后，物流标准化、智能化水平低，物流成本仍然较高。《2015年全国物流运行情况通报》显示，2015年我国社会物流总费用占GDP的比重为16.0%，远高于美国9%的水平。物流成本占生产成本的比重高达30%~40%，而发达国家的占比仅为10%~15%。同时，家政、养老等生活性服务也存在总量供给不足。调查显示，现阶段我国约有40%的城镇家庭大概1亿户[②]需要家政服务，而2014年家政服务从业人员仅为2 034万人，供需缺口巨大。

从供给质量来看，一方面健康、养老、文化等生活性服务业发展层次偏低，部分服务产品有效供给不足。例如，从健康服务看，2015年我国每千人口医师数、

---

① 刘诗白："论增大有效供给"，《经济学家》，2000年第1期。
②2014年我国城镇常住人口77 116万人，按照户均规模3.02人计算，约为25 500户。

护士数分别为 2.1 和 2.2 名，远低于 OECD 国家平均 3.3 和 8.7 名的水平，健康体检、康复护理、养生保健等服务供给短缺，造成挂号难、住院难等现象大量存在。另一方面，旅游、餐饮、家政等生活性服务业服务质量不高，存在服务不规范、缺乏信誉等问题，抑制了居民消费结构升级和居民服务消费能力释放。据中国消费者协会统计，2007—2015 年，服务类投诉量呈快速增长势头，服务类投诉量从 159 618 件上升至 187 613 件，增长了 17.5%；服务类投诉量占全部投诉比重从 24.3% 上升到 29.34%，上升了 5 个百分点。在投诉增幅居前的各类商品和服务中，也以服务类为主。2015 年全国消协组织受理的各种服务类投诉中，生活、社会服务类为 63 311 件，占服务类投诉的 33.7%，为遭受投诉的最大类别；销售服务 28 747 件，占服务类投诉的 15.3%，为第二大类别；此外，互联网服务，文化、娱乐、体育服务等有关生活性服务业的投诉也较多（图 3-4）。

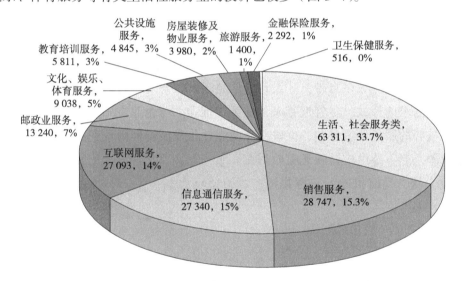

图 3-4　2015 年全国消协组织受理服务类投诉分类示意图

资料来源：中国消费者协会网站

二、非市场化问题

非市场化是制约我国服务业快速发展的重要原因之一。王微等（2014）通过对全球 130 个国家及地区的分析得出结论：市场化程度（经济自由度）与服务业发展之间存在正相关关系，即市场经济体制完善程度越高，服务业的发展水平也相对较高①。除了餐饮、零售等部分服务业外，我国许多服务业领域还存在制约市场机制作用发挥的体制机制障碍，使得服务业缺乏足够的发展动力和活力，效率低下。

（一）行业垄断问题

尽管近年来我国相继出台了一系列政策鼓励民间资本投资进入教育、医疗、文化、金融、商贸流通②、社会服务等服务业领域，但许多领域仍存在着国有垄断和政府管制，主要是进入管制（如投资审批、行政许可）和价格管制。例如银行、保险等行业，牌照资质的事前审批限制了民间资本进入，使得民间资本进入服务业的积极性较低。

（二）服务内部化问题

生产性服务业的发展存在服务业由内部化向外部化转化的规律。由于我国大多数工业企业采取小而全、大而全的发展模式，生产性服务内部化问题比较严重。例如服装生产企业大多自带款式设计、面料研发、渠道销售等功能，抑制了生产性服务业需求的释放。尽管近年来各地都在推动工业企业主副分离，鼓励工业企业将非核心的服务环节外包，促进服务业专业化发展。但由于我国企业间长期合作意识差，上下游供应链缺乏有效对接，服务业外部化进程还比较缓慢。以第三方物流为例，目前我国第三方物流占物流市场比重不足 25%，远低于发达国家70% 的水平③。

（三）服务事业化问题

随着居民消费结构升级，对各类服务需求快速增长，服务产业化已成为大势所趋。但目前服务产业化发展还存在体制制约，一方面，受传统计划经济体制影响，机关、企事业单位后勤服务的社会化程度、产业化程度较低的现状没能得到彻底改变，在一定程度上制约了服务业的整体发展。另一方面，许多原来属于公共事业的服务，如文化、医疗、体育、养老等产业和事业界定不清，民营资本

---

① 王微："城市化进程中服务业发展面临的问题与挑战（下）"，《中国经济时报》，2014–11–23。

② 商贸流通业主要指批发和零售业、住宿和餐饮业、居民服务业、商贸物流、电子商务等，在国内又称为流通业、内贸流通。

③ 商务部："汪洋副总理在全国推进内贸流通现代化电视电话会议上的讲话"，2015 年 11 月 2 日。

进入仍面临诸多限制，导致高质量、多样化、便利化的服务供给短缺。以养老服务业为例，由于养老服务"福利性事业"和"市场化产业"的边界不清，政府没有明确"兜底"保障的服务对象及相应标准，致使各地较多关注养老服务"福利化""公益性"，相对忽视"产业化"发展，重视机构养老、轻视社区养老和居家养老，造成目前我国养老服务供给主要以公办养老机构为主，无法满足大众化养老服务和中高端养老服务需求。

三、供给制度问题

服务业的发展需要良好的制度保障。目前，我国服务业发展的制度还不完善，服务行业相关立法建设滞后，尤其在服务企业的市场准入、市场秩序等方面缺乏有力的规范，制约了我国服务业发展水平的提升。

在法律法规方面，现行服务业的法律法规体系还不健全，特别是新兴服务业的发展缺乏规划和规范。例如，我国流通领域法律空白还较多，特别是随着电子商务、供应链服务等新型业态的出现和发展，现有法律法规已不能覆盖这些新业态、新模式。许多电商企业主要以低价竞争为核心手段，刷单现象严重，假冒伪劣产品盛行，亟待立法规范。

在市场准入方面，一方面，银行、电信、保险等垄断性行业进入壁垒高，存在着严格的市场准入限制，制约了非国有资本的发展。根据 OECD 公布的服务贸易限制指数（Services Trade Restrictiveness Index），我国服务贸易 18 个主要领域的得分均高于全部样本国家和 OECD 成员国的平均值，在速递、广播、电信、金融等部门还存在较高的贸易壁垒。在对外资市场准入方面，外资银行在华经营受到持股比例限制、开设分行的限制和数据要求、业务种类限制、许可程序与要求以及资本和流动性限制等业务和地域限制。电信服务业明确规定电信增值服务和寻呼服务有外资 50% 的上限，移动语音和数据服务以及国内和国际基础电信服务外资股比 49% 的上限[1]。另一方面，管理咨询、会展、物流以及餐饮、家政等竞争性行业进入壁垒较低，缺乏严格的市场准入制度，造成行业竞争无序等现象。

在行业标准方面，与商品标准相比，我国服务业标准化建设滞后，新兴服务业、知识密集型服务业标准短缺。现行部分标准内容简单、未及时进行修订，已

---

① 李刚、聂平香等著：《新时期中国服务业开放战略路径》，经济科学出版社 2016 年版。

不适应服务业发展的需要。同时，现行服务业标准多为推荐性标准，宣传推广力度不足，企业应用标准化的水平较低。以物流标准化为例，物流标准化是提高物流效率、降低物流成本的重要途径。近年来，我国通过实施商贸物流标准化，托盘标准化应用已取得明显成效，但由于目前执行的托盘标准《联运通用平托盘主要尺寸及公差》（GB/T 2934–2007），只明确提出 1.2m×1.0m 规格托盘为优先推荐标准，对企业约束性不够，标准推行力度受到较大影响。

在市场秩序方面，一方面，由于服务行业信用体系建设滞后，行业普遍缺乏诚信，乱收费、商业欺诈、制假售假、轻诺寡信、霸王条款等现象时有发生，严重地妨碍了服务业的健康发展；另一方面，由于服务业监管部门各自为政，缺乏跨区域、跨部门合作和监管信息共享机制，市场监管存在"短板"，也制约了服务业质量的提升。

四、人力资源问题

人才缺乏已成为制约服务业快速发展的瓶颈之一。目前，我国长期依赖的人口红利正在逐步消失。国家统计局发布的数据显示，2011 年以来我国的劳动年龄人口比重持续下降，2015 年我国 16~59 岁的劳动年龄人口总数减少 487 万人，仅 9.1 亿人，在全国总人口中占比由 2014 年末的 67.0% 进一步降至 66.3%。根据社科院发布的《社会蓝皮书：2015 年中国社会形势分析与预测》，在 2020 年之前，我国劳动年龄人口将年均减少 155 万人；2020—2030 年将年均减少 790 万人。这意味着我国服务业人力资源供给形势将十分严峻。

目前，我国服务业发展已出现人才供给严重不足问题，不仅一些新兴服务业缺乏相应的高素质人才，特别是有重要影响的领军人才，而且一些劳动密集型的服务行业，如快递、餐饮、家政、养老等服务行业也面临招工难问题。58 同城公布的一组物流人才招聘数据显示，2015 年 6 月全国物流人才缺口近 17 万人。在养老服务行业，全国取得职业资格的养老护理员仅有 2 万多人，大多数养老护理员缺乏专业的医疗护理知识，养老护理员持证上岗率低，导致养老服务大多停留在基本的吃饭、穿衣、擦背等日常生活照料上，服务水平不高，服务方式单一，与老年人日益增长的多样化服务需求有较大差距。在家政服务行业，部分从业人员将家政职业作为"过渡"职业，一旦熟悉城市或找到收入更高的工作，往往很快辞去家政服务职位。在旅游服务行业中，具有多语种、业务精湛、善于沟通的导游专业人才十分匮乏。

　　服务业人力资源供给不足，导致人工成本大幅上涨。2011 年至今，实体零售业职工平均工资涨幅约 10% 至 15%，大大超过营业收入和净利润增幅。同时，伴随电子商务快速发展的快递业从业人员薪酬大幅提升。根据众达朴信发布的行业数据显示，2013—2014 年，快递员平均月薪中位值和高位值分别为 5 250 元和 7 858 元。人工成本上升，进一步压缩了服务企业的利润空间，使得服务企业发展面临巨大压力。

第四章 推动服务业转型升级与创新发展的战略选择

　　"十三五"时期是我国全面实现小康社会的决胜时期，也是服务业转型升级和创新发展的关键阶段，必须着眼于国家发展的大战略、大背景，着眼于服务业发展存在的突出问题、关键问题，着眼于经济社会发展的新变化、新特征和新趋势，以全球视野和创新思维深入思考和精心谋划服务业的转型升级，着力探索服务业发展的新思路、新模式和新路径，完善供给制度和政策体系，提升服务业发展水平，推动我国从服务大国向服务强国迈进。

第一节　总体思路与战略导向

　　"十三五"时期乃至更长一段时间，我国服务业的发展要着眼于经济发展的新常态阶段，立足于供给侧结构性改革，着力解决服务业供给问题，通过优化服务业供给结构、供给内容和供给方式，推动产业转型升级和消费结构升级，进而促进中国经济保持稳定增长。

一、总体思路

　　立足我国经济发展的新常态阶段，顺应供给与需求结构变化趋势，围绕推进新型工业化、新型城镇化、农业现代化和信息化的要求，按照"优化结构、提升规模、拓宽领域、创新发展"的思路，以创新驱动为着力点，加快结构调整和升级，大力发展现代物流、金融、电子商务等生产性服务业，推动商贸服务、健康养老、文化娱乐等生活性服务业提质发展，运用高新技术、先进适用技术、先进产品标准、现代经营管理模式和信息化改造提升传统服务业，加速催生新技术、新产品、新模式、新业态，推动现代新型服务业跨界发展、融合发展、创新发展，着力促进服务业增速加快、比重提高、质量提升，建成与全面小康社会、工业化中后期阶段相适应的现代服务业体系。

服务业的发展必须坚持在发展中求转变，在转变中促发展，实现"三大"转变：

（一）从过去片面注重生产环节向"生产 + 服务"相结合的战略转变

制造业服务化已成为全球产业结构调整的重要趋势，许多跨国公司制造商的主营业务、业务增值、管理模式、赢利来源均以服务为主，有两成跨国制造企业的服务收入超过总收入的50%，成为名副其实的服务企业[①]。"十三五"时期，我国应顺应制造服务化趋势，推动企业立足制造、融入服务，优化供应链管理，深化信息技术服务和相关金融服务等应用，加快推动制造业向数字化、网络化、智能化、服务化转变，引导制造业企业以产需互动和价值增值为导向，由提供产品向提供全生命周期管理转变，由提供设备向提供系统解决方案转变，推动服务型制造向专业化、协同化、智能化方向发展，培育制造业竞争新优势。

（二）从劳动密集型低附加值产业向资本、技术密集高附加值产业转变

我国产业发展的基本路径是"劳动密集型→资本密集型→技术密集型"的循序渐进的过程。目前，我国很多服务业，如物流、快递、零售、餐饮、养老服务等都属于劳动密集型行业。随着我国"人口红利"逐步消失，劳动力成本持续上升，这些劳动密集型服务业发展将面临巨大挑战，迫切需要抓住信息技术迅猛发展和"互联网 +"行动计划实施的机遇，向资本、技术密集型产业升级。"十三五"时期，应顺应信息化和新技术融合发展和应用的趋势，充分发挥信息化在服务业转型升级中的支撑和牵引作用，推动信息技术改造提升劳动密集型服务业，促进劳动密集型服务业的可持续发展和产业结构的升级，实现劳动密集型服务业向资本密集型和技术密集型产业转型升级。

---

① 王晓红："制造业与服务业融合发展的六大趋势"，《中国经济周刊》，2014-06-30。

（三）从粗放型发展模式向集约型、绿色化发展模式转变

资源环境约束加大，迫切要求转变以往粗放型产业发展模式。尽管与工农业相比，服务业属于节能、环保、绿色型产业，但很多服务业领域，如物流、旅游、商业等也存在环境污染和节能减排问题。因此，应按照十八届五中全会提出的创新、协调、绿色、开放、共享五大发展理念的要求，创新服务业发展模式，推动服务业集约化、绿色化发展。

二、战略导向

"十三五"期间，我国服务业发展应遵循产业发展的客观规律和趋势，抓住第四次科技革命的机遇，构建结构优化、技术先进、清洁安全、附加值高、吸纳就业力强的现代服务业体系，实现产业由全球价值链中低端向价值链高端升级。按照这一要求，必须坚持以下几个战略导向：

（一）需求拉动与供给推动相结合

需求是产业发展的原动力，"十三五"时期服务业发展要以国内外需求为导向，从结构、布局、品种、数量、品质、价格、服务等方面满足不同层次、不同维度的需求，使服务业结构与需求结构相匹配，服务业发展与国内需求条件相适应。与此同时，要着力改善供给结构，走改造提升传统服务业和加快培育发展新兴服务业"两业并重"道路，加快集聚高端要素，努力增强供给能力，改善供给水平，提升供给效率，以持续提升的价值来适应、引导和创造需求。

（二）创新驱动与转型升级相结合

科技革命与信息技术的快速发展与应用是服务业创新发展的重要推动力。在互联网、云计算、大数据、物联网等信息技术快速发展的推动下，服务业领域新产业、新业态、新模式不断涌现，成为产业创新的主要领域。"十三五"时期，要把握全球化背景下新一轮科技革命创新的潮流和方向，引导企业加快商业模式创新、业态创新、产业组织创新和管理创新，提升服务业信息化、智慧化发展水平。

（三）制造业与服务业发展相融合

"十三五"时期是我国产业结构由工业占主导逐步向服务业占主导转变的重要

阶段。在服务业大发展过程中，既要重视制造业的高端化发展，也要重视服务业与制造业的融合发展。发达的制造业是衡量一个国家综合国力和竞争力是否强大的重要标志之一。国际金融危机后欧美发达国家实施"再工业化"就充分说明了这一点。目前，我国工业化的任务尚未完成，且国内需求难以支撑经济增长，制造业仍然是实现工业化和现代化的原动力，是支撑我国经济增长的重要依托。因此，要坚持制造业与服务业协调发展，大力发展研发、设计、信息技术、物流等生产性服务业，强化先进制造业、高新技术产业和现代服务业之间的融合互动，通过产业价值链融合与分解，占领高端环节，在专业化中提升产业核心竞争力，推动制造业高端化发展，实现制造业与服务业融合互动发展。

（四）货物贸易与服务贸易相协同

长期以来，我国货物贸易与服务贸易发展不协调、不匹配，货物贸易持续顺差，而服务贸易呈现逆差趋势。这主要是由于我国产业结构不合理，货物贸易以加工贸易为主，服务贸易缺乏品牌和渠道的支撑。因此，在开放的条件下，要推动中国由"贸易大国"向"贸易强国"转变，必须适应我国产业结构转变的趋势，充分利用国内和国际两个市场，推动加工贸易转型升级，大力推动金融保险、信息服务、工程服务、建筑服务、物流等高附加值高技术含量的生产性服务出口，鼓励发展离岸服务外包和在岸服务外包，促进服务贸易发展，进而实现货物贸易与服务贸易协调发展。

三、正确处理好三对关系

（一）正确处理传统服务业与现代服务业的关系

根据现代服务业的概念，传统服务业与现代服务业并不是对立的两个概念，而是基于信息技术投入和管理、组织方式变革的相对概念。传统服务业经过信息技术改造和管理组织方式创新，也可以成为现代服务业。因此，必须把传统服务业改造与现代服务业优化结合起来，在重点发展金融、信息、物流等现代服务业的同时，加强传统服务业的升级改造和业态创新，提升服务业的能级。

（二）正确处理生产性服务与生活性服务的关系

生产性服务业和生活性服务业是服务经济体系中不可或缺的部分，二者既相互区别，又存在紧密的互动发展关系，没有生活性服务业的配套发展，生产性服务业就难以实现真正的发展。不能把发展现代服务业单纯定位成高端服务业，重视生产性服务业发展，而忽视对促进消费、吸纳就业具有重要作用的生活性服务业的规范和扶持。既要大力发展金融、信息、物流、会展等生产性服务业，也要把发展生活性服务业作为促进生产性服务业发展的一个重要途径，通过大力发展餐饮、休闲、娱乐等生活性服务业，创造良好的生活环境，吸引和留住生产性服务人才，从而实现服务业整体素质的提升。

（三）正确处理服务业与服务贸易发展的关系

理论上讲，服务业是服务贸易发展的基础，服务贸易的发展也对服务业的发展具有重要的推动作用，二者之间存在互动发展的关系。"十三五"时期要充分利用国内和国际两个市场，推动服务业与服务贸易的协调发展。一方面，要利用各种政策，动员各方面力量，积极推动具有比较优势的服务业主导产业快速发展，做大做强服务业。另一方面，要通过研究制定财政支持、税收优惠、简化手续等政策，如积极探索服务业出口退税政策，促进金融保险、信息服务、工程服务、建筑服务、物流等高附加值高技术含量的生产性服务出口，鼓励发展离岸服务外包和在岸服务外包。

第二节　加快服务业发展的对策和建议

"十三五"时期，服务业能否实现高质量发展关乎我国经济增长速度和社会稳定，要高度重视服务业在经济社会发展中的作用，以问题为导向，以供给侧结构性改革为着力点，着力解决服务业发展面临的关键问题，推动服务业转型升级和创新发展。

一、深化服务业领域改革，营造法治化营商环境

国际经验表明，在服务业快速扩张过程中，政府管制政策的调整具有重大作用，直接决定了市场进入的机会，并决定了市场结构以及竞争程度，而且公平竞争的环境一旦形成，会从供给与需求两方面激活服务业发展的内在活力。因此应

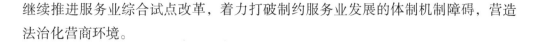

继续推进服务业综合试点改革，着力打破制约服务业发展的体制机制障碍，营造法治化营商环境。

（一）打破服务业领域行业垄断和行政壁垒

对于电信、铁路、民航、邮政等具有自然垄断性质的行业，要区分普遍服务和竞争性服务，全面推进垄断行业竞争环节向社会资本开放，尽快破除生产性服务业和生活性服务业领域的行业垄断。同时，要着力打破地区保护和行政壁垒，加快反垄断清查工作，促进银行、保险、法律、咨询等服务实现跨地区经营。

（二）适度放松部分服务业领域行业管制

根据政府规制理论，结合当前我国经济和服务业发展阶段，应按照合理、合法的原则，对目前政府规制的服务领域项目进行彻底清理，分清哪些是政府应该管的，哪些不是政府应该管的。对于可以通过市场机制解决的，应尽量引入竞争机制，交由市场自行解决。对于可以通过社会中介组织解决的，应鼓励社会中介组织发挥作用。对于那些市场机制和社会中介组织都不能解决的，应实行激励性规制，采取特许经营权竞标、价格上限管制、区域性竞争等措施进行规制。同时，按照"放管服"改革的要求，进一步减少行政审批，尽可能多地采取核准或备案制。例如，对于涉及国计民生的金融、电信等领域，要从国家经济安全角度，对进入者通过审批或许可手段进行规制，同时为避免行业垄断，对价格进行规制。而对于其他完全市场化的服务业领域，可以逐步放松规制，减少行政审批和许可，积极鼓励民间资本的进入，提高行业中各种所有制的竞争程度。

（三）加快推进公共服务领域市场化改革

在维持基本公共服务职能的前提下，加快推进教育、卫生、文化、体育、养老等公共服务领域市场化改革，是经济新常态下服务业发展的大趋势。因此，应顺应居民消费结构由商品消费向服务消费升级的趋势，加快推进医疗、体育、文化、养老等领域市场化改革，鼓励民间资本参与公共事业单位改制和投资，大力推行政府、国资与社会资本合作的 PPP 模式，为服务业补短板、增强供给创造良好的市场环境。

（四）进一步优化服务业发展的制度环境

第一，要加快服务业领域立法进程。加快修改完善现行服务业相关立法，积极研究制定电子商务、互联网、大数据、分享经济等新业态、新模式的相关立法，特别是要完善知识产权保护法，着力促进服务企业自主创新发展。

第二，加快服务业信用体系建设。加快整合工商、商务、税务、住房等多部门信息资源，将个人户籍、社保、住房等信息纳入全国统一的信用信息共享平台，推动信用信息互联互通。根据不同服务业的特点，加快研究制定服务行业信用体系，利用互联网和大数据，推动各部门信用信息共享。建立服务业诚信档案数据库，及时发布各类检测信息结果，推动信息透明化、实现信息共享，降低消费者的"搜寻"成本。完善企业诚信黑名单制度，建立惩罚性巨额赔偿制度，强化社会道德谴责，约束市场经营主体的失信行为。

第三，加强服务业市场监管和联合执法。推进商务综合行政执法体制改革试点，整合执法资源，建立各部门协作配合机制，推进综合执法和大数据监管，提升监管效能。同时，全面推行"双随机一公开"监管方式，推进跨地区、跨部门信息互联共享，加强对线上线下商品质量的一体化监管，完善协同监管机制，提升市场监管力度。

二、创新服务业发展模式，提升服务业发展水平

"十三五"时期，顺应产业融合、分工深化细化和升级变化的要求，从突破关键环节、提升价值链入手，通过与工业互动、体制创新和服务创新，加快发展生产性服务业和生活性服务业，同时注意生产性服务业和生活性服务业发展的协调性，实现服务业大发展。

（一）加快服务业重点领域发展

一方面，要围绕我国制造业转型升级，抓住新一轮新技术革命带来的契机，大力发展文化创意、金融保险、研发设计、软件开发、大数据、云计算、电子商务、现代物流、商务服务、服务外包等高端生产性服务业，延伸产业链条，为工业的结构升级和效率持续改进提供强有力的支撑，形成工业与服务相互促进、相互支持的发展格局。另一方面，要围绕居民消费结构升级和保障民生，大力发展生活性服务业，提高行业发展水平，提升居民生活品质。

一是大力发展旅游业，推动旅游产品向观光、休闲、度假并重转变，满足多样化、多层次的旅游消费需求。二是加快规范商贸、住宿、餐饮、家庭服务等市场化程度较高的生活性服务业发展，提升行业发展质量。三是积极发展文化、体育健身、教育、医疗卫生、养老等具有公共服务属性的生活性服务业，明确界定"事业"与"产业"属性，在保障公益性的基础上，积极以市场化方式探索发展私营医院、民办学校、教育培训、居家养老、社区养老、文化创意等产业，推动服务业产业化发展。

（二）加快服务业跨界融合发展

顺应制造业与服务业融合、农村一二三产业融合、服务业内部跨界融合的趋势，鼓励企业积极延伸产业链和价值链，创新发展业态和模式。一是推动制造业与服务业融合发展。鼓励企业增加服务环节投入，发展个性化定制服务、全生命周期管理、网络精准营销、供应链管理等服务，形成生产性服务业与制造业互动发展的新格局。二是推动农业一二三产业融合发展。以农业现代化发展为目标，加快推动农业规模化生产和品牌化经营，大力发展农产品精深加工，积极发展农村电子商务和物流配送，拓展农产品销售渠道。同时，利用农业资源，大力发展农业观光旅游、农业文化创意等服务业，提升农业产业价值链。三是推动服务业内部跨界融合发展。加快医疗、体育、养老等服务业市场化发展，推动形成大健康服务业发展模式。促进商业、文化、旅游整合资源，实现商旅文一体化发展。借助互联网 +，推动信息服务业与其他产业融合，培育新业态、新模式。

（三）推动服务业集群化发展

集群化已成为服务业发展的重要模式。目前，服务业集群化发展模式有集聚区模式、产业园区模式、网络平台模式等。"十三五"时期，一是要充分发挥服务业集聚区对服务业发展的示范引领作用，既要注重物流集聚区、现代商贸集聚区、旅游休闲集聚区和商务服务集聚区等各类服务业集聚区的规模提升，又要注重质量提升，着力推动企业集中、功能集成、发展集约，不断增强现代服务业的竞争力。二是进一步明确各服务业集聚区定位，着力吸引服务业主体在不同功能板块进行空间集聚，打造各具特色、错位发展的中央商务区、高端商贸街区、物流园区、文化创意产业园、旅游业集聚区、专业市场群、总部经济区等现代服务业集聚区，不断提高现代服务业的产业集聚度、区域形象和配套建设水平，提高集约发展水平。三是把服务业集聚区开发建设与产业布局调整、产业结构升级结合起来，以集聚区内大企业为依托，带动中小服务企业和下游延伸配套服务项目的发展，形成分布集中、分工明确、互相支持的服务业产业链和产业集群。

（四）推动服务业智慧化发展

围绕"智慧城市""智慧社区"建设，加快运用先进适用技术、现代装备和科学管理理念，催化发展新型服务业态，提升服务业质量和水平。一是加快信息技术和智能化设备在服务领域的应用推广。例如，在物流领域，要加快推广先进且适用的现代物流技术和装备，加强冷链配送、无接触设施、共用托盘、节能环保等技术和设备的研发与应用，大力推广射频识别、货物跟踪、货物自动分拣、移动终端等物流新技术，建设公共物流信息平台，推动智慧物流发展。在快递领域，要加强对快件的跟踪查询、自动识别、全球定位、电子数据交换等先进技术在快递业的推广使用，鼓励快递企业加大生产处理设备和自动分拣设备的投入，提高快件机械化、自动化处理水平。二是加快培育基于互联网的新业态。鼓励利用互联网、大数据、虚拟现实等技术，加快发展电子商务、网络约车、远程教育、在线医疗、数字家庭、租赁式公寓等新兴业态，鼓励分享经济、协同经济新模式发展。三是推动线上线下融合发展。支持城市商圈智能化改造，促进商圈内不同经营模式和业态优势互补、信息互联互通，构建线上线下融合发展的体验式智慧商圈。鼓励线上企业发展实体销售中心和体验中心，促进线上服务向线下延伸。

三、扩大对外开放与合作，提升服务业开放水平

中国作为世界经济大国，在实现"中国制造"转型升级和跨国转移的同时，参与服务全球化的广度和深度将不断拓展。特别是随着中国积极加入服务贸易协定（TISA）谈判，与冰岛、瑞士等国家的自由贸易协定逐步签署，以及中韩自贸区、中美投资协定和中欧投资协定谈判的稳步推进，"一带一路"战略的实施，将会推动我国双边服务贸易市场自由化趋势加速，提升服务业对外开放水平。

（一）优化服务业对外开放模式

利用我国自由贸易试验区建设的机遇，积极探索服务业"准入前国民待遇＋负面清单"的开放新模式，为各类服务业市场主体创造公开、平等、规范的市场

准入制度。重点是适度推进金融、电信等领域对外开放，如给予外资银行国民待遇，取消地域限制和业务限制等，开放包括因特网接入服务业务、呼叫服务、在线数据处理服务与交易处理等增值电信领域，突破外资不超过 50% 的股比限制。加快推动民生服务领域开放，放开健康服务、养老服务领域外资准入限制。全面推动旅游、运输、建筑服务等具有传统优势的服务行业对外开放。

（二）推动服务业"走出去"

以"一带一路"沿线国家为重点，扩大双边和区域服务贸易协定，打破对我国的服务贸易壁垒。重点鼓励有条件的服务企业到"一带一路"沿线国家通过直接投资、跨国并购等方式设立服务网点。加快商贸物流型境外经贸合作区建设，推动国际产能合作。鼓励有条件的流通企业通过新建、并购、参股、合作等方式，建设境外营销、支付结算、售后服务和仓储物流网络，推动国内流通渠道向境外延伸。

（三）着力扩大服务贸易出口

针对服务贸易长期逆差的现状，在提高服务业发展质量和水平的同时，要积极借鉴国际经验，制订服务贸易出口促进计划，发布服务出口指导目录，在我国具有竞争优势的服务领域，重点打造具有国际核心竞争力的跨国公司，形成具有国际知名度的服务品牌。同时，加快与"一带一路"沿线国家的服务贸易合作，推动与"一带一路"沿线国家签订服务贸易合作协议，在双边和多边框架下开展基础设施互联互通、跨境电子商务、旅游、文化等服务领域合作。

四、完善服务业政策体系，增强服务业发展动力

近年来，为促进服务业发展，我国已相继制定了一系列政策措施，但由于许多具体政策没有出台，加之地方部门利益的存在，很多政策还没有落实到位。"十三五"时期，应进一步完善服务业发展的财税、金融、土地等政策体系，增强政策供给，促进服务业快速发展。

（一）完善服务业发展的税收政策

在全面推进"营改增"改革的基础上，适时简并部分服务业增值税税率，着

力降低企业税收负担。对知识密集型的生产性服务企业，争取开展企业决策层用个人所得税冲抵企业所得税试点。切实落实国家扶持现代物流业、文化产业、科技服务业、会展业、旅游业、金融业、软件业等税收优惠政策。优化服务贸易出口退税方式，适当扩大期末留抵（税额）退税政策和出口服务零税率的适用范围，提高我国服务贸易的竞争力。

（二）优化服务业发展金融支持政策

鼓励设立高新技术服务业、文化创意等重点服务业发展的股权投资基金、产业投资基金和创业投资引导基金，综合运用无偿资助、贷款贴息、后补助、偿还性资助等方式，支持新兴产业企业、高技术服务企业以及重大项目。支持银行开展信用贷款、知识产权质押贷款、股权质押贷款、信用保险和贸易融资等信贷创新。支持符合条件的服务企业发行公司债、企业债券、中小企业私募债、短期融资券和中期票据。支持金融机构积极发展表外业务，为服务企业积极提供"信贷＋租赁""信贷＋债券""信贷＋基金"等结构性融资支持。

（三）推动落实现有服务业促进政策

全面落实工商用电同价，允许服务企业参与电力直接交易，允许商业用户自主选择执行商业行业平均电价或峰谷分时电价。推动各地落实跨地区经营汇总纳税企业所得税征收管理办法，促进服务企业连锁发展。

五、 加快服务业人才供给，增强服务业智力支撑

人力资本是现代服务业发展的关键要素，尤其知识密集型的生产性服务业，具有较强的人力资本和知识资本特征。"十三五"期间，必须要高度重视对服务业的人力资本投资，加强服务业各类从业人员培养和培训，着力提升服务业人才供给能力。

（一）加大服务业人力资本投资

根据我国服务业的发展方向、人才需求量及特点要求等实际情况，加快制定现代服务业人才培养规划。设立现代服务业人力资本投资基金，主要用于服务业基础教育投资、人才培训基地建设、研发经费投入、高端服务业人才或特殊技能人才的安家补贴，等等。通过全方位的人力资本投资，提高现代服务业人才素质。

重点要加强服务业基础教育，要有计划地在现有高等学校和中等职业学校增设服务业紧缺专业，加快培养服务业所需各类人才，特别要加快培养企业和社会急需的信息服务、金融、保险、各类中介服务、服务业政策与管理以及熟悉国际服务贸易规则等方面的人才，提高服务业人才供给质量。

（二）创新服务业人才职业培训模式

通过开展专业培训、在职培训和继续教育等方式，鼓励高等院校、职业学校开办相关的专业课程，鼓励科研单位要开展专题研究，鼓励社会团体举办各种专业的培训项目；针对不同服务业领域的人才特点，制订分类职业开发培训计划，创建以应用型、复合型、创新型为特色的人才培养模式，努力培养造就一批现代服务业高端人才、技能型人才。突出发挥企业在人才培养中的重要作用，创新校企合作方式，培养适合企业需要的人才。鼓励、引导和支持服务业从业人员"在干中学、在学中干"，提高从业人员综合技能。

（三）加快服务业"双创"人才培养

按照"大众创业、万众创新"的要求，加快推进服务业领域创新创业示范基地建设，如电子商务创业创新基地、大学生创业基地、文化旅游产业创意基地等，建设创业孵化器、创业咖啡、众创空间等创业创新公共服务平台，鼓励大学毕业生及个人在服务领域创业，增强服务业市场活力。

六、健全服务业统计体系，提升服务业管理水平

服务业的统计指标体系是评价服务业发展的主要依据。目前，从全国服务业统计体系建设来看，随着新兴服务行业、新业态的快速发展，现行的服务业统计体系对服务业涵盖不足，对不同类别的服务业没有设计专门的统计方法和体系，使得现行服务业统计工作难以完全适应现代服务业发展的需要。应加快对现有服务业统计体系修改完善，探索建立一套科学的服务业统计标准和制度。通过明确服务业的统计范围和统计口径，逐步建立健全科技研发服务、金融服务、信息服务、物流服务、法律服务、会计服务、人力资源服务和其他专业服务等生产性服务行业和餐饮服务、家庭服务、养老服务、健康服务等生活性服务行业的统计指标体系和抽样调查制度，为现代服务业的发展提供科学决策依据。

上　篇

生产性服务业发展与产业结构升级

第五章 生产性服务业的内涵和分类

关于生产性服务业的概念和分类一直是理论界讨论的重点，在许多研究生产性服务业的文献中，对于生产性服务作为生产过程的投入已基本达成共识，但对于生产性服务业的分类，长期以来存在较大分歧。这主要因为服务业构成的复杂性和性质差异，很多服务业既体现生产性服务特性，也具有生活性服务的属性，很难将其归为生产性服务业或生活性服务业。

第一节 生产性服务的概念界定

目前生产性服务业的研究仍处于进一步探讨阶段，对其范围和体系界定尚未形成统一定论。如何从认识其本质入手，从内涵和外延上对生产性服务业进行明确的界定和划分，需要重点解决。

一、生产性服务的内涵及特征

生产性服务（producer services），又称生产者服务，其概念最早是布朗宁和辛格曼（Browning & Singelman，1975）在对服务业进行功能性分类时提出来的，并从外延上认为生产性服务业包括金融、保险、法律、工商服务、经纪等具有知识密集和为客户提供专门性服务的行业。此后，不同的学者根据研究角度和研究对象不同，主要针对服务对象和服务功能对生产性服务业进行了界定。

从服务对象角度，大多数学者认为生产性服务的服务对象是企业或政府机构而非个人消费者。哈伯特和纳特（Hubbard & Nutter，1982）、丹尼尔（Daniels，1985）等人认为服务业可分为生产性服务业和消费性服务业，生产性服务业的专业领域是消费性服务业以外的服务领域，并将货物储存与分配、办公清洁和安全服务也包括在内。生产性服务工党（The producer services working Party，1986）把生产性服务活动定义为"向农业、矿业、制造业或服务业中的企业和政府机构而不是个人提供产出的服务"[1]。格鲁伯与沃克（Grubel and Walker，1989）认为生产性服务业是用来生产其他产品或服务的中间投入，为生产者提供中间产出的产业，是生产者财富形成过程中的中介[2]，并指出生产性服务业所服务的对象是生产者，而不是消费者。斯塔尔和马登（Stull & Madden，1990）认为生产性服务业是涵盖中间产出的服务，也就是协助企业或组织生产其他产品及劳务，而非提供给私人或家庭部门消费。然而，由于很大一部分生产性服务业既服务于生产者也服务于消费者，如金融、法律等服务，所以一部分学者也将生产性服务业分为纯粹的生产性服务业和混合的消费—生产型生产性服务业。

从服务功能角度，大多数学者普遍认为生产性服务是一种中间投入，满足的是产品或服务生产过程中的中间需求，其产品主要用于实体产品或服务的生产和分销。格鲁伯与沃克（1989）、科菲（2000）认为生产性服务业不是直接用来消费，也不是直接可以产生效用，它是一种中间投入而非最终产出，扮演着一个中间连接的重要角色，用来生产其他的产品或服务。汉森（Hansen，1990，1994）指出生产性服务业作为货物生产或其他服务的投入而发挥着中间功能，其定义包括上游的活动（如研发）和下游的活动（如市场）。马蒂内利（Martinelli，1991）认为生产性服务业是"与资源的流动（如银行、金融、工程、猎头和培训），产品和加工的创新（如研发、设计和工程），生产的组织与管理（如咨询、信息处理、会计和法律），生产本身（质量控制、维修、物流），以及产品的促销和分配（如运输、商业媒介、市场营销、广告）有关的活动"。

这些定义基本上对生产性服务的内涵达成了共识，即生产性服务是为满足中间需求，为企业或政府组织的产品或服务的生产提供中间投入品的服务活动。科菲（Coffey，2000）对生产性服务给了更广义上的概念，即"在生产过程中被企业和组织消费的服务"[3]。

然而，在外延上，由于各国统计口径和标准不同，对生产性服务业具体包

---

[1] Daniels, "Producer-services research: a lengthening agenda", Environment and Planning, Vol.19,1997, pp.569-571.

[2] 赫伯特·G.格鲁伯、迈克尔·A.沃克：《服务业的增长：原因与影响》，上海三联书店1993年版。

[3] William J. Coffey, "The geographies of producer services", Urban geography, Vol.21,No.2. 2000, pp.170-183.

括的服务活动还没有形成一个统一认识。在生产性服务活动所涵盖的范围问题上，国外理论界可分为窄、中、宽三派。窄派认为，生产性服务就是指商务服务（business services），主要包括计算机服务、会计和图书经营服务、广告服务、建筑服务、工程和科技服务、法律服务、管理咨询服务以及证券和调查服务等行业。中派认为生产性服务业包括商务服务业和金融、保险、不动产服务，即 FIRE。宽派则认为生产性服务业包括商务服务、FIRE 以及为企业和机构所消费的其他服务，如运输、仓储和通信服务。同时，也提出了高级生产性服务（advanced producer services，APS）的概念，即指信息或知识密集的服务活动。由于生产性服务业包括的行业众多，而且不同行业的性质、特征不同，不同的学者在进行研究时主要根据各自不同的研究角度和研究范围，对生产性服务业在外延上进行了界定。如豪厄尔斯和格林（Howells & Green，1987）认为生产者服务业包括金融、保险和其他商业服务业，如广告和市场研究以及会计、法律、研发设计等为其他公司提供的服务。

目前，一般认为生产性服务业主要包括金融、保险、法律、会计、管理咨询、研发设计、市场营销、工程设计、产品维修、运输、仓储和通信服务等。这些服务作为生产过程中的中间投入，显现出不同于其他服务的一些特征：

（一）要素密集性

随着生产过程的复杂化和迂回化，生产的每一个环节都需要具有专业能力的专家进行计划、统筹、控制等工作，以促进效率的提高。由于生产性服务业多是以人力资本和知识资本作为中间投入的，其所提供的正是满足迂回生产的技术、信息和知识密集型的专业性服务，因此具有明显的要素密集特征。马克卢普（Machlup，1962）认为生产性服务业必须是产出知识的产业。格鲁伯和沃克（1988）把生产性服务提供者比作生产过程中的重要专家组。他们认为，"生产性服务部门乃是把日益专业化的人力资本和知识资本引进商品生产部门的飞轮。人们早就认识到人力资本与知识资本在经济增长中所起的重要作用，现在很明显，在相当大的程度上，生产性服务业构成了这种形式的资本进入生产过程的渠道，在生产过程中，它们为劳动与物质资本带来更高的生产率并改进了商品与其他服务的质量"。

从要素密集程度来看，不仅有知识、技术密集型的生产性服务行业，也有资本密集型和劳动密集型较强的生产性服务行业。

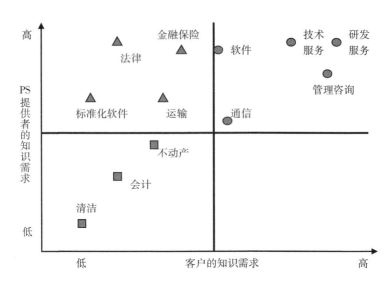

图 5-1　不同生产性服务行业要素密集程度示意图

　　按照生产性服务企业对提供服务的要素的要求以及客户对所需服务的知识需求，可以绘制不同的生产性服务行业的要素变化图，如图 5-1 所示，横坐标代表客户对所需要的生产性服务的知识需求，纵坐标代表生产性服务行业提供者对所提供的服务的知识的需求程度，从左下方向右上方，有着从劳动密集型向资本密集型到技术密集型变化的趋势。一般来说，金融保险、大多数商务服务如技术服务、研发服务、管理咨询、软件服务等是知识、技术密集型的行业，而交通运输、仓储和通信行业、房地产的资本密集性较强，清洁、会计等以劳动密集型特性为主。

（二）地理聚集性

　　生产性服务业具有较强的地理集中特性。研究表明，生产性服务业倾向分布于大都市，表现出较强的聚集经济性。埃伯特和兰德尔（Eberts & Randal，1998）的研究结果发现，生产性服务业大都集中于大都市区，形成整个地区产业活动的核心代表。大多数研究（Daniels，1985；Michalak et al，1993；Beyers，1993；Goe，1990）认为，生产性服务业趋向于集中在大都市区，主要在于能够接近研究中心、企业集团总部和大学，获得合适的劳动力、更大的市场、互补性的生产性服务业，以及便利的交通。这也是一个地区生产性服务业发展的基础条件，由此使得生产性服务业呈现集群发展特征。

（三）高度专业性

外部化的生产性服务活动与其他服务活动不同的一个显著特点是专业化程度较高，因为专业化的生产性服务具有报酬递增和规模经济性，而且它还有利于实现专业化分工效应[①]。生产性服务业具有高度专业性的根本原因在于大部分生产性服务活动，尤其是高级生产性服务活动，如计算机服务、管理咨询等是知识、技术密集型活动，从事这类活动的人员不仅要具有较强的专业知识，而且要具有丰富的行业经验，因此往往能够培养行业专家。这样，生产性服务的专业化生产成本相对其他行业较低，而生产效率却相对其他行业较高，因而使其更具竞争优势。

（四）价值增值性

生产性服务无论是"内部化"服务，还是"外部化"服务，都对产品价值增值起着关键作用。在现代工业产品的附加值构成中，纯粹的制造环节所占的比重越来越低，而服务业特别是生产性服务业中的维护保养、物流与营销、研发与人力资源开发、软件与信息服务、金融与保险服务、财务法律中介等专业化生产服务和中介服务所占比重越来越高，企业利润的主要来源也已经出现了由加工制造环节，向产品的研究设计、市场营销等生产性服务环节转移的趋势。如当今汽车产业的利润分配，整车制造只占 20%，零部件生产占 20%，而设计、研发及售后服务却占了 60%。生产性服务已成为企业生产的产品差异和价值增值的主要源泉。

（五）产业关联性

生产性服务业作为提供中间投入的行业，与农业、制造业和其他服务业之间有较强的前向和后向关联性，突出表现为生产性服务业通过满足制造业及其他服务业的中间需求，对制造业和其他服务业形成很大的带动作用。Guerrieri 和 Meliciani（2003）计算了 20 世纪 70 年代中期和 90 年代早期金融、通信和商务服务（FCB）及其他服务业在中间需求及总产出上的份额及增长率变化水平，结果表明，生产性服务业的中间需求量增长最多，增长率最高。

（六）产业融合性

随着产品生产与越来越多服务功能的融合，生产性服务业与制造业的有机联

---

① 刘志彪："现代服务业的发展：决定因素与政策"，《江苏社会科学》，2005 年第 6 期，第 210 页。

系越来越紧密，已使得产业之间尤其是制造业与服务业之间的界限逐渐模糊，呈现出融合趋势。这种融合表现在制造业的服务就业或者存在于企业内部（内部服务），或者存在于独立的服务企业（外部服务）。服务的内部化形成了制造部门服务化过程的基础。研究表明，20世纪70年代以来，制造业就业人员的增长并不直接与生产有关，而是与管理、市场营销、公司计划和研发功能相关。由于在大多数工业化国家，内部服务就业的比重大约是25%，因此这种服务内部化融合的现象显得越来越重要。外部化服务则表现为服务向第一产业和第二产业的延伸，如生产性服务业中的金融、法律、管理、培训、研发、设计、客户服务、广告、市场研究等逐步融入制造业的生产系统中。这种产业融合，通过产业链上不同环节之间功能的互补，可以使原有的生产加工过程融入更多的技术、知识、信息要素，提高生产方式的集约化程度和产业之间的关联程度。

此外，要理解生产性服务业的内涵和外延，还需要考察生产性服务业与相关概念——现代服务业、消费性服务业、知识密集型服务业的区别，认清生产性服务业的本质与属性。

1. 生产性服务业不等同于现代服务业

目前，一部分学者将现代服务业等同于生产性服务业，如有学者认为"现代服务业又称为现代生产性服务业"[①]。现代服务业是与传统服务业相对的，笔者认为，现代服务业指的是依靠现代技术手段和方式发展起来的服务业，除了包括一部分生产性服务业外，也包括一些消费性服务业，如以现代流通方式和业态发展的零售业。现代服务业具有高技术性、知识性、高附加价值和从业人员高素质等特点，与传统服务业的低技术含量、低附加价值、劳动力素质低等特点是有区别的。而生产性服务业则是根据服务对象和功能划分的，是与消费者服务相区别的，它既包括运用现代技术和生产方式提供服务的"现代"服务业，如银行业、证券业、信息传输、计算机服务业、管理咨询业等，也包括传统的服务行业，如以仓储和运输为主的传统的物流业等。因此，不能将现代服务业与生产性服务业等同起来，否则会导致服务业运行方式和本质的混淆，不利于认识生产性服务业的本质和产业特征，不利于从政策上指导生

---

① 如在欧心黔主编的《中国服务业发展报告》(中国经济出版社，2004年版第25页) 中指出："现代服务业又称为'现代生产性服务业'，是服务业中非常重要的'亚产业'集群"；徐国祥等在《现代服务业统计标准的设计》(统计研究，2004年第12期) 一文中，也认为"现代服务业是在工业化高度发展阶段产生的，主要依托电子信息技术和现代管理理念而发展起来的知识密集型的生产性服务业"。

产性服务业的发展。

2. 生产性服务业与消费性服务业既对立也存在相互交叉的部分

按照服务对象不同，一般将服务业分为生产性服务和消费性服务两大类。生产性服务的主要服务对象是生产者——企业或政府机构，而消费性服务的服务对象主要是消费者——个人，包括零售和个人服务，如餐饮服务、家政服务、汽车维修等。需求源也就是服务对象不同是生产性服务与消费性服务的一个主要区别。但是，部分生产性服务，也为消费者服务提供服务，确切地说应该是生产—消费型服务业。同时，生产性服务与消费性服务的不同也表现在劳动力方面，由于生产性服务提供的是专业化的服务产品，要求高技能和受过良好教育的高素质的劳动力，因此从业人员的工资也较高。而消费性服务通常是日常性活动如职员或销售人员的工作，因此工资相对较低。

3. 生产性服务业与知识密集型服务业是"母集与子集"的关系

知识密集型服务业（knowledge-intensive business service，KIBS），是随着知识的产生、传播和创新发展起来的行业。迈尔斯等（Miles，1995）把知识密集型服务业分为两类：一类是传统的专业服务组成的知识服务业，如会计和法律服务，该类服务业主要利用行政系统和社会公共事务的专有知识，帮助顾客与复杂的社会、自然、心理和生物系统进行沟通交流。另一类是技术密集型服务业，主要由与技术、新技术的产生和扩散相关的新服务组织组成，如与计算机相关的服务业和技术工程服务业。这些服务在很大程度上依赖于专业性知识或本身就是主要的信息和知识来源，通过运用知识为客户的生产过程提供中介服务或为商业企业提供支持性服务[1]。可以看出，知识密集型服务业[2]是生产性服务业的一个重要组成部分，可以表示为：KIBS ∈ PS。本书在后文的论述过程中，将把知识密集型服务业作为生产性服务业中创新最活跃的部分，论证生产性服务业对制造业创新的作用。

根据不同学者对生产性服务的定义以及生产性服务业的特性，本书对生产性服务的界定是：生产性服务是为企业或政府组织生产产品或服务提供中间投入品的活动。其服务对象主要是企业和政府机构，其服务功能是作为中间投入，提高生产效率和生产过程中不同阶段的产出价值，同时对于一部分生产性服务如研发、资本融资、会展来说，其重要功能在于引导生产，是引导制造业升级的先导性力量。

---

[1] 魏江等著：《知识密集型服务业与创新》，科学出版社 2004 年版，第 28—30 页。

[2] 这里的知识密集型服务业主要是指知识密集型的商务服务，而不等同于知识密集服务（knowledge intensive services），并不包括医疗服务和一般的教育。

例如，资本市场上的融资，引导着生产要素向优势产业、优势企业集中，发挥着引导生产企业投资流向和支持生产经营活动的作用。又如近年来在我国新兴的会展业，研究表明，通过展览和会议的形式交流思想，是目前企业与外部科技界保持紧密联系并获得创新思想的最有效的渠道。在展会上，同行专家、学者、科研人员聚集一堂，不同的思想在不断的交流中相互碰撞，会产生新的火花，形成新的技术思想，从而为技术创新提供方向[①]，对引导生产、促进产业结构调整发挥着重要作用。因此，生产性服务业的一个重要内涵在于其在经济结构调整和产业发展中重要的"先导性"作用。

二、生产性服务业的外延：一个分类难题

由于生产性服务活动涵盖的范围较广，且随着社会分工不断深化，新兴生产性服务层出不穷，并且在内容上又不单纯地服务于企业，具有混合的生产—消费型特征，因此生产性服务的行业划分成为理论界的一个难点，存在较大争议。斯蒂格勒（1956）、富克斯（1968）、丹尼尔（1985）以及马歇尔（1987）等人都指出了生产性服务业分类存在的问题，但都因为统计方法和统计数据的不足而没有对这个问题进行深入研究，从而影响了对生产性服务业与其他产业关系的研究。虽然布朗宁和辛格曼在对服务业的分类中，明确提出了生产者服务，但从其他三种类型的服务业所涵盖的细分行业来看，也包含一部分生产性服务业，如流通服务中的广告业、仓储业等。

尽管如此，根据研究的需要以及不同的理解，许多学者和机构对生产性服务业的分类进行了尝试。格林菲尔德（Greenfield，1966）、马歇尔等（Marshall et al，1987）、格鲁伯和沃克（Crubel & Walker，1989）、哈林顿（Harrington，1989）、丹尼尔（Daniels，1991）、科菲（Coffey，1994）等学者根据国际产业 SIC 分类标准，认为会计、广告、银行、保险、法律、管理咨询、市场研究、运输、清洁与维修等28个服务活动属于生产性服务业（表5-1），但对于研发、证券经纪、设备租赁、维修、通信、仓储服务、住宿旅馆服务等其他服务活动的看法则存在较大差异。笔者认为，造成这种看法不同的原因：一是大部分研发主要集中在生产企业内部，往往被认为是生产环节的一部分存在的；二是租赁、维修、通信等服务活动所服务的市场是混合性的，

---

① 程红、熊梦、刘扬、路红艳：《会展经济：现代城市"新的经济增长点"》，经济日报出版社2003年版，第118~119页。

即这些服务既服务中间需求，也服务最终需求，而且这些服务活动之间也存在着大量的交易，这种混合市场性问题使得生产性服务的概念显得不那么准确了，也给研究者在分析问题时带来了许多困难。

表 5-1　不同学者对生产性服务业的分类

行　业	主要研究者及其观点						
	Greenfield (1966)	Marshall et al (1987)	Howells & Green (1987)	Michalak & Fairbairn (1988)	Crubel & Walker (1989)	Harrington (1989)	Goe (1990)
会计与图书经营服务	√	√	√	√	√	√	√
广告	√	√	√	√	√		
建筑服务			√	√		√	√
银行	√	√	√			√	√
清洁和维修	√	√					
计算机服务	√	√		√	√		√
通信							
就业代理	√			√	√		√
工程服务		√		√	√	√	√
设备租赁	√						
设备维修		√					
金融服务		√	√			√	√
住宿旅馆服务					√		
保险服务	√		√		√	√	√
法律服务	√		√	√		√	√
管理咨询	√		√			√	√
市场研究	√		√			√	√
采购		√					
不动产	√	√				√	√
研发		√	√			√	√
证券和调查	√		√			√	
证券经纪			√			√	
仓储服务					√		
运输服务	√	√			√		
旅游和住宿		√					
打字和复印	√						√
批发		√					
其他商务服务			√			√	√

资料来源： 根据 Michael Wernerheim 和 Christopher A Sharpe（1999），J. W. Harrington. Jr J. R. Lombard（1989）、Hermelin（1999）、OECD（1999）等整理。

续表 5-1

行业	Martinelli (1991)	Daniels (1991)	Wood (1991)	Beyers (1991)	Coffey & Drolet (1994)	Coffey (1994)	Sharpe (1995)	Hermelin, OECD (1999)
会计与图书经营服务	√	√		√	√	√	√	√
广告	√	√	√	√	√	√	√	√
建筑服务		√		√	√	√	√	√
银行				√	√			√
清洁和维修	√			√				
计算机服务	√	√	√	√	√	√		√
通信							√	√
就业代理		√	√	√	√	√		
工程服务		√		√	√		√	√
设备租赁	√			√			√	√
设备维修								
金融服务	√				√		√	√
住宿旅馆服务								√
保险服务	√			√			√	
法律服务	√	√	√	√	√	√	√	√
管理咨询	√	√	√	√	√	√	√	√
市场研究			√				√	√
采购								
不动产		√	√	√			√	√
研发	√			√				
证券和调查	√	√	√	√			√	
证券经纪				√	√		√	√
仓储服务								√
运输服务			√	√			√	√
旅游和住宿								
打字和复印	√			√			√	
批发								√
其他商务服务				√			√	√

资料来源：同上

正是由于很大一部分生产性服务业同时也是生活性服务业，所以一部分学者将生产性服务业分为纯粹的生产性服务业和生产—消费型服务业（表 5-2）。其中，广告、市场研究、专业和科学服务、研发和其他商务服务被一致认为是纯粹的生产性服务业。

表 5-2　不同研究中对生产性服务行业的定义

MLH	不同研究				
	NIEC (1982)	Greenfield (1966)	Gershuny and Miles (1983)	Marquand (1979)	Hubbard and Nutter (1982)
交通和通信					
701 铁路				○	
702 道路和乘客运输				○	○
703 道路托运	●			●	●
704 其他道路托运	●			●	●
705 海洋运输	○				
706 港口和内陆水域运输				●	●
707 航空运输				●	○
708 邮政服务和通信				○	●
709 其他运输	●			○	●
分销贸易					
810 批发分销（食品和饮料）	○	●		●	●
811 批发分销（石油）	○	●		●	●
812 其他批发分销	○	●		●	●
820 零售分销（食品和饮料）					
821 其他零售分销					
831 建筑材料和农业工业的代理商	○	●		●	●
832 其他行业物资的代理	●	●		●	●
保险、银行、金融和商务服务					
860 保险	○	○	●	○	●
861 银行	○	○	●	○	●
862 其他金融机构	○	○	●	○	●
863 所有权益和管理	○	○	●	○	●

续　表

MLH	不同研究				
	NIEC （1982）	Greenfield （1966）	Gershuny and Miles (1983)	Marquand （1979）	Hubbard and Nutter（1982）
864 广告和市场研究	●	●	●	●	●
865 其他商务服务	●	●	●	●	●
866 中央办公	●			●	●
专业和科学服务					
871 会计	●	○	●	○	●
873 法律服务	○	○	●	○	●
875 宗教组织					
876 研发	●	●	●	●	●
879 其他专业和科学服务	●	○	●	○	●
其他服务					
881 电影、剧院和广播等					
882 体育和娱乐					
883 赌博					
884 宾馆和居住服务					●
885 餐馆、咖啡等					
886 公共房屋					
887 俱乐部					
888 承包商	●				
889 理发					
891 私人家庭服务					
892 洗衣					
893 干洗、染发等					
894 摩托车修理、分销					
895 鞋修理					
899 其他服务					

注：● 代表纯粹的生产性服务；○ 代表混合的生产—消费型服务
资料来源：J. N. Marshall, P. Damesick and P. Wood（1987）

　　国内研究机构及学者对生产性服务业的分类又有所区别。我国学者高传胜和李善同（2007）利用"中间使用率"和"非居民最终消费比率"两个指标把生产性服务业涵盖的范围界定为：交通运输和仓储业；信息传输、计算机服务与软件业；批发零售贸易业；金融（保险）业；租赁与商务服务业；科学研究、技术服务与地质勘察业；水利、环境和公共设施管理业；公共管理与社会组织。尚于力等（2008）利用1997年和2002年《我国投入产出表》将生产性服务业的范围界定为：交通运输仓储及邮政通信服务、批发零售服务、金融保险服务、计算机服务、租赁和商务服务、地质勘察和水利管理服务六类。同时，在《北京市生产性服务业统计分类标准》中，明确将生产性服务业划分为流通服务、信息服务、金融服务、商务服务和科技服务五大类。国家发改委印发的《生产性服务业分类（2015）》，将生产性服务业划分为为生产活动提供的研发设计与其他技术服务、货物运输仓储和邮政快递服务、信息服务、金融服务、节能与环保服务、生产性租赁服务、商务服务、人力资源管理与培训服务、批发经纪代理服务、生产性支持服务共10个大类、34个中类、135个小类。

在我国国民经济行业分类中，服务业是以第三产业的形式出现的，且没有具体的生产性服务业之说。目前，在我国2011年国民经济行业分类中，第三产业有15类48个两位数行业，其中交通运输（主要是货物运输）、仓储、信息传输、计算机服务和软件业、金融业、房地产业、商务服务业、科学研究、技术服务以及对企业人员的教育培训都属于生产性服务业的范畴[①]。

但是这种分类依然是模糊的，并不能说明哪些服务活动是与企业的生产活动紧密相关的。笔者认为，应从产业关联角度来分析不同类型的生产性服务业的行业属性。即要从供给侧或前向关联的角度，着重分析生产的是哪些服务（What），其主要客户是谁（Who），以及这些服务的主要市场在哪里（Where）？从需求侧或后向关联的角度，主要分析消费生产性服务的客户情况。从后向关联，即从生产性服务的需求角度来看，以企业为主要客户的服务主要有物流、仓储、会计、广告、科技服务等；而从前向关联，即从生产性服务的客户是谁的角度来看，主要有物流、仓储、金融、法律、会计、广告、研发、科技服务、房地产、企业管理与咨询服务，等等。

[①] 本书并没有试图对生产性服务业进行分类，而是试图说明在我国行业分类标准中，生产性服务业主要涵盖在哪些行业类别中，并通过后文对这些服务活动的行业特征、市场特征的分析，说明哪些可以作为生产性服务业。

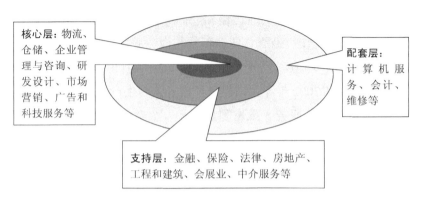

图 5-2　生产性服务业分类的圈层体系

　　按照与生产关系的紧密程度，可以构建生产性服务业类别划分的圈层体系（图 5-2），第一层次为核心层，这类生产性服务业是纯粹的生产性服务，即仅为产品或服务的生产服务，满足的是中间需求，能够增加产品和服务的价值，且专业化程度不高，在市场化程度较低的情况下，多内置于企业的内部。这类服务主要包括物流、仓储、企业管理与咨询、研发设计、市场营销、广告和科技服务等。这些服务的发展有利于培育企业的核心竞争优势。第二圈层为支持层，这类生产性服务业主要是通过为企业融资、完善设施以及提供保障支持企业发展，其对生产的产品或服务所创造的价值不大，专业化程度较高，多是独立于企业之外从事服务活动的机构。这类服务主要包括金融、保险、法律、房地产、工程和建筑、会展业、中介服务等，既服务于企业也服务于消费者。第三个圈层为配套层，这类生产性服务业主要是维持企业生产活动正常运转所提供的"工具型"的服务，主要包括计算机服务、会计、维修等。这类服务既可内置于企业内部，也可以外置于企业外部。

第二节　国内外有关生产性服务业的研究综述

　　尽管第二次世界大战后西方服务经济的快速发展使学术界对服务业的研究给予了极大的关注，但 20 世纪 70 年代以前，国外学者还没有开始重视生产性服务业。早期对生产性服务业的研究主要是从物质性规划、交流或是需求与增长的角度进行的，而且研究主要集中在单个部门（马歇尔，1989），研究者倾向于强调服务业或者制造业，很少研究二者之间的关系。

到 20 世纪 80 年代，由于生产性服务业的高速增长及其在服务业中的重要地位，生产性服务业开始引起了更多学者的关注，研究主要集中在生产性服务业的本质及其在现代经济中的角色，生产性服务业不再被认为是经济发展中非生产性剩余部分，而被认为是经济发展的重要组成部分。从 80 年代初起到 90 年代中期，是生产性服务业研究内容不断深化、研究体系初步形成的重要时期。在研究内容上，主要集中在三个方面：一是从宏观层面探讨生产性服务业对经济增长与就业的贡献。如哈林顿（Harrington，1995）分析了生产性服务业的就业增长，他对美国的研究认为，生产性服务业对区域的贡献表现在对区域就业、收入和税收的直接和非直接贡献以及对区域活动生产率和竞争的贡献方面。有些学者还探讨了生产性服务业就业对国民经济的影响，如夏兰·戴维等（Ciaran Driver，1987）研究了英国各类服务行业就业波动对英国国民生产总值变化所产生的影响。他们认为，公共服务业就业波动对国民生产总值不会产生周期性影响，而生产性服务业就业波动会对国民生产总值产生较为明显的影响。二是关于生产性服务业区位布局的研究。大量研究认为生产性服务业具有较强的集聚效应，更倾向于集中在大都市区，并认为其主要原因是大都市区与边缘地区相比具有基础设施完善、接近市场、易获得信息、人力资源丰富等优势。三是从微观层面通过问卷调查研究生产性服务企业的竞争力、竞争优势和战略绩效（Beyers and Lindahl，1997，1999；O'Farrell and Wood，1999；Hitchens et al，1996）。在这一时期，一些学者开始探索生产性服务与其他经济活动之间的相互作用。一些学者（如 Marshall，1982；O'Loughlin，1981；Schamp，1987）研究了制造与服务之间关系，这些研究寻求决定制造企业使用商务服务的原因以及使用这些服务的结果。

到 90 年代中后期，生产性服务业的研究在西方地理学界逐渐进入了一个相对成熟的阶段，研究视角、内容不断丰富，研究方法也日趋多样化。国内一些区域经济的学者①也开始对生产性服务业给予了关注。研究视角从宏观转向了微观，从国内转向了国际。这一时期，国外研究主要集中在三个领域：一是生产性服务企业的组织和绩效。如拜尔斯和林达尔（Beyers and Lindahl，1997）通过研究单个生产性服务企业的战略行为，认为具有相似发展特征的企业具有明显的集群倾

---

① 在我国，虽然研究服务业的学者早期也注意到了生产性服务在服务业中的构成和地位，但并没有给予充分的重视，也没有对生产性服务业进行深入研究。

向，同时他们（1999）认为，生产性服务企业的竞争优势主要取决于企业相对于其他同类服务提供者的市场定位，并通过运用和扩展波特（1990）的竞争战略模型，认为生产性服务企业竞争优势的获得在于差异化战略而非成本领先战略。二是生产性服务业国际化，主要研究影响生产性服务业国际化的因素。如 Bagchi-Sen and Sen（1997）以会计和广告服务企业为例研究了跨国生产性服务企业发展的影响因素，沃夫（Warf，1996）、戈（Goe，1997）研究了大型跨国生产性服务企业的国际化战略，奥法雷等（O'Farrell et al.，1995，1996，1998）研究了中小型跨国生产性服务企业国际化的方式和影响因素；三是生产性服务业在大都市内的变动。在制造业向郊区和边缘地区转移的过程中，许多研究者发现都市区内部的生产性服务业也呈现出由中心城市向边缘地区转移的趋势。如哈林顿和坎贝尔（Harrington and Campbell，1997）分析了 1970 到 1992 年华盛顿市区生产性服务业的动态变化，他们不仅发现生产性服务业具有郊区化趋势，而且也验证了相关生产性服务业布局变化的假设。这一时期，由于大多数学者试图将所有服务业都纳入到一个统一的分析框架中，且由于人们认识到生产性服务活动在获得国际竞争优势方面具有重要的作用，因此对生产性服务业的研究除了运用实证方法分析生产性服务业同制造业及其他产业的关系、生产性服务业在都市区的布局变化之外，还将更多的注意力转向了生产性服务业在国际分工体系中的作用以及生产性服务企业国际化发展的研究。

总体来看，关于生产性服务业的研究文献，主要是从地理学和区域经济学的角度来研究生产性服务业的增长、结构，生产性服务业的区位选择，生产性服务业对城市和区域经济的影响，以及生产性服务业对国际贸易的影响，生产性服务业的竞争优势等方面。鉴于本书所选取的研究视角，主要从产业发展角度，梳理生产性服务业对产业结构影响的相关研究。

一、国外生产性服务业对产业结构影响的研究[①]

在不同的经济发展阶段，生产性服务在生产系统中发挥着不同的功能和作用。20 世纪 50—70 年代，主要在企业内部发挥着管理功能，充当"润滑剂"的作用。随着知识资本和人力资本的发展，20 世纪 70—90 年代，生产性服务通过提供管理、营销等服务发挥着促进功能。90 年代以后，在信息技术快速发展的推动下，生产

---

① 路红艳："国外生产性服务业与制造业的关联性研究综述"，《国外经济管理》，2007 年第 4 期。

性服务融入了更多的技术因素，在企业发展中发挥了战略角色（表5-3）。

表5-3 生产性服务在先进生产系统中的角色演变

管理功能（"润滑剂"作用）（20世纪50—70年代）	促进功能（"生产力"作用）（20世纪70—90年代）	战略功能（"助推器"作用）（20世纪90年代至今）
财务	管理咨询	信息和信息技术
总量控制	市场营销咨询	创新和设计
存货管理	咨询工程	科技合作
证券交易	商业银行	全球金融中介
	房地产	国际大项目融资

资料来源：Hutton，转引自 Hong Yi，*Regional Linkage of Producer Service：A Research Proposal*

生产性服务在生产系统中的不同角色转换过程中，由于大部分生产性服务是随着社会分工的细化和制造企业发展战略转变从制造业内部独立并发展起来，因此研究的重点主要集中在从价值链角度分析内部化生产性服务的功能，从社会分工和专业化的角度探讨外部化生产性服务业发展的原因和模式，从产业互动角度研究生产性服务业与制造业的互补与融合，以及制造企业的组织结构变革和布局对生产性服务业的影响。

（一）从价值链角度的研究

生产性服务活动与制造业的关系，首先可以从迈克尔·波特（1990）的价值链理论中得到阐释。波特的价值链理论分析了企业竞争优势的来源，他认为，企业价值链可以分为两大部分：下半部分为企业的基本活动（包括产品设计在内的物质创造、销售、储运和售后服务等），上半部分为企业的辅助活动（包括企业组织建设、人事管理、技术开发和采购等）。从价值链的构成来看，其中许多环节，如产品设计、研发、储运、市场营销、售后服务等都是明显与生产性服务相关的。波特认为在企业价值链的运动过程中，并非这个链条上的每一个环节都创造同等价值，企业所创造的价值实际上来自价值链上的某些特定活动。这些创造较高价值的活动，如研发、市场营销、物流等就是企业价值链的战略环节。显然，在分析企业价值链时，虽然波特没有明确指出哪些活动是生产性服务，但他对价值链上不同环节功能的分析也说明了生产性服务是产品价值的重要构成部分和产品差异化的主要来源。一个企业的价值链越先进，价值链的联系就越多越复杂，生产性服务投入的作用也就越大①。

从价值链角度对生产性服务活动的研究，主要集中在内置于制造业企业内部的生产性服务活动或企业之间的生产性服务活动。尽管随着价值链理论尤其是虚拟价值链以及价值网理论的发展，人们认识到在价值链或价值网络中处于核心地位的是生产性服务，但却没有对生产性服务在整个价值链或价值网中的功能和作用进行深入研究。

（二）从社会分工角度的研究

根据古典经济学派的分工理论，生产性服务业的产生和发展是社会分工深化、专业化生产程度提高的结果。20 世纪 90 年代，发达国家的制造企业为了获得核心竞争力，开始将一些附属于原生产系统内部的广告、营销、人力资源管理、可行性研究、包装和运输等生产性服务活动向外转包，从而使那些原来包含在生产企业内部的、作为生产过程的投入和保障而发挥作用的生产性服务出现了"外部化"趋向，导致了制造业内部制造工序和生产服务的分离。这样，独立的生产性服务业获得了快速发展，并在社会分工中扮演了为制造企业的经营管理提供合作性支持的角色。许多学者从不同角度对生产性服务外包问题进行了研究。丹尼尔（1985）、戈（1990）依据交易成本理论分析了生产服务外包问题，认为原单位选择生产服务外包是出于节约成本的考虑；独立和专业化经营中间服务，可以大大降低服务能力闲置率，在规模效应的作用下，外部交易成本低于内部组织成本。科菲等（1990）从竞争策略的角度分析了生产性服务外包问题，认为面对不确定性，企业会通过外包来分散风险，将资源集中在价值链中企业最有竞争优势的环节，这样有利于提高企业的灵活性和效率，从而增强企业的核心竞争力。

目前大多数文献都是从外部化角度对生产性服务业进行研究，且多集中在生产性服务活动外包的原因、模式以及对企业带来的利益等方面，研究主要以问卷调查为主，对生产性服务外部化的影响因素以及外部化生产性服务的发展模式，缺乏系统的模型分析。

---

①Wiliam J. Coffey, "Forward and backward linkages of producer-services establishments: evidence from the montreal metropolitan area", Urban Geography,Vol.17, No.9.1996,pp.604-632.

（三）从产业互动角度的研究

20 世纪 80 年代，生产部门的劳动分工导致了对生产性服务部门需求的增加，大多数学者（Marshall，1979，1982；Polese，1982；Pederson，1986；Cuadrado，1986；Macpjerson，1988）认为制造业是生产性服务业的主要需求部门，一个地区制造业的扩张会为当地生产性服务业创造巨大需求。一些学者也认为，通过带动投资、创新和技术变革，生产性服务业在制造业系统内部扮演着重要的战略角色。然而，在工业服务化趋势增强的同时，生产性服务业也呈现出与制造业发展曲线背离、其他服务业对生产性服务需求增加的趋势。

1. 生产性服务业与制造业的互补与融合

关于生产性服务业与制造业之间的关系，主要有三种观点：第一种观点认为，制造业是生产性服务业的基础，生产性服务业是制造业的补充。这种观点显然继承了古典经济学认为服务业是剩余经济部门的思想，认为生产性服务业的发展必须依赖制造业的发展，没有制造业的需求，生产性服务业就不可能得以发展。以马丁·安德森（Martin Andersson）为代表的学者认为生产性服务是对制造业的补充和支持，应该与制造业一体化为一个整体。以维纳布尔斯（Venables，1996）的制造业与生产性服务业两部门相关模型为基础，安德森建立了生产性服务业和制造业布局相互依赖模型。通过模型研究，他得出以下几个结论：（1）生产性服务业构成了制造业投入的重要组成部分；（2）只有在大都市区，自组织的高级制造业与知识密集型生产性服务业的产业集群才能形成；（3）由于制造业与知识密集型的生产性服务业的关系更为密切，因此在非都市区要促进产业集群的发展，应着力创造良好的环境，吸引生产性服务业。

第二种观点认为，生产性服务业是制造业生产率得以提高的前提和基础，没有发达的生产性服务业，就不可能形成具有竞争力的制造业部门。这种观点强调，生产性服务业作为制造业的中间投入，有利于使制造企业适应市场上技术、产品和生产过程的改变，帮助制造企业降低管理、组织和信息上的障碍，能够有效地促进制造业生产率的提高。Glasmeier 和 Howland（1984）通过大量研究关于服务业的文献得出结论，服务业作为其他行业的中间投入，提高了地区制造业的生产率，促进了地区其他行业竞争力的提高。

第三种观点则将前两种观点进行了综合，认为生产性服务业与制造业之间是相互依存、相互作用和互补性的关系（Park and Chan，1989；Senn，1993；Shugan，1994；Bathla，2003）。这种相互依存关系突出表现为生产服务化。奎因（Quinn）列出了服务和制造部门间复杂的相互作用。从图5-3中可以看出，生产性服务业（R&D、产品设计、财务、法律、咨询、软件维护等）与制造业有着密切的相互作用关系。

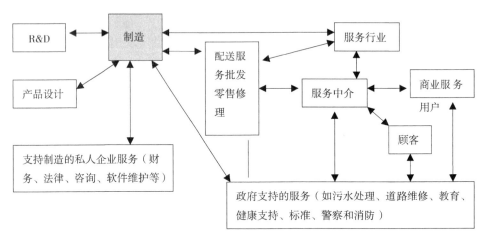

——————► 表示交换的事实意味着每个部分的效益来自其他部门的存在

图 5-3　服务和制造部门间的相互作用

资料来源：郑吉昌、夏晴："现代服务业与制造业竞争力关系研究——以浙江先进制造业基地建设为例"，《财贸经济》，2004 年第 9 期，第 89 页。

生产服务化是生产性服务业增长的一个重要因素。这一方面表现为产品和服务之间的互补性增强。波特（1990）注意到服务可以与产品的销售或需求捆绑在一起。例如，汽车的销售产生了保险、维修等服务的需求。这也可以从企业将大量的资源用于研发、分销和市场营销以及管理和计划得到证实。艾伦·琼斯（Alan Jones，1992）通过建立加拿大经济中的服务和产品生产部门相互作用的投入产出模型，证明了产品生产与服务生产是相互依赖和补充的。同时，他发现，制造部门不仅需要生产性服务作为中间投入，而且也对生产性服务产生了间接需求，表明制造部门对生产性服务投入有高度的依赖性。同时，他认为，服务部门的发展促进了制造部门产出的增加，而制造部门的发展也带动了服务部门投入的增长。

另一方面表现为工业—服务化。工业—服务化生产系统的形成是现代经济发展的一个主要特征。一些学者已经观察到生产过程的日益复杂性和商务环境变化导致了制造业和服务业本身的融合（Coffey and Bailly，1990，1992；Cohen and Zysman，1987；Daniels，1991；Walker，1985）。大部分生产性服务业的增长是与制造业内部的技术变革和劳动分工紧密相关的。随着制造业更多地依赖专业服务帮助企业进行产品的设计、生产、营销和分销，竞争优势的获得已经从直接的生产环节转移到为商务服务活动提供的专业服务投入上。从生产结构变化的角度，科菲和贝利（Coffey & Bailly，1990）研究了产品生产和生产性服务活动相互作用关系，注意到产品生产的服务化以及独立的服务业快速增长的趋势。他们认为，这种趋势使早期从产业角度分析生产结构变化的研究失去了意义。为克服这个问题，他们运用瑞典、法国、加拿大和丹麦四国的数据，建立了包括制造、流通、销售和管理四部分的生产系统分析模型。他们发现，在制造业发展过程中，制造环节的就业下降了，而其他三个环节的就业增加了，说明了生产的服务化趋势。Momigliano 和 Sinniscalo（1982）利用投入产出模型研究了意大利生产性服务业的就业增长及服务一体化程度，他们的研究结果证明了服务部门的增长在于制造系统中服务一体化的增加，而服务一体化的增加是生产性服务尤其是制造业内部的生产性服务增长的结果。Garcia-Mila 和 McGuire（1993，1998）研究了美国 56 个州不同行业就业增长率与产业结构变化之间的关系，通过建立 1976—1989 年 13 年间行业就业增长率与 1976 年九个行业（建筑业、非耐用品制造业、耐用品制造业、交通运输通信和公共服务业、批发贸易业、零售贸易业、金融保险和房地产业、服务业以及其他）就业份额的多元回归模型，得出结论：在服务经济社会，金融保险和房地产业、服务业对其他行业的增长有正向影响关系，说明生产性服务业的变动对产业结构变动有着重要的影响。

2. 生产性服务业与制造业发展曲线的背离

尽管大多数学者认为制造业需求是生产性服务业快速发展的主要原因，但在现实经济发展中，人们却发现生产性服务业与制造业发展曲线呈现出相背离的趋势，即在制造业增加值和就业比重不断下降的同时，生产性服务业增加值和就业的比重却呈现出逐步上升的趋势。对于解释为什么在一些地区制造业生产效率和从业人员下降了，但生产性服务业却仍保持了较快的增长，戈（Goe，1994）认为，可能存在三种解释：一种解释是当地制造企业将当地的分支机构向区域外转移，但在当地保留的公司总部仍能支撑生产性服务业的发展；另一种解释是在一些地区，随着社会分工的发展，原来制造部门内部的服务活动被外包给生产性服务企业，从而导致制造部门缩减而生产性服务部门的膨胀；还有一种解释是在于集聚因素，尽管在早期生产性服务业可能依赖当地的制造业，但随着生产性服务业跨区贸易的发展，在当地制造业缩减的情况下，生产性服务业通过与其他地区制造业建立关系仍能维持增长。

3. 生产性服务业与其他服务业的关系

随着生产性服务业的发展以及对生产性服务业研究的逐步深化，生产性服务业与服务业的关系也逐渐受到了关注。传统的观点认为服务业本身不能促进经济增长，服务业的发展依靠生产部门。但科菲的实证研究表明，FIRE 企业总收入的5% 和商务企业总收入的 22% 来自产品生产部门，而且 41% 的商务服务企业的总收入完全没有来自产品生产部门的。另外，商务服务企业来自第三产业中其他行业的收入高达 68%。戈（Goe，1994）通过建立后工业化模型，认为在后工业化社会，生产性服务业销售的最大部门是其他服务业而不是制造业；对大多数生产性服务业而言，市场是主要面向最终（消费者）需求。同时，他也认为，随着后工业化的发展，通过从事当地和外部服务部门的贸易活动，生产性服务业仍能保持快速增长。J. E. Juleff Traner（1996）指出，新西兰奥克兰的生产性服务业 18.3%的公司没有制造业的客户，而只有 8.1% 的公司没有服务部门的客户。他的研究揭示了服务业对生产性服务业的需求大于制造业这个事实，而且他认为，20 世纪 80年代早期制造业的衰退已经减少了对高级生产性服务的需求，而服务业的快速发展恰恰对这些生产性服务产生了新的需求，从而使生产性服务业维持了快速增长。这些研究表明，生产性服务业的需求者不仅是制造企业同时也是服务企业，其他服务业和政府对生产性服务企业而言也是重要的客户市场。

（四）从产业布局角度的研究

影响生产性服务企业区位选择的因素十分复杂，许多学者通过对不同城市的生产性服务业的研究，总结出接近客户、劳动力、信息资源以及交通的通达性是影响生产性服务企业区位选择的主要因素。一些学者认为制造业的组织结构和区域布局对生产性服务业的布局有着重要影响，相当部分的生产性服务业的布局受制造业发展的影响，马丁（Martin，2004）等人的研究表明，生产性服务业区位是制造业区位的函数。在制造业向郊区和边缘地区转移的过程中，许多研究发现都市区内部的生产性服务业也呈现出由核心向边缘转移的趋势，而有些生产性服务业并没有受制造业迁移影响的原因在于，这些生产性服务业灵活地进行了重组和调整（马歇尔，1989）。林肯（Lincoln，1978）认为生产性服务业是影响大都市区内制造企业总部集聚的重要因素，而且通过为制造企业提供服务，生产性服务业与大型制造企业的总部形成了密切的联系。

二、国内生产性服务业的相关研究

在国内，先前对服务业的研究主要集中在服务业与经济增长、服务业的内部结构变化以及服务业发展的影响因素等方面。李江帆从 1980 年以来致力于第三产业的研究[①]，他在研究第三产业（服务业）的产业特性、内部结构演变趋势的基础上，通过对 1990 年中国 30 个省市、自治区横截面数据的回归分析，建立了中国第三产业就业方程，揭示了第三产业发展与人均 GDP 的关系，并建立了第三产业生产函数和增长模型，测算了中国第三产业的产出、劳动投入、资本投入和劳动等重要指标，分析了劳动和资本投入对中国第三产业增长的贡献。李江帆对第三产业的系列研究较为系统全面，对于充分认识第三产业（服务业）发展的规律、服务业在国民经济中的地位和作用具有重要的意义，同时在理论和实证方法上对于研究服务业都具有较大的创新，为我们进行服务业相关领域的研究提供了有益的参考。黄少军在《服务业与经济增长》一书中，通过系统地阐述服务经济理论的发展并探讨有关服务的概念和特征，考察了服务业内部结构变动规律，并研究了经济发展、工业和服务业三者的相互关系。他的研究主要侧重于服务经济理论的阐述和分析，以及发达国家产业结构变化、服务业结构变化的规律总结，为我们研究服务业提供了一个系统的理论研究框架。其他一些学者，如江小涓、周振华等则研究了我国服务业发展的条件以及影响我国服务业发展的体制、政策上的因素。

近几年，随着我国制造业快速发展以及城镇化水平提高，生产性服务业开始受到了关注。对生产性服务业的研究从主要集中在其对地区经济和大都市发展的作用方面，逐步向生产性服务业与经济增长、生产性服务业与制造业的关系等方面扩展。目前，国内学者对生产性服务业的研究主要集中在以下方面：

[①] 李江帆对我国第三产业的研究较为系统，曾先后出版了《第三产业经济学》《中国第三产业经济分析》（广东人民出版社，2004 年）和《中国第三产业发展研究》（人民出版社，2005 年）等著作和课题研究成果。

（一）生产性服务业的特征及影响因素

生产性服务业作为制造业和其他行业中间投入的活动，具有明显的知识、技术密集性，高附加价值性以及专业化特征，因此许多学者认为生产性服务业发展的一个最基本的决定因素是与体制因素相关的市场化程度（刘志彪，2005；程大中、陈宪，2004；周振华，2005），即市场化程度越高，专业化分工程度就越大，生产性服务业就越能得到较快的发展。程大中在《生产者服务论——兼论中国服务业发展与开放》一书中分析了生产者服务的外部化过程以及其在专业化分工中的连接与协调作用。同时，刘志彪（2005）、周振华（2005）等人也认为生产性服务业的发展在很大程度上取决于信息技术发展的水平，信息技术的发展是支撑生产性服务业发展的重要条件。

（二）生产性服务业对地区经济增长的作用

生产性服务业对经济增长，尤其是地区经济增长的作用受到了国内学者的重视，钟韵、阎小培（2003）在分析目前生产性服务业的地理特征的基础上，认为生产性服务业对地区经济发展具有重要的作用，且发展潜力巨大。李金勇博士通过研究生产性服务业的分类、产业关联度，构建了大都市生产性服务业发展的理论框架。

（三）生产性服务业与制造业的关系研究

生产性服务业与制造业的关系是目前国内理论界研究的一个重点，大多数学者都认为生产性服务业与制造业之间是相关依存的关系。郑吉昌、夏晴（2004，2005）等人借助价值链理论，分析了生产性服务业与制造业的分工及生产性服务业与制造业的互动发展，认为生产性服务业和制造业具有密切的关系，二者相互促进，相互融合，进而促进竞争力的提升。刘志彪等人（2005，2006）研究了生产性服务业支撑长江三角洲地区制造业集聚和结构升级的机制。吕政等人（2006）通过将生产性服务业的发展阶段划分为三个阶段——种子期、成长期和成熟期，研究了生产性服务业发展的不同时期与制造业的关系。但这些研究只是从理论上进行了一定分析，缺乏对生产性服务业与制造业的关系的定量论证。陈宪、黄建锋（2004）从分工、互动与融合的角度探讨了服务业，尤其是生产性服务业与制造业的关系，并通过建立回归模型，证明了制造业劳动生产率与服务业增加值占

GDP 的比重、生产性服务业增加值占 GDP 的比重之间具有很强的正相关关系。顾乃华等人（2006）运用数据包络分析法（DEA）计算了 2000—2002 年我国各省区市制造业的效率，并通过建立制造业效率与生产性服务业、交通运输仓储及邮电通信业、金融保险业、科学研究和综合技术服务业占 GDP 比重以及平均受教育年限等变量的多元回归模型，分析了中国转型期生产性服务业发展与制造业竞争力的关系，并得出结论：在我国经济转型时期，发展生产性服务业有利于提高制造业的竞争力，并且金融保险业最能发挥提升制造业竞争力的功能。这些研究表明，目前国内学者对生产性服务业和制造业的关系以及生产性服务业发展对于促进制造业生产效率、结构升级、创新等方面的作用已由起步阶段开始逐步进入深入系统的研究阶段。

第六章　需求—供给视角的生产性服务业发展机理

一般认为，生产性服务业发展的一个重要原因是制造企业内部的服务活动外包的结果，但生产性服务业兴起和快速发展的动力不仅于此，服务的外部化仅仅是影响生产性服务业发展一个重要方面，技术进步、人力资本和知识资本的发展以及企业组织结构的变革等同样都对生产性服务业的发展有着重要影响。正如古德曼和斯特德曼（Goodman & Steadman，2002）所指出的，不断发展的服务外包趋势、柔性化的企业组织结构、日新月异的科学技术以及经济的持续增长共同促进了生产性服务业的迅速发展。显然，单个因素不足以解释生产性服务业发展的原因[①]。本章通过对生产性服务业发展演变进行历史考察和理论推证，深入剖析影响生产性服务业发展的诸多要素以及这些要素变化对生产性服务业发展和演变的影响。

第一节　生产性服务业"需求—供给"范式

在20世纪80年代，尽管格沙尼和迈尔斯（1983）、Rijan（1987）等学者认为大多数生产性服务业的增长都是虚幻的，即认为生产性服务业的增长是制造部门和服务部门的服务外部化的结果，但现在大多数学者广泛认为生产性服务业的增长是现实或需求导向的增长，社会分工所引起的生产性服务的外部化并不是生产性服务业增长的最重要的因素。实际上，影响生产性服务业增长的因素很多，除

[①] Alan Jones, "On the interrelationships between the services-producing industries and the goods-producing industries of Canada", The Service Industries Journal, Vol.12, No.4, 1992, pp.497–512.

了社会分工导致一部分原本内置于制造部门和服务部门的生产性服务业独立出来之外，信息技术的发展、生产方式和企业组织结构变革以及人力资本和知识资本的快速发展等都对生产性服务业的发展产生了重要影响。这些原因包括：技术集中的影响（电讯、计算机、办公设备）；现代经济系统中的生产活动对专业知识、技巧和市场营销工具、组织变化（兼并、接管、联合、多元化）的依赖性增强；信息技术的快速变化增加了而不是减少了商务环境的不确定性；通过投入最好的知识和创新可以获得比较优势；制造和服务部门的国际贸易的扩张增加了当地生产性服务业的需求，同时生产性服务业本身国际化发展趋势增强，等等[①]。

笔者认为，为了清晰厘清影响生产性服务业发展的这些因素，我们可以建立一个"需求—供给"范式。从需求的角度看，分工、市场化、工业和企业组织变革是影响生产性服务发展的需求因素；从供给角度看，技术进步、人力资本和知识资本发展、规制改革等是生产性服务业发展的供给因素。当然，需求和供给方面的因素是相互影响的。只有在需求和供给因素共同作用下，生产性服务业才能获得更快更好的发展。

首先，随着经济的发展，社会分工不断深化和细化，产品的制造过程被分解为若干个专业化的节点，大量的中间产品的生产和加工过程独立出来，需要一些满足这些中间产品生产和加工的活动将这些节点连接起来，形成紧密连接的分工网络，这些中间需求是生产性服务业的重要部分。同时，分工的扩展还会将原本内置于企业的服务活动外置，即企业由于成本、技术等原因将原属于企业内部的一些服务性业务转移出去，转向由外部更加专业化的服务性企业提供[②]，因此促进了一些专业服务的发展，如广告、市场调查、管理咨询等。

其次，信息技术和知识要素的快速发展，一方面使得原来内置于企业内部的服务活动外部化成为可能，导致对生产性服务活动需求的增加，另一方面也使得一些独立的生产性服务企业能够通过投入更多的知识和技术要素，提高服务质量，扩大市场，进而促进了生产性服务业的快速成长和发展。

再次，人力资本是生产性服务业发展的一个重要因素。由于生产性服务业涵盖劳动密集型、资本密集型和技术密集型行业，使得生产性服务业的劳动力呈现

---

① P. W. Daniels, "Producer-services research: a lengthening agenda", Environment and Planning A, Vol.19, 1987, pp.569–571.

② 江小涓："我国服务业加快发展的条件正在形成"，《首都经济贸易大学学报》，2004 年第 3 期，第 19 页。

出"双重结构"的特征。即在上层，主要由一些高工资的专业性、管理性和技术性的职位，包括律师、金融家、工程师、软件开发者和管理咨询师构成。在底层，是大量的职员、银行出纳等。但由于生产性服务业具有技术、信息密集和知识密集的属性，其人力资本要求受过高水平的教育，即使是底层的一些职位。因此，教育的发展使人力资本知识和技术含量提高，也促进了生产性服务业的发展。也正因为如此，生产性服务提供者被比作生产过程中的重要专家组（格鲁伯和沃克，1988）。

最后，企业组织结构变革和企业发展战略的改变也对生产性服务业的发展有着深刻的影响。企业通过裁员和削减内部不具有核心竞争力的功能组织所导致的企业重构或重组，推动了服务活动的外包。同时，由于运用新技术和管理方法所引起的商务变革也产生了对外部化的生产性服务业的需求。不同的企业类型和组织结构对生产性服务业有着不同的需求，一般来讲，大集团的总部比中小型企业更倾向于对生产性服务业产生需求。

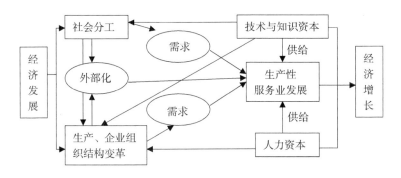

图 6-1　生产性服务业发展的影响因素相互作用机制示意图

图 6-1 表明了影响生产性服务业发展的各因素之间的相互作用关系。生产性服务的发展不是由最终需求推动的，而是由技术进步、分工深化和管理方式变革所引起的对服务的中间需求的扩展所带动的[1]。社会分工的深化和细化、技术进步和知识资本的发展，一方面会增加对生产性服务的需求，进而需求增加会促进生产性服务业增长，另一方面也使得原来内置于企业内部的生产性服务活动外部化，成为独立的生产性服务业而快速发展起来。社会分工的深化、信息技术和人力资本的发展也会促进工业生产方式的变革，如弹性生产方式的出现，企业流程再造以及企业组织结构的扁平化、网络化、虚拟化变革，而微观企业层次的变革使得

---

① 黄少军：《服务业与经济增长》，经济科学出版社 2000 年版，第 9 页。

企业为形成核心竞争力，将企业内部的一些不具有核心功能的服务业务外包出去，也促进了生产性服务活动的外部化。同时，企业的变革也需要通过市场化的手段获得更多的支持性生产性服务，导致了对生产性服务需求的增加。而技术、人力资本和知识资本从供给侧来讲，是生产性服务业成长和发展的支撑要素，只有在信息技术、人力资本和知识资本较为发达的经济体系中，生产性服务业才能获得快速的发展。因此，影响生产性服务业发展的各个因素之间是相辅相成、共同作用的关系，这也说明了生产性服务业是生产力高度发达经济下的产物，其发展是经济发展到一定阶段才出现的，如果超越经济发展阶段人为地推动生产性服务业的发展很可能是不现实的。

第二节　分工、专业化：生产性服务业形成的起点

人类社会和经济是伴随着社会分工的演化不断演进和发展的。人类历史上三次社会大分工，即畜牧业与农业的分离、手工业与农业的分离、商人的出现，都是社会分工逐步扩大和加深，生产力水平不断提高，人们之间逐步形成了分工、交换网络的结果。生产性服务业的形成也是在经济发展到一定阶段，由企业的内部分工转化为社会分工，并在专业化的企业能够提供生产性服务满足生产企业需求的情况下产生的。因此，虽然分工和专业化不是生产性服务形成和发展的唯一因素，但却是导致生产性服务业出现的最原始动力。

一、社会分工、企业分工与专业化

按照古典经济学的分工理论，生产性服务业的形成和发展是社会分工不断深化和细化的结果。但由于大多数生产性服务业在成为独立的行业之前，基本上是内置于企业内部，作为联系生产、加工环节的重要组成部分而存在，生产性服务业的发展就有一个由企业内部分工向社会分工转化的问题。

马克思（1867）在阐述资本主义剩余价值生产时，科学地区分了以分工为基础的协作和不分工的协作，商业中的分工与生产中的分工，市场上的分工与企业内的分工（即社会分工与企业内部的分工）。马克思认为，工场手工业分工要求社会分工已经达到一定发展程度，相反地，工场手工业分工又会发生反作用，发展

并增加社会分工。也就是说，社会分工是企业内部分工的基础，它推动了企业内部分工的产生和发展，而企业内部分工所创造的专业化和形成的新的分工关系，使一些生产环节开始分离并独立出来，由此出现了一些新的行业和部门，深化和细化了社会分工，进而促进了社会分工的发展。正如马克思所说："一旦工场手工业的生产扩展到这样一种行业，即以前作为主要行业或辅助行业和其他行业联系在一起，并由同一生产者经营的行业，分离和互相独立的现象就会立即发生。一旦工场手工业的生产扩展到某种商品的一个特殊的生产阶段，该商品的各个生产阶段就变成各种独立的行业。"比较而言，社会分工是劳动在不同产品部门的分配，而"内部分工"是劳动在生产单位内部不同专业化任务的分配，二者是专业化分工在不同层次的表现。但由于社会经济统计的局限性，"内部分工"中的生产性服务活动并没有显示出来，而当"内部分工"由于任何一种原因社会化以后，社会生产才表现为发生了变化。

从图6-2可以看出，生产性服务业发展首先是社会分工的发展促进了企业内部生产的专业化，使得生产性服务活动和加工、制造等其他活动一样逐渐实现了专业化的生产。但是由于社会生产力不够发达和体制因素的制约，这些生产性服务活动基本由企业内部提供，是"自我服务"性质的活动，还没有形成一个外部的生产性服务市场。随着企业的进一步发展对生产性服务活动需求增长和制约生产性服务业独立发展的体制、技术、人才等因素的逐渐趋好，生产性服务活动逐渐从企业内部独立出来，作为独立的行业参与到社会大生产过程中，并通过行业内部生产性服务企业之间的竞争，专业化、社会化程度不断提高，进而表现出社会分工的进一步深化和发展。因此，作为独立的行业，生产性服务业是从第一产业、第二产业中分离出来的，它的出现和发展主要得益于生产力发展和社会分工的日益深化。[①]

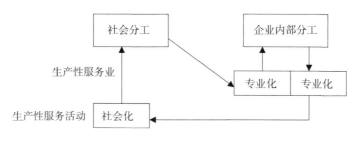

图6-2　生产性服务业的分工演进示意图

---

① 林民书、杨冶国："调整第三产业结构，推动生产性服务业发展"，《经济学动态》，2005年第5期，第60页。

从企业内部分工来看，一个企业的经济活动包含了许多职能，分工或专业化过程，就是企业的职能不断地分离出去，由其他专业化的企业专门承担这些职能的过程（斯蒂格勒，1956），实质上是企业内部分工向社会分工转化的过程。随着社会劳动分工和协作的发展，生产部门内部不仅会分化出越来越多的环节和部门，而且在技术进步的推动下，各环节和部门彼此衔接的紧密度也不断提升，形成了一个包括生产要素供应、技术支持、产品制造、产品收购、通讯协调、储运加工、分拣包装和最终产品销售各环节在内的有机的产业链条。而随着进一步的社会分工的发展和生产经营的专业化，使得生产过程中为生产服务的许多环节能够独立出来，由专业性服务机构来承担，从而实现了由企业内部分工向社会分工转化的过程。

从社会分工的角度看，生产性服务业的出现和发展是农业、工业，尤其是工业革命推动下的工业化发展引起的分工和专业化所推动的。在古典经济学中，人们对生产的分工和专业化的认识主要是将分工与专业化作为促进经济增长的主要原因，其作用主要在于提高劳动生产率。随着工业化的发展，对提高生产率的要求使得劳动分工越来越细，产生了对为企业的生产制造服务的需求，促进了生产性服务业的兴起和发展。而生产性服务业发展的深度和广度要受到商品生产的深度和广度的制约，这种理论是斯密定理的反应，即认为分工（通过生产性服务业的规模、种类、数量来反映）受到市场规模的决定①。斯密认为，"分工起因于交换能力，分工的程度因此总要受到交换能力大小的限制。换言之，要受市场广狭的限制。"在斯密看来，分工带来的专业化导致技术进步，技术进步产生报酬递增，而进一步的分工依赖于市场范围的扩大。然而，生产性服务业的发展所形成的分工也同样决定了市场的容量和规模。劳动分工和专业化之所以会提高生产率，是因为劳动分工通过"迂回生产方法"实现了规模收益；反过来，规模收益递增又降低了生产的单位成本，并使给定的家庭收入购买力上升，从而扩大了市场规模（杨格，1928）。这说明，生产性服务业的发展在很大程度上受市场需求的影响，但同时也取决于其自身的发展程度，生产性服务分工和专业化生产程度越高，生产性服务业越发达，就越能通过规模经济效应的产生创造更大的市场空间。

二、分工、专业化与外部化

从社会分工对经济部门产生的作用效果来看，服务业的增长是生产过程的复

---

① 周振华主编：《现代服务业发展研究》，上海社会科学院出版社 2005 年版，第 68 页。

杂化和生产体系的多样化所导致的分工扩展和劳动专业化的结果（沃克，1985）。专业化是实现规模报酬的中心环节（Gold，1981），这一专业化过程确保了有效的计划、服务、合作、评价以及由此而带来的更专业化和相互作用的运作效率的提高。也就是说，专业化是生产性服务业发展的一个重要决定因素。

以杨小凯为代表的新兴古典经济学派认为，制度变迁和组织创新对分工深化有着决定性的影响，而能否实现高水平分工则与交易效率或专业化经济有关。当交易效率和专业化经济程度足够高时，社会分工就会出现；而当交易效率或专业化经济程度相当低时，其结果是经济部门的自给自足。分工和专业化水平决定着专业知识的积累速度和人类获得技术性知识的能力，决定了报酬递增。分工的深化取决于交易费用与分工收益的相对比较，它呈现出一个自发演进的过程。分工的演进会扩大市场规模，而市场规模的扩大反过来又会促进分工的发展，同时使交易费用上升，但只要专业化分工经济收益的增加超过交易费用的增加，分工就有进一步演进的潜力。

正是基于分工和专业化发展的角度，人们总结出生产性服务业的发展存在着由服务"内部化"（internalization）向服务"外部化"（externalization）演进的规律。在经济发展水平与市场化程度较低的情况下，生产性服务活动通常是由生产部门在生产过程中通过"内部化"或"非市场化"的方式来进行[1]。而在经济发展水平与市场化程度较高的情况下，生产性服务业则会发生由"内部化"向"外部化"转变，即将原来内置于企业内部的生产性服务活动外包出去，由专业化的部门和机构向生产者或消费者提供服务，这表现为社会分工专业化程度的提高[2]。

对于一个企业而言，其经营目标是实现利润最大化或寻求成本最小化，即通过获得成本优势来赢得市场优势。在生产过程中，企业需要对各种生产投入要素做出"做"或"买"（make or buy）的决定，即决定是在自己内部生产还是在外部市场上从提供这些要素的企业购买。在做 Make or Buy 决策时，生产者不仅需要考虑生产或采购商品和服务的实际成本，而且也要考虑如果进行外部采购可能产生的交易成本（Scott，1988）。也就是说，成本因素是影响企业对生产性服务进行内部化生产或进行外部购买决策的一个重要影响因素。根据科斯（Coase，1937）和威廉姆森（Williamson，1985）的交易成本理论，伴随着社会分工的深化，企业之间的交易数量将会扩大，在生产专业化导致的生产效率提高的边际收益大于交易

---

[1] 程大中：《生产者服务论——兼论中国服务业发展与开放》，文汇出版社 2006 年版，第 37 页。
[2] 周振华："现代服务业发展：基础条件及其构建"，《上海经济研究》，2005 年第 9 期，第 22 页。

费用上升的边际成本时，分工会进一步细化，生产性服务活动更倾向于外部购买。同时，从企业进行交易行为的动机来看，有限理性、投机行为和资产专用性会导致通过市场进行交易的成本很高，因而企业往往将这部分生产性服务活动内部化。其中，资产专用性是指投资被锁定在专用资源上。一种生产性服务活动的资产专用性越高，进行外部购买的交易成本就越高，因此企业往往会使这项生产性服务活动内部化，以避免招致机会主义风险。

表 6-1　影响生产性服务外部化的因素

纯成本驱动因素	
交易成本	当企业的需求能够通过市场的方式比内部提供以较低的成本获得时，成本效率因素成为生产性服务外部化的驱动力。外部提供者通常能够通过服务生产的规模经济降低成本。企业也可以寻求外部服务，因为感觉到外部提供的服务是便宜的。
半成本因素或灵活性因素	
降低风险	通过购买外部服务，企业可能降低与就业、培训和投资有关的内部风险。
低频率的需求	如果对服务的需求是低的，或者可选择的零星的，内部提供这些服务可能变得没有效率或不可行。
临时重要的需求	一些生产性服务功能的需要可能要求在短期内实现，而内部不能满足。
集中在核心技术	当企业从战略性考虑，不属于核心竞争力的活动可能选择外部购买。
非成本因素	
缺乏技术	企业可能将生产性服务功能外部化，为了获得内部不拥有的专业技术和知识；快速的技术发展可能是一个贡献因素。
买方/买方变化	生产性服务企业与其客户之间的关系变化可能扩大服务购买的范围和数量。
第三方信息需求	在日益复杂的规制环境中独立评价增长的需求可能需要雇佣外部企业。
管理复杂性的增长	国内和国际商务环境的日益复杂化以及产品加速更新换代增加了专业化服务的需要。
其他因素	如小企业或特大企业可能比中等规模的企业较少利用外部资源。一些学者认为一些非战略性功能更倾向于外包。

资料来源：The Typology and much of the information for this table is derived from Beyers and Lindahl（1996），with input from Coffey and Bailly（1991）and Goe（1991）

交易成本仅仅是影响生产性服务内部化还是从外部购买的一个方面。许多学者（Tordoir，1993；Bandt，1995；Beyers and Lindahl，1996）的研究表明，尽管交易成本因素是影响企业进行生产性服务活动内部化或外部化决策的一个重要因素，但它并不是影响生产性服务活动消费的最重要的因素。企业内部技术能力限制、服务活动的难以标准化、需求的不确定性、保持企业的灵活性、专注核心业务以提高核心竞争力等也是影响企业是否将生产性服务内部化还是外部化的因素（表 6-1）。

对于一些企业来说，将生产性服务活动外部化很大程度上是由服务的非标准化和需求的不可预测性（Coffey and Polese，1987），以及试图获得高水平的生产灵活性和外部规模经济（Scott，1988）等因素决定的。从需求的角度来看，企业对生产性服务的需求数量也取决于服务活动的本质（Williamson，1978）。一般来说，决定服务活动本质的因素主要有：与服务相关的技术机密因素，与服务要求相关的不确定因素，专业知识的数量、成本，外部服务的可获得性等。为了保护企业的商业优势，保密性的服务活动需要由企业内部生产，如核心技术的研发。而当服务需求是不确定或不断变化时，内部化一般要优先考虑。然而，企业生产专业技术的成本较高时，在外部技术供应商可以满足企业需求的情况下，企业会利用外部服务供应商提供技术服务。同时，制造企业进行内部化服务的数量，也取决于市场化生产性服务活动的供给状况。当外部生产性服务供应商在数量、范围和质量方面不能满足企业需要时，企业则会增加服务的内部化生产。

贝尔斯和林达尔（1996）的一项问卷调查研究发现，尽管成本因素是生产性服务外部化的原因之一，但主要原因是企业对专业化技术服务的需求上升而企业自身又无法提供或经济上没有必要从内部提供这种服务。这部分对中间服务需求的增加是新的需求因素导致的，如机械设备日益复杂和专门化、企业资本管理的重要性增强、信息技术的发展等，企业不能也没有必要设立专门的部门完成这些服务性质的活动，专门的外部服务业也就应运而生了。这也与企业提高核心竞争能力有关。随着市场竞争日趋激烈，追逐利润的内在动力和市场的外在压力使得企业不断提高自身竞争力和生产率，而为了实现这一目标它们需要更多的服务。同时，专注核心技能和保持一定机动性的自身需求使得它们逐渐将非核心业务外包出去，往往选择从市场上购买生产性服务，并利用分工更为专业、功能更为强大的生产性服务企业来整合自身的业务，以促进核心业务的进一步发展。这也是专业化生产向纵深发展的要求。

此外，在给定企业具有生产性服务活动购买需求的情况下，还取决于生产性服务业的布局距离企业的远近，也就是生产性服务供应商与制造企业的集聚效应。影响生产性服务业布局的因素包括土地的可获得性和土地成本、通讯成本、制造企业的服务需求和使用服务获得的经济规模。当企业更容易以较低的交易成本在距离较近的地方获得所需要的生产性服务活动时，企业会更愿意将这些生产性服务活动外包。

从供给的角度看，生产性服务是否能够被标准化生产影响着其外部化的程度。

如果一项生产性服务不能被标准化，即不能根据制造企业需求设计服务，生产性服务供应商就不愿意提供这种服务，企业则需要进行内部化生产。这主要涉及资产专用性问题。资产专用性的特征就是中间服务投入一旦被生产，就对其他潜在的顾客没有或者仅仅有很小的价值。因此，生产性服务企业在不能保证成本回收的情况下是不愿意为一个特殊的客户设计服务的，资产专用性因此要求双方签订协议。Riordan 和 Williams（1985）发现内部服务生产，如垂直一体化，一般是在资产专用化较强、服务投入生产存在规模经济的情况下形成的。

由于生产性服务业涵盖的服务活动较多，对于不同的生产性服务活动，其内部化和外部化程度是不同的，也就是说不同的生产性服务活动的专业化生产程度不同。一般来说，管理、市场营销、研发主要是内部化的，广告、银行、保险、法律、咨询、运输等主要是由外部化的专业机构提供的（这与对这些行业的规制有关），而计算机服务具有内部化和外部化合作生产的特征。

上述分析表明，分工和专业化是生产性服务业形成的起点，但生产性服务的外部化程度不仅取决于企业自身的资源和能力、服务的性质，而且取决于专业化生产性服务的可获得性，包括外部提供的生产性服务质量的好坏、交易成本的高低以及生产性服务供应商的能力。在企业内部存在大量的生产性服务需求的情况下，若市场上现存的生产性服务企业提供的服务不能充分满足需求，或者由于空间距离较远或企业信誉不高以及双方交流沟通的成本太高而导致供需方交易成本较高，则存在需求的企业宁愿把此类生产性服务自己内部生产而不愿意交由外部不合适的供应商提供，此类生产性服务业也就很难获得专业化的发展。这暗示着生产性服务业的发展不仅取决于市场上需求的规模，而且取决于市场上的供给能力，只有分工和专业化程度使得生产性服务的需求和供给趋于均衡的状态下，生产性服务业才能获得最佳的发展。

同时，从产业角度来看，制造业内部结构的升级，很大程度上取决于分工的深度和广度。制造业的专业化分工越细，各部门业务的生产效率就越高，制造业整体的层次和水平也就越高。笔者认为，制造业的分工的深度和广度取决于外包的可能性。根据外包理论，制造企业外包的动因，一方面在于交易成本的节约，在将企业内部业务外包出去的交易成本小于企业自身从事这些业务所需要的成本的情况下，企业更倾向于将这些业务外包出去。如果这些业务是非核心业务，通过这些非核心企业的外包，可以使企业将更多的精力集中在核心业务上，从而有利于核心竞争力的提高。另一方面，在于一些技术的获得。在企业自身没有能力从事一些高技术性的业务的情况下，如果外部企业能够帮助企业获得这样的技术，企业会将这些业务交给外部企业①。这两方面的实现取决于生产性服务业的发展，在生产性服务业能够满足制造业外包需求的情况下，制造业会扩大外包业务，进而会进一步促进制造企业内部的分工。反之，如果市场上缺乏这种能力的生产性服务企业，制造企业只能自己从事这些业务，进而会降低制造企业的生产效率，阻碍分工的深化。

制造业分工的深化，使生产性服务活动成为工业企业的价值链中不可或缺的一环，生产性服务的专业化生产不仅使以往由企业内部自行提供的服务逐渐分割给专业服务企业，而且制造企业通过使用包括产品研究与开发服务、生产中的工程技术服务、设备租赁服务、物流服务、出口贸易服务等在内的专业化生产性服务，大大增强了产品的差异化，强化了企业的市场定价和市场控制能力。而生产性服务业的发展以及由此带来的服务效率的提高，能够向制造企业提供更多、更专业化和更高质量的服务，有助于改变制造企业将所需服务内部化的倾向。

因此，制造业内部的分工深化和生产性服务业的外部化是一个相互决定的内生化过程②，生产性服务的外部化和专业化是制造业分工深化的结果，而生产性服务业的发展反过来又促进了制造业的进一步分工和升级。

第三节　信息技术：生产性服务业发展的原动力

信息技术革命最早起步于20世纪四五十年代的计算机技术，20世纪70年代以来，以计算机技术、通信技术及其应用技术为主导的新科技革命，使现代科学技术门类不断产生、扩散和发展，对世界经济发展产生了革命性的影响。从发达国家的成熟经验来看，在"劳动密集型→资本密集型→技术密集型"的产业结构高级化演变过程中，信息技术革命发挥了重要的推动作用。在工业化比较发达阶段，生产性服务业主要是依托信息技术和现代化管理理念产生和发展起来的。信息技术和依托信息技术发展的具有知识和资本含量高、产业附加值高的特征的技术密集型

---

① 关于外包或服务外部化的原因很多，包括降低交易成本、竞争优势获得、避免经营风险等，但降低交易成本和培育核心竞争力是最主要的两个原因。

② 刘志彪："发展现代生产者服务业与调整优化制造业结构"，《南京大学学报》（哲社版），2006年第5期，第39页。

生产性服务业，既是现代服务业的基础，又是现代服务业不可或缺的组成部分，对现代服务业发展和整个社会经济发展带来了革命性的变革。现代信息技术，特别是互联网、云计算、物联网的迅速发展，为服务部门的技术运用提供了条件，不仅推进了服务业产生新的分工，催生一些新的服务行业，并在很大程度上改变了传统服务的面对面、不可贸易、不可储存等特性，大大拓展了服务提供的范围及可交易性[①]。

一、信息技术促进了生产性服务业内容和部门的扩展

信息技术的发展及应用，会催生一系列的新兴生产性服务业，尤其是与信息相关的信息、技术密集型生产性服务业。技术创新，尤其是在通信和数据处理领域的技术革新，已经导致了金融和计算机等行业的扩张。这些新的行业本身又成为生产性服务的重要用户，进而又加速了行业扩张的步伐（Daniels et al，1988）。正是在信息技术的推动下，20 世纪 70 年代以来，美国的咨询、金融、保险、律师、会计、设计、通信等行业都得到了快速发展。

这一点可以从"新经济"的本质得到论据。"新经济"起源于美国信息技术、网络技术的发展，因此"新经济"也被称为"知识经济""信息经济"或"数字经济""网络经济"。尽管名称有所不同，但其本质是以数字化信息网络为载体，以人力资本和知识为主要生产要素的生产方式形成的新型经济形态。这种新型经济形态的一个重要特征是服务业的本质发生了根本性的变化，并且在国民经济中的地位呈现不断上升的趋势，尤其是生产性服务业的主导作用日益突出。丹尼尔（2004）在研究新旧经济时认为，在新经济条件下，经济快速增长、制造业的生产率得到提高等问题存在着质疑，但可以肯定的是经济发展的变化主要是由于服务业的增长引起的。"新经济"在本质上就是知识密集型的服务经济[②]。

在新经济时代，以计算机与互联网为基础的信息技术的发展和应用，使得经济在产品生产、流程、市场、活动区域都发生了深刻的变化，导致对生产性服务需求急剧增长[③]（图6-3）。其中，对生产性服务业发展的直接影响表现在催生了新兴生产性服务——主要是信息服务的产生和发展。

信息服务是围绕信息系统软硬件产品的推广、应用所进行的各项服务，主要包

---

① 周振华："现代服务业发展：基础条件及其构建"，《上海经济研究》，2005 年第 9 期，第 23 页。
② 华而诚："论服务业在国民经济发展中的战略性地位"，《经济研究》，2001 年第 12 期。
③ 程大中："论服务业在国民经济中的'黏合剂'作用"，《财贸经济》，2004 年第 2 期，第 71 页。

括数据库和信息提供服务、网络应用和数据处理服务、软件服务、系统集成服务以及信息咨询服务。在新经济的推动下，西方发达国家的信息服务业产值占 GNP 的比重已超过 3%，其中美国已经达 6%，且其增长速度大大高于它所依赖的信息技术产业[1]，从而成为生产性服务业中的新生力量，提升了生产性服务业的层次，扩展了其与国民经济体系中各部门的联系，使得一些价值增值服务，如计算机服务设计（CAD）、研发、数据处理等融合在制造生产过程中，形成了制造—服务一体化生产。

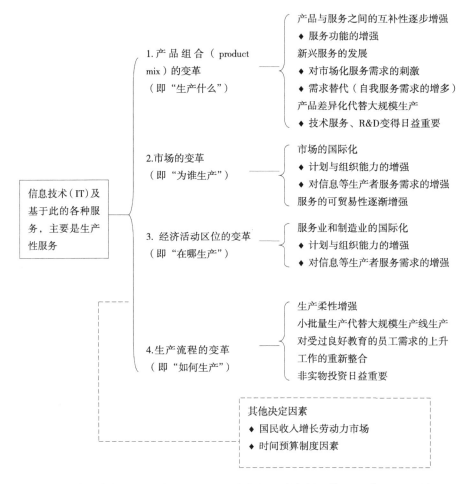

资料来源：转引自程大中："论服务业在国民经济中的'黏合剂'作用"，《财贸经济》，2004 年第 2 期。

图 6-3　与信息技术相关的生产性服务

---

[1] 任道忠、张玉赋、孙斌："现代信息服务业的国内外比较和发展对策研究"，《图书馆学、信息科学、资料工作》，2006 年第 6 期。

同时，许多新兴服务行业从制造业中分离出来，形成了独立的服务行业，其中技术、信息、知识密集型生产性服务行业发展最快。其他如金融、运输、管理、咨询等生产性服务行业，由于运用了先进的技术手段，也很快在全世界范围内扩大。信息技术、网络技术及云计算、大数据的发展，不仅使得生产性服务业的内容不断丰富，行业规模日益扩大，而且也使很多传统服务被高科技手段所改造和提升，扩展了生产性服务业的功能，金融的电子化、商务活动的电子化、电信业务的数字化等使生产性服务业在经济发展中的作用日益重要。

二、信息技术的运用提升了生产性服务的功能和性质

除了创造新的生产性服务行业外，高级信息技术的应用也促进了新的发展方式的出现。信息技术的变革已经改变了服务被生产和传递的方式（Warf & Wije，1991）。在传统经济中，服务业一般被认为是"剩余经济部门"，其特征是无形的、消费和生产同时性的，且大多数是不可贸易的（Hill，1977）。但是在新经济时代，信息技术的运用，已经改变了服务的生产、消费和贸易方式，以及服务的内容和效率。服务经济理论的一个流派——新工业主义者在强调未来社会的发展不是服务社会、而是新的工业生产技术和组织方式下的新的工业社会的同时，也对服务业的生产率问题给予了关注。他们认为，要提高服务业的生产率，就需要将服务业产业化。即把制造业规模化生产的模式用到服务业中来，通过将服务生产、市场推广、客户服务标准化来大大提高其生产效率。20世纪八九十年代以来信息技术的运用大大提高了发达国家服务业的生产率，尤其是生产性服务业的生产率。生产性服务业生产率的提高，与运用信息技术所形成的规模经济、标准化生产和投入要素密集程度的提高有着密切的关系。

（一）信息技术使生产性服务的规模经济得以实现

生产性服务业的快速发展在很大程度上基于现代信息技术的广泛运用及网络化。新技术的应用，使生产性服务显现出产品差异化和知识密集性特征。知识密集性反映了生产性服务的规模经济，因为要获得生产性服务所需要的各种专业知识通常需要规模较大的、专业化的初期投资，而一旦投资形成之后，就变成了沉没成本，虽然提供服务的边际成本也会因此而相对减小（Markusen，1989）。

因此，现代信息技术的广泛运用，使生产性服务业也具有"制造化"的特征，

即像制造业那样的规模和定制生产。与服务相关的产品，如电影拷贝，可以像制造品一样开发和包装组合，使得服务在某种程度上具有了商品的属性，服务提供者为众多消费者大规模生产产品，从而可以从规模经济中受益。同时，由于规模经济效应的产生，生产性服务企业能够进一步提高所提供的服务的质量，进而导致需求增长，促使市场进一步扩大，形成了良性循环的产业发展路径。

（二）信息技术使生产性服务的标准化生产成为可能

在工业生产领域内，以标准化、程序化为特征的福特式流水线生产方式为工业社会的产品生产带来了革命性的变化，大规模定制化、标准化生产带来了产量的成倍增长和质量可控性的增强，从而加速了工业生产规模的扩张。

生产性服务规模生产的可能，要求服务的生产能够实现标准化。同制造业的标准化生产相比，由于服务需求的个性化、差异化要求更高，服务标准化的实现难度更大。但在市场需求量较大的情况下，通过实现服务的标准化来提高服务的质量是必然的。这表现在：

首先，服务标准化可以减少质量信息在供求双方的不对称。在未实行标准化的情况下，由于服务的需求者无法在购买或使用前对服务的质量进行理化检验、"先尝后买"，需求者所掌握的生产性服务质量信息明显要小于供给者。而实现标准化之后，服务的标准化可以帮助客户提前了解以后可获得何种服务，因为服务企业在以前已经多次提供相同服务。通过了解生产性服务企业提供的标准化服务的样本，需求者可以对所需的服务质量有更合理、确定性的预期，有利于双方的合作和交易的进行。

其次，服务标准化有利于促进生产性服务企业之间的市场竞争从价格竞争转向高层次的非价格竞争。标准化意味着服务产品之间同质化和无差异性，而产品的无差异又是完全竞争市场赖以形成的必要前提。从经济学的角度看，在一个接近完全竞争的市场上，生产性服务的任何一个生产厂商都不可能存在垄断利润。在利润最大化动机的驱动下，生产性服务企业或者尽最大努力扩大生产规模，或者向市场上提供更高质量的产品服务，或者通过品牌化、集团化等制度创新与管理创新来创造产品差异。这样，会激励企业从低层次的价格竞争向以质量、品牌、管理模式等为核心的非价格竞争层次提升。

最后，服务标准化有利于促进产业结构优化。标准化生产不仅会导致产业规模的扩大和服务价格的下降，而且也有利于实现产业模块化，会促进生产性服务业的发展，从而会促使生产性服务企业集中度的提高，大型生产性服务企业和企业集团在市场中将居于主导地位。在信息技术的支持下，生产性服务企业可以通过模块化将各种标准化的服务产品要素以及生产和交付组织打包，并一起提供给客户，这样既满足了服务产品标准化的要求，也满足了个性化定制服务的要求。一般来说，对于不同的生产性服务，其标准化可能存在很大差别。对于运输、金融等生产性服务，其标准化的程度相对要高一些，而对于管理咨询、设计等是难以进行标准化的。

（三）信息技术的应用推动了生产性服务业生产要素的发展

在信息、网络技术的应用下，信息、知识、管理以及企业的核心能力和用户都成了生产要素的一部分，而且信息、管理、知识等作为生产要素表现出来的重要性比传统生产要素——土地、资本和劳动力的作用更大。由于生产性服务业本身的信息、知识与技术密集的特点，许多行业体现为信息（包括知识、技术在内的智力产品）的生成、处理和传递，通过这些行业的产业关联作用，为国民经济的各个领域和部门"注入"知识、信息和技术。信息和通讯技术的一体化增加了生产性服务的信息和知识密集度，更提高了生产性服务业对经济增长的推动作用[1]。

三、信息技术便利了生产性服务的外部化

信息技术的发展和应用决定了生产性服务的外部化。根据前文的分析，生产性服务的外部化是有条件的，即在生产性服务需求者和提供者双方交易可行的情况下才能发生。信息技术的发展和应用，在很大程度上使得生产性服务需求者和供给者双方进行交易得以实现。

首先，信息技术以及由此而形成的信息网络大大降低了企业的交易成本。按照交易成本理论，在现代经济体系中，分工越细、专业化程度越高，交易者之间的交易频率和规模必然扩大，因此会带来交易成本的上升。而信息及网络技术的应用，可以通过降低生产性服务需求企业和生产性服务企业之间的信息不对称，减少搜寻成本和契约成本，提高双方的交易诚信度。

---

① 张润朋："新经济条件下我国生产性服务业的发展"，《热带地理》，2002 年第 4 期，第 317–318 页。

其次，信息技术使得某些生产性服务的储存和运输成为可能，并使得生产性服务的远距离提供成为现实。尽管很多生产性服务要求面对面的接触，才能提供服务。但随着信息技术和网络技术的应用，远距离的生产性服务也能够获得。通信技术的进步与费用的降低，使得服务的市场交易效率提高。根据杨小凯的分工理论，交易效率的提高会使服务从自给自足的状态转向分工的状态。

最后，信息技术的应用改变了生产性服务生产和传递的方式。生产性服务在生产和传递过程中，不同生产性服务企业所依赖的通信方式存在着部门和结构上的较大差异（Beyers，2000）。例如，法律服务更倾向于依靠客户主动上门，而管理咨询服务则相反，要求管理咨询服务人员到客户处提供服务。随着电子商务的应用，生产性服务的生产方式从单纯的与客户面对面的接触，逐渐向综合运用电话、电子邮件、互联网等多种通讯方式的生产方式转变，大大提高了生产性服务的效率。

第四节　组织变革：生产性服务业发展的需求动力源

20世纪70年代以来，在经济全球化不断深化和信息网络技术广泛应用的推动下，制造业生产组织方式发生了重大变革，大规模定制、弹性生产（flexible production）、模块化生产（modulized production）、分包制和虚拟制造、集群生产等生产组织形式和学习型组织、战略联盟、供应链管理、网络组织等企业组织形式不断出现。这些生产组织形式和企业组织形式显现了生产的灵活性、柔性化和企业间关系由松散型联系向协作竞争的紧密型联系转化的趋势，由此产生了对作为中间投入和产业间、企业间联系纽带的生产性服务需求的增长，进而拉动了生产性服务业（主要是研发服务、营销服务、金融服务、人力资源管理、法律服务、信息服务等）的快速发展。

一、生产组织方式变革：大规模定制——弹性生产对生产性服务的需求

纵观工业发展变革史，可以看到，工业生产或制造活动先后经历了单件生产、福特制和后福特制三种基本的生产组织方式。

在工业发展早期，由于当时技术水平和市场需求的限制，制造业的生产方式主要是使用熟练劳动力和通用性的生产设备进行单件生产，单件生产不仅成本高，

而且总产量的平均成本也不会随产量的增加而下降，不存在规模经济和范围经济。在这种生产组织方式下，工业的发展对服务的需求较少，主要是运输、仓储等可以由企业内部完成的服务。

20世纪初，在市场需求的驱动下，以大规模生产为特征的福特制替代了传统的手工单件生产，成为主导制造业的生产组织方式。福特制生产方式由于实现了零部件的标准化、劳动管理的简单化以及创新与生产的分离化，使得对金融、管理、营销、研发等服务的需求日益增加。也就是说，大规模生产推动了大规模的营销、物流和研发，企业必须自行掌握这些功能才能适应工业化的大规模生产活动（Chandler，1978）。虽然也有一部分研发、营销活动由外部独立部门承担，但大量的研发、生产、物流和营销主要一体化于企业内部，由制造企业自己完成，因此外部化的生产性服务的需求还较小，生产性服务业的发展还处于存在一定需求的萌芽和起步期。

20世纪70年代，在市场需求日益多样化和个性化、生产要素在国际上流动加快以及信息网络技术应用的共同作用下，发达国家制造业的分工和专业化发展发生了很大变化，一方面，在企业内部出现了现代分工和专业化生产方式，如著名的福特流水线生产方式和丰田准时无库存生产方式等；另一方面，在企业之间，分工、协作和专业化生产已经达到了零部件、工艺和辅助生产专业化程度。由此使生产组织方式呈现出由大规模生产为特征的福特制向后福特制生产方式的转变。

大卫·安德森和B.约瑟夫·派恩（1999）把后福特制生产方式概括为大规模定制。大规模定制是一种通过柔性和快速反应实现多样化和定制的新的管理体系和模式，即对定制产品和服务进行个别的大规模生产[①]。这种大规模定制的特点主要表现在：一是在制造业开始采用弹性生产[②]。因新技术发展快，产品寿命周期短，市场需求变化快，以前大企业广泛采用的大批量单一品种就显得很不适应。因此在制造业中开始采用弹性生产，即利用计算机和自动控制设备来调节和控制生产线的生产，使一条生产线能生产小批量、多品种产品，以适应市场变化快的要求。

[①] 刘刚："生产组织方式的演变与企业和产业的竞争优势"，《天津行政学院学报》，2005年第8期，第56页。

[②] 弹性生产是皮奥里和萨贝尔（Piore & Sabel，1982）引入工业生产系统的一个概念。格特勒（Gertler，1988）认为，广义的弹性生产系统应包括：（1）新的设备应用于生产环境，在不增加大量的资本投资的情况下引起产品的变化；（2）用于生产、设计和分销的设备的系统；（3）新组织安排产生的变化因素和产品市场环境；（4）由生产结构产生的新制度的积累。

二是新企业不仅以小巧灵活为好，而且可以分散工作。随着工厂和办公室的自动化程度及双向通信能力的提高，人们还可以分散在家中办公。三是新科技的研制和应用，促使工业产品高度复杂化，其涉及面之广，协作单位之多，动员人力、物力和财力之雄厚，组织之严密，都是前所未有的，因此使得管理呈现复杂性。现在越来越多的国家都在积极探索新的管理方式，努力实现管理思想现代化、管理方式科学化。

在后福特时代，生产过程的弹性生产和垂直分解引起了生产性服务业需求的增长。在货物生产和服务业部门生产中，弹性生产方式的兴起促进了生产性服务的增长（科菲和贝利，1990）。在弹性信息导向的生产系统中，生产性服务经常在改变企业和产业组织、扩大劳动分工和提高生产率方面具有战略角色（Hansen，1994）。因为弹性生产和垂直分解导致了产品革新和差异化，经济环境调整、国内和国际商务环境复杂性增加，政府干预和企业内部管理日趋复杂，这些过程不仅引起交通运输、通信等生产性服务规模的急剧扩大，形成了大量的辅助性服务的就业岗位，而且大规模定制的兴起和发展，诱导了企业组织形式（如股份公司）和金融市场的创新，而企业规模的扩大引起了企业中所有权与控制权的分离，大批专业管理人员进入企业的管理阶层，促进了如会计、法律、广告、工程咨询、研究开发、人力资源培训等的兴起。同时，劳动分工愈复杂，企业规模愈大，交易活动愈频繁，供求平衡机制愈脆弱，金融活动稳定性愈重要，对交易活动的管理愈必要，政府干预就愈重要[①]。这些方面要求专业人员的介入，如工程师、律师、会计、管理咨询师和广告专业人员，这些人能够分析形势、提供信息和文件、并帮助制定决策（Coffey & Bailly，1992），进而促进了生产性服务业的快速发展。

二、企业组织结构变革：集中——分散化与供应链竞争对生产性服务业的需求

生产性服务业是在工业化高度发达基础上形成并得到迅速扩展的。在生产性服务业发展过程中，工业企业组织结构的变化对生产性服务业也具有重要影响。

（一）企业内组织结构：总部、单体企业与生产性服务

随着制造业生产组织方式的变革，企业组织结构也发生了巨大的变化，主要

---

① 郑吉昌："生产性服务业与现代经济增长"，《浙江树人大学学报》，2005 年第 1 期，第 30—31 页。

表现在企业组织的网络化、扁平化、模块化和虚拟化，并且企业规模产生了分化。一方面，企业大型化趋势日趋明显。通过企业之间的横向和纵向兼并、重组，一些行业如汽车、钢铁等行业集中度不断提高，跨企业、跨行业的大型企业集团不断涌现，大中型企业成为控制工业经济发展的主导力量。另一方面，由于技术革命的发展，许多商品逐步由少品种、大批量生产状态向多品种、小批量生产转变，使企业结构出现了专业化、分散化趋势，小企业获得了快速发展。研究表明，大型企业和小型企业比中等规模的企业对生产性服务的需求更大。

同时，随着企业生产经营规模的扩大、跨区域生产经营活动的增加，企业生产经营和管理更加复杂化，引发了企业对协调区域生产经营活动的各类生产性服务需求日益增加。特别是随着经济全球化进程的加速，企业生产、经营和投资区域的国际化，不仅要求企业在全国而且在全球范围内协调其生产经营活动。为了协调不同区域的生产经营，企业逐步开始选择中心城市作为其总部和营销、研发中心，通过完善的商务服务，对分散各地的生产经营活动实行有效的控制。

由于市场竞争日趋激烈，发达国家的许多工业企业把精力集中在生产活动方面，更多地将与生产活动无直接关系或技术性要求较高的服务活动交给专业服务公司去做。从发达国家企业组织结构的变化我们可以看到，一些国际大公司的总部正在收缩，各种后勤、服务工作，正在尽量交给日益完善的社会化的服务业。

总部型企业一般从事决策、管理、研发、营销等知识型活动，其区位选择的一个重要因素是考虑当地是否拥有高度发达的金融、保险、会展、中介服务、法律与咨询等专业化生产性服务体系，因此跨国公司总部一般主要选择在大城市从事经营活动。生产性服务业在城市群落中的主要角色就是支持大跨国公司的行政机构：（1）更有效地控制生产运作系统；（2）灵活地对全球经济和政治变化做出反应；（3）在产品市场上获得垄断地位。生产性服务业在城市群落中的集中是由于跨国公司的总部集中和生产运作系统的复杂性增强而增加了对生产性服务的需求引起的（Cohen 1981；Sassen 1991；Molotch & Logan 1985）。

从企业规模和组织结构来看，那些拥有非连续性生产技术的小型企业、小型跨地区公司的分公司、跨地区公司的总部以及独立的公司通常从它们自己的组织获得的商务服务比那些大型的拥有连续性生产技术的企业、大的跨地区公司的企业、跨地区企业的分厂以及外部所有权企业要少（Marshall，1982）。一般来说，单体企业比跨地区企业的分公司外包更多的服务活动。在单体企业内部，员工规模和企业的所有权是最重要的影响服务需求的因素。中小型企业，特别是拥有连续性生产技术和为消费市场生产的企业，比那些拥有同样技术和市场定位的外部所有权企业从专业供应商购买更多的生产性服务。跨地区企业，内部化服务的主要差异在于总部和拥有大量员工、连续性生产技术和供应消费者市场的分支机构。这些企业的特征是将必要的服务活动内部化生产，而从外部购买大量的计算机、人力资源和广告、建筑、研发服务。这些服务依靠当地的服务供应商一般难以满足需求，因此与总部相比，单体企业更倾向从外地寻找生产性服务供应商，从外地购买保险、银行、会计和法律活动（Burrows & Town，1971）。

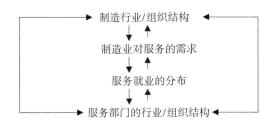

图 6-4　制造业需求与生产性服务供应之间的关系

资料来源：J. N. Marshall. Linkage between manufacturing industry and business services. Environment and Planning A,1982,Vol 14,p1523–1540

　　在考察英国的跨地区公司的过程中，Crum & Gudgin（1977）指出，就服务活动所使用的数量而言，在企业总部和分支机构之间存在明显的差别。服务主要集中在制造企业的总部或者从附近的服务供应商购买，之后从总部销往分支机构。然而，当地企业的总部也依赖外地的计算机、贸易和专业组织和金融服务。

　　从图 6-4 可以看出，制造业对生产性服务的需求与生产性服务的供给之间是循环作用的关系。制造业组织结构的变化会导致对生产性服务需求的增加，促使生产性服务业选择在制造企业或其总部附近"落户"，并导致服务就业的调整，进而会影响服务行业规模和组织结构的变化。反过来，服务行业规模和组织结构的变化又会进一步影响服务就业在不同的生产性服务部门的分布，从而影响生产性服务业的供给，最终引发制造企业组织结构的变革。这表明，制造企业或制造企业总部对生产性服务的需求是一个动态调整的过程。

（二）企业间组织结构：供应链网络与生产性服务

在信息时代，企业与企业之间的关系更为密切，单个企业之间的竞争与合作已经演化为供应链之间的竞争。供应链管理与生产性服务外包具有密切的关系，由于客户对定制化产品需求的增加，供应链管理的目的是降低大规模定制化的成本。研究表明，最终产品倾向定制化，其中间投入可能更倾向商品化（Hildegunn Kyvik Nordas，2001），因此，随着企业之间供应链关系的加强和对供应链管理要求的提高，不仅对生产性服务产生了更多的需求，而且使得生产性服务外包成为供应链管理（SCM）的重要内容。

作为供应链的一部分，生产性服务活动也是供应链的"黏合剂"。供应链是由若干节点企业构成的，节点企业之间的联系、交易与合作都需要生产性服务活动如金融、物流、电子商务、法律、会计服务等的支持，生产性服务的质量、成本和可获得性决定了生产者参与程度及其从国际供应链中获利的程度。按照核心企业的类型分，供应链可分为制造企业主导的供应链和零售企业主导的供应链。为说明生产性服务与供应链网络的关系，这里以零售企业（如沃尔玛）主导的供应链网络结构为例分析生产性服务在供应链网络中的作用。

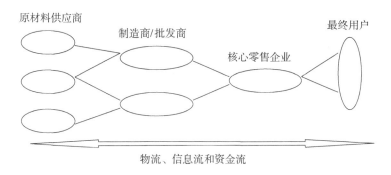

原材料供应商　　制造商/批发商　　核心零售企业　　最终用户

物流、信息流和资金流

图 6-5　零售企业主导的供应链网络结构示意图

如图 6-5 所示，在零售企业主导的供应链网络中，整个网络的有效运行需要大量物流、资金流和信息流的支持，供应链内上下游企业之间，以及零售企业与最终消费者之间，伴随着物流、金融、信息服务（包括电子商务）、营销以及会计等生产性服务活动。这些活动作为联系各节点企业的"桥梁"和"纽带"，既有利于促进供应链中节点企业的生产性服务外包，使制造商、分销商、零售商专注于自己的核心能力和核心业务，也有利于供应链中的这些节点企业建立紧密的合作伙伴关系，实现供应链的协同管理，从而提高供应链的整体运行效率。

第五节 人力资本：生产性服务业发展的重要支撑要素

在古典经济学的经济增长理论中，土地、资本和劳动力是生产的主要投入要素。其中，资本一般是指物质资本。随着技术革命的不断演进，技术进步在经济发展中的作用越来越重要，技术进步逐渐抵消了土地、劳动力、资本等生产要素劣势并增强了比较利益优势。20世纪50年代，罗伯特·索洛（Robert Solow）首先认识到了技术进步（主要来源于人力资本投资）在经济增长中的重要性，并用全要素生产率（TFP）表示方式将其引入经济增长模型。随后，舒尔茨、罗默、卢卡斯等经济学家都对人力资本和知识资本进行了研究，从而使人力资本和知识资本对经济增长的贡献得到了认识。根据服务产品的要素构成，除了劳动力和资本的比较利益外，人力资本这一服务产品所独有的生产要素是决定服务的比较利益的最主要因素。也就是说，在服务领域内，服务产品中的知识和技术含量的高低决定服务的比较利益[①]。生产性服务作为以人力资本和知识资本为主要投入生产要素的活动，在很大程度上受人力资本和知识资本发展的制约。生产性服务业之所以能够在20世纪70年代以来获得蓬勃发展，一个根本原因就在于知识经济的快速兴起所带来的人力资本和知识资本的快速发展。

一、资本深化与生产性服务业的发展

生产性服务业的发展是一个逐步深化的过程，同时也是所依赖的要素逐渐演变与升级的过程[②]。在技术、信息和知识等要素缺乏的情况下，早期的生产性服务活动主要是一些运输、仓储和金融以及与生产不可分离的维修等劳动密集型活动，而且对劳动力素质要求不高，只要具备简单劳动能力的人便可以胜任。随着制造生产的资本深化以及对生产投入要素的质量要求的提高，作为中间投入的越来越多的生产性服务需要依靠资本投入以及劳动者的技能与技巧才能提供，使得生产

---

① 姚为群："生产性服务——服务经济形成与服务贸易发展的原动力"，《世界经济研究》，1999年第3期，第16页。

② 刘志彪："现代服务业的发展：决定因素与政策"，《江苏发展研究》，2005年第6期，第209页。

性服务呈现出资本密集型特征。在 20 世纪 90 年代，生产性服务行业（主要是通信、运输和金融）对机械和设备的投资比制造部门还要高。通信行业在 1993 年到 1998 年经历了机械和设备的投资高峰，而机械和设备投资主要是信息和通信设备。这反映了生产性服务最初由简单劳动力、技术作为投入要素，随着制造业生产性服务数量和质量需求的提高，逐渐向以机械设备和高级技术为投入要素转化的趋势。

而随着知识、信息和技术等要素的快速发展，大部分生产者服务都需要使用大量的人力资本、知识资本和技术资本作为主要投入要素，进一步加强了生产性服务投入的资本的深化。中间服务投入的扩大使用是经济增长过程不可分割的一部分，这一经济增长过程是由生产过程中资本加深程度逐渐提高和专业化所推动的，特别是在数量不断增加的人力资本和知识资本被视为服务部门一部分的个人与厂商用于商品生产过程的场合[1]。生产性服务业的增长过程，从最初依赖于自然资源和劳动力，到依赖物质资本，最后依赖于人力和知识资本，勾勒出现代经济增长方式的转移和工业化的基本阶段。因此，生产者服务业的成长与发展过程也是一个由劳动→资本→人力资本和知识资本转变的资本深化过程。

在资本深化的过程中，生产的迂回化及知识资本发挥了重要的作用。Katouzian（1970）指出，生产性服务业的发展和迂回生产有关。随着生产过程的复杂化和迂回化，生产的每一个环节都需要具有专业能力的专家进行计划、统筹、控制，以促进效率的提高[2]。"迂回生产"的概念是奥地利古典经济学家庞巴威克（Eugen von Bohm—Bawerk）提出来的，他认为，我们或者直接付出劳动之后马上达到目标，或者有意地采取迂回的方式。迂回生产的结果是由于创造并使用了生产工具而提高了劳动生产率。如我们用最简单的工具可以缝制出衣服，但它一定是粗糙的低质量的。如果我们采用了机械化生产，为了生产这些高级设备，我们要在各个生产环节投入大量的科学技术知识。这样对用简单的工具生产的劳动而言，生产高级的机械设备等活动，就是"迂回化"的。生产过程越是迂回化，产业链就越长，附加价值就越大，知识资本和人力资本投入也越大，各种作为中间投入的生产性服务也越重要[3]。

---

① 赫伯特·G.格鲁伯，沃克：《服务业的增长原因与影响》，陈彪如，译，上海三联书店 1993 年版，第 6 页。

② Katouzian, M. A, "The development of the service sector: A New Approach", Oxford Economic Papers, Vol.22, 1970,pp.362–383.

③ 刘志彪："现代服务业的发展：决定因素与政策"，《江苏发展研究》，2005 年第 6 期，第 211 页。

二、生产性服务的人力资本特征

由于生产性服务业是技术、知识、信息密集型的行业,知识资本和人力资本已成为生产性服务业发展的关键要素。人力资本(human capital)理论最早是由西奥多·T.舒尔茨(Theodore Schultz)提出来的,他把资本划分为人力资本和物质资本。舒尔茨认为,人力资本主要指凝集在劳动者本身的知识、技能及其所表现出来的劳动能力,这是现代经济增长的主要因素。他认为人力是社会进步的决定性因素,但人力的取得不是无代价的,人力的取得需要耗费稀缺资源。人力,包括知识和技能的形成,是投资的结果,只有通过一定方式的投资,掌握了知识和技能的人力资源才是一切生产资源中最重要的资源。

罗默(Romer,1986)认为,知识具有外溢性。知识分为一般知识和专业知识,一般知识可以产生规模经济,而专业知识能够产生要素的递增收益。在罗默模型中,罗默把知识作为一个变量直接引入模型,同时也强调了知识积累的两个特征:第一,专业生产知识的积累随着资本积累的增加而增加,这是由于随着资本积累的增加,生产规模的扩大,分工的细化,工人能在实践中学到更多的专业化知识;第二,知识具有"溢出效应",随着资本积累的增加,生产规模的扩大,知识也在不断地流通,每个企业都能从别的企业那里获得知识方面的好处,从而导致整个社会知识总量增加。

卢卡斯(Lucas)认为,人力资本具有舒尔茨的通过教育所形成的人力资本产生的内在效应和阿罗的干中学所形成的人力资本的外在效应。他指出,在高级人力资本环境下,经济活动中的专业化人力资本之间通过相互学习和影响,可以使专业技术知识扩散,从而使人们的平均技能水平或人力资本存量得到增长,提高劳动和物质资本的效率。

生产性服务所供应的基本内容多数属于人力资本范畴的知识与技术,生产性服务的要素构成也包括了三个基本要素:资本、劳动力、知识与技术。生产性服务业的人力资本特征主要表现在以下几个方面:(1)生产性服务企业自身就是主要的信息与知识来源,知识是其核心产品并构成了竞争优势,因此其产出含有更多难以竞争和模仿以及持续创造价值的要素。(2)生产性服务的企业组织一般由具有专业特长和经验的人员组成,提供的服务很大程度上依赖于专业知识,其服务的知识和能力与人员的素质密切相关,且专业知识主要是通过与客户的接触由"干中学"获得的,因此生产性服务企业的组织形态建立的多是学习型组织。(3)

运用知识为客户的生产过程提供中介服务，或者为企业提供支持性服务。（4）运用知识为客户提供服务过程中，会产生"知识溢出"效应，能够促进客户的创新。（5）以满足客户的特定需求为导向，服务越来越强调定制化的特点，为客户创造性地制定解决问题的方案。也就是说，其人力资本的特征主要表现为高技能、高知识的专业技术人才，而且不同的生产性服务行业，人力资本的构成也有所不同。

Beyers（1999）的一项研究表明，金融和管理咨询等行业拥有较高比例的市场营销人员，保险代理、计算机服务、建筑工程服务、会计和审计、研发、管理咨询行业的专业技术人员所占比例最大。而且，男性基本主导着管理、专业技术职位，而女性从事的多是支持性的服务职位，如职员。同时，不同的生产性服务行业的从业人员性别构成也存在很大区别。在保险、法律和会计行业，女性居多，而在建筑工程服务、专业技术服务男性居多。

生产性服务业是人力资本和知识资本进入生产过程的渠道，通过这一渠道，知识的积累和技术的进步产生了更高的生产率并改进了商品和其他服务的质量。高素质人才的集聚进入制造业和生产领域，能够提供高智力、高效率的知识技术服务。发达国家工业生产过程中的服务生产外部化，使得生产性服务业高技能人力资本投入增加，进而创造出了新的大量的就业机会。同时，生产企业在大量裁减蓝领工人的同时增加了对从事计划、会计、统计、人事、法律及其他非生产性的管理、技术等白领工人的社会需求。正是基于这个道理，格鲁伯和沃克将生产性服务业形象地比喻为"将日益专业化的人力资本和知识资本引进商品生产的飞轮"。

三、人力资本：生产性服务业竞争优势的主要来源

高素质的人力资本是高质量生产性服务业发展的基础。根据古典经济学的观点，劳动力被视为生产过程中的成本要素。而对于生产性服务业而言，劳动力及其教育水平应被视为一种资产（Illeris，1996）。这样，对于生产性服务业的发展，考虑的应该是如何解决劳动力短缺而不是如何减少劳动力供给来降低成本问题。生产性服务业的技能、技巧和市场控制力高度依赖于生产性服务企业的人力资本的质量（Beyers & Lindahl，1999）。在生产性服务行业，人力资本是主要的投入要素，人力资本的质量对于生产性服务企业的成功发展具有重要的作用。

（一）人力资本投入能够使生产性服务企业获得不可模仿的竞争优势

与制造业及其他服务行业相比，人力资本更是生产性服务业潜在的持续竞争优势的主要来源，当人力资本与其他资源以一种互补的形式（如人力资本与计算机）结合在一起的时候，嵌入人力资本中具有社会复杂性的无形资源最有可能产生租金，从而创造出比其他行业更大的价值。当生产性服务企业通过工作中的专门技术投资人力资本时，就能获得企业独有的异质性知识和技能，从而使企业获得特有的人力资本。因此，对于生产性服务企业来说，人力资本投资是企业获得持续竞争优势的基础，也是企业在市场竞争中成功的重要砝码。

（二）人力资本积累能够提高生产性服务的专用性和差异化程度

根据波特的竞争优势理论，企业可以拥有两种基本的竞争优势，即低成本或差异化。低成本优势强调企业能够比客户或其他竞争者更有效地提供产品或服务，而差异化强调企业通过提供高质量的产品或服务创造优异的价值。对于生产性服务业而言，由于对服务传递要求面对面交流的需求的增加和这些服务的专业性、高附加价值性，许多服务的生产很昂贵，使得企业很难获得低成本竞争优势。因此，获得差异化的竞争优势就成为生产性服务企业的明智选择。人力资本的投入和积累可以使生产性服务企业提高创新，承担研发的能力，提供高质量的增值服务和快速响应客户需求的能力以及通过员工对客户需求的关注来实施差异化战略。通过实施差异化战略，生产性服务企业可以因高于同行业边际成本的价格和客户忠诚度而获得更高的利润，形成差异化竞争优势。

（三）人力资本灵活性能够使生产性服务适应不断变化的环境

从行业发展的角度来看，生产性服务业的人力资本特征日益呈现出高级化、复杂化的趋势。信息通信技术的进步和生产性服务业的信息化使得生产性服务的生产更加趋向弹性化、定制化、个性化、人性化，进而大大改变了生产性服务行业从业人员的工作性质，对他们提出了灵活性、创造性、独立性和良好沟通能力的素质要求，也要求他们更好地进行知识管理。同时，竞争性市场的压力也进一步强化了生产性服务业高度专业化和技术熟练劳动力的需求。这意味着在经济发展到一定阶段后，必须加强对生产性服务的人力资本的投入，包括教育和培训，以适应不断变化的环境对生产性服务的要求。

生产性服务业人力资本投入的质量，取决于科研、教育等部门的发展程度和非正式学习环境的好坏。因此，生产性服务业的发展很大程度上依赖于一个国家或地区教育的发展水平、企业对员工的职业培训的重视程度和非正式的学习渠道的发育程度。一个国家或地区，要促进生产性服务业的发展，必须要加大人力资本投资，加强对高素质、高技能人才的培养。

综上所述，生产性服务业的发展是在分工、专业化、技术进步、生产组织和企业组织结构变革以及资本深化等多种因素共同作用下推动的。此外，以放松规制为主导的市场化改革也在很大程度上促进了生产性服务业的发展。随着规制放松，私有化推动了大批私营、民营企业快速发展，这些企业由于规模较小，自身难以提供更多的服务，因此对咨询、会计、金融、工程等服务产生了较大的需求，促进了生产性服务企业通过提高市场营销、广告和质量控制而获得了较快发展。

第七章　生产性服务业对产业结构升级的作用机制

　　十八大报告指出，推进经济结构战略性调整是加快转变经济发展方式的主攻方向，必须以改善需求结构、优化产业结构、促进区域协调发展、推进城镇化为重点，着力解决制约经济持续健康发展的重大结构性问题。2015 年 11 月 10 日中央财经领导小组第十一次会议上，中央明确提出推动供给侧结构性改革，从提高供给质量出发，用改革的办法推进结构调整，矫正要素配置扭曲，扩大有效供给，提高供给结构对需求变化的适应性和灵活性。这是党中央在全面把握国内国际经济形势变化的基础上做出的重大战略部署，体现了新一届中央领导集体加快转变经济发展方式的坚定决心。然而，推进经济结构调整并不是十八大提出来的新问题。很长一段时间以来，这一直都是中央文件、政府规划、经济学家和实践部门热议和呼吁，但却成效甚微的问题。早在 1992 年中共十四大报告中，就明确提出了调整和优化产业结构的重要任务。此后，从党的十五大报告到十八大报告，无不把推进经济结构战略性调整，特别是加快产业结构调整和优化升级作为经济发展的重要战略决策。这充分反映了经济结构战略性调整已成为我国经济可持续发展的关键。同时，我们也应该看到，自 1992 年以来，国家坚持不懈地推动产业结构调整和优化，虽然取得了一定成效，但与预期结果相比收效甚微，突出表现在"三高一低"的粗放式发展模式依然没有根本改变，制造业落后产能过剩矛盾突出，产业在国际分工中被长期锁定在价值链的低端，能源资源和生态环境约束日趋强化，对产业结构调整形成了倒逼机制。

　　归结其原因，不难发现，以往产业结构调整主要放在了调增量上，即侧重于推动高新技术产业和战略性新兴产业发展，而对产业结构存量调整重视不够，增量产能升级和新兴产业的发展虽然能够较快地提高产业发展层次，但难以改变巨大存量结构积累的矛盾。同时，过去产业结构的调整过多地依赖政府主导的行政化手段，如依靠行政命令，凭借政府机关"开会、下文件、发通知"的办法推动产业结构调整，没能充分发挥市场特别是服务业在参与市场化产业结构存量战略调整中的职能和作用。

生产性服务业在促进产业结构调整方面扮演着重要角色。根据经济条件的变化以及产品生产过程、技巧、组织和管理的变化，生产性服务业通过调整使产业适应发展的需要，从而在提高产业竞争力方面扮演着战略性的角色（Gillis，1987）。一个地区如果缺乏生产性服务的供应就可能影响地区经济的发展（Daniels，1985；Marshall，1982）。具体来说，生产性服务业对于促进产业升级的作用，主要表现在三个方面：一是生产性服务业的发展有利于促进就业的增长。20世纪70年代以来，生产性服务业已成为发达国家经济体系中增长最快的部门。例如在加拿大，1971—1991年的20年间，生产性服务业的就业增长了184%，而同期制造业的就业增长率仅为22%[1]。二是生产性服务业的出口促进了经济增长。生产性服务有很高的出口能力（Harrington，1991；Marshall and Wood，1995）。1989年加拿大咨询服务的国际贸易出口额比1969年增长了400%，保险和行政服务的出口额也分别增长了三倍多[2]。三是生产性服务业的发展能够促进产业结构优化升级。生产性服务业对产业结构的影响，主要是通过促进创新、与当地制造业和其他服务业互动发展、推动生产性服务贸易和改善地区投资环境等综合体现的（图7-1）。一方面，一个地区制造业和服务业的发展，会对生产性服务产生需求，刺激生产性服务业的发展；而生产性服务业的发展反过来通过促进制造业创新，提高制造业生产率和产业集群竞争力。根据生产性服务业发展机理，生产性服务原本就是在社会分工的驱动下，从制造业中垂直分离出来的；反过来，它又以其强大的支撑作用，通过降低交易成本、技术创新、人力资本和知识资本的深化、专业化分工的深化和泛化，以及与制造业协同定位等支撑制造业的集聚与发展等多种途径和方式提升制造业的层次和水平，增强制造业的竞争力（刘志彪，2005）。另一方面，生产性服务业的发展通过有效改善地区投资环境，能够吸引地区以外乃至跨国企业到地区进行投资，拉动了相关产业的发展，促进了产业结构调整与升级。此外，生产性服务的地区贸易不仅能够促进经济增长，而且通过促进制

---

①William J. Coffey and Richard G. Shearmur，" The growth and location of high order services in the Canadian urban system,1971–1991"，Professional Geographer, 49(4) 1997,pp.404–418.

②William J. Coffey and Richard G. Shearmur, ibid,pp.404–418.

造业和其他服务业的产品出口，成为促进产业结构调整和优化的一个重要因素。

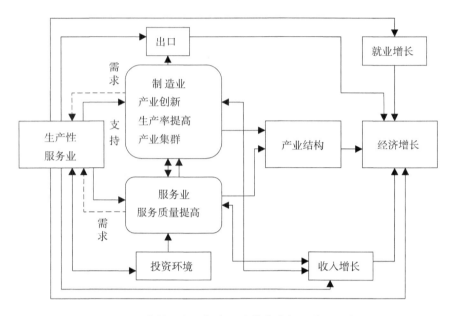

图 7-1　生产性服务业与产业结构优化相互关系示意图

本章正是以此为切入点，以生产性服务业为研究对象，通过深入剖析生产性服务业深度参与制造业、服务业和农业结构战略调整的作用和机制，提出推动生产性服务业深度参与市场化产业结构战略调整的思路，以期更有效地促进我国经济结构战略性调整和经济发展方式转变。

第一节　生产性服务业与制造业结构优化升级

生产性服务业与制造业之间是相互依存、相互促进的关系，包含在制造企业内部的生产性服务活动和从制造业独立分化出来的生产性服务业，通过与制造环节的相互作用和提供增值服务，在促进制造业的生产效率和结构优化调整方面发挥着重要作用。

一、生产性服务与企业创新能力[①]

创新理论最早是美籍奥地利著名经济学家熊彼特（Joseph A.Schumpeter）于1912年在其出版的《经济发展理论》一书中提出来的。熊彼特把创新看做是经济发展的核心，提出创新包括五个方面的内容：①生产新品种；②引入新的生产方法；③开拓新事物；④开辟和利用新的原材料；⑤采用新的组织方式，并将创新定义为建立一种新的生产函数。按照熊彼特对创新所包括的内涵的理解，创新主要可分为技术创新和组织创新，其中技术创新又分为产品创新和过程创新。产品创新是指生产新的产品或服务，而过程创新是指生产产品或服务的新的方式在组织或技术上的创新[②]。过程创新主要是为了降低成本，增加生产过程的灵活性或绩效（Evangelista，2000）。一般来说，过程创新比产品创新更普遍：大约54%的企业采用过程创新，而进行产品创新的企业只有40%[③]。对于服务业来说，由于大多数服务的生产和消费是同时性的，消费者在服务生产过程中扮演了重要的角色，因此使得服务的过程创新和产品创新紧密地结合在一起，很难区分过程创新和服务创新，表明服务的创新需要客户参与，服务的创新过程更为复杂和抽象。

在知识经济时代，创新能力是指对知识创造性的重新融合，是企业将知识再组合、再创造、再输出，以不断改变或重新设计自身来适应持续变化的环境的能力，外在表现为一种学习能力。科技进步是产业结构优化升级的重要基础，创新能力是科技进步的重要内容，因此创新是促进产业结构优化升级的重要途径。

知识、技术密集型的生产性服务业，既是创新的源泉，又是创新的"桥梁"，在创新系统中承担着知识的创造、传播等功能。Muller（1999）把知识密集型生产性服务业（即知识密集型服务业，KIBS）定义为围绕高智力价值增值提供服务的企业。在创新系统中，生产性服务业扮演者双重角色：一是作为外部知识资源，作为其他创新过程的投入，促进了客户的创新；二是作为创新过程的产出，由内部资源形成的创新，促进了生产性服务企业自身经济绩效的提高。根据创造性创新和采用性创新两个创新类型，以及生产性服务在创新过程中的功能，可以建立四种创新类型（图7-2）。生产性服务部门的创新是过程创新的产出，包括创造性

① 路红艳："生产性服务业与制造业结构升级——基于产业互动、融合的视角"，《财贸经济》，2009年第9期。

②Edquist,Hommen and McKelvey, p.131.

③OECD，2000 p.13.

创新（Ⅲ）及其在其他部门的应用所产生的创新（Ⅳ）；而作为其他部门的中间投入，对其他部门的创新也有着重要作用（Ⅰ和Ⅱ）。

创新	创造性	采用性
PS作为投入	Ⅰ	Ⅱ
PS作为产出	Ⅲ	Ⅳ

图 7-2　生产性服务业创新的两个维度

从这一方面看，生产性服务业对创新的作用主要表现在两个方面：

（一）生产性服务业是知识创新的创造者、传播者

生产性服务业大多数是知识密集型、技术密集型行业，通过对作为创新要素的知识的生产、传播和整合，能够明显地提升地区企业，尤其是中小企业的创新能力。如图 7-3 所示，一个地区生产性服务业（PS）和当地企业是通过相互作用提高各自的创新能力的。一方面，当地企业通过购买生产性服务活动，可以为企业注入新的知识、信息、技术等要素，帮助企业进行研究、产品开发、工程设计等活动。高级商务服务能够提高默会知识和编码知识之间的相互作用，有助于增强创新（Hauknes，1998）。在这一点上，生产性服务业可看做企业与创新环境之间的桥梁，是增强企业创新能力的催化剂（Muller 和 Zenker，2001）。另一方面，生产性服务业通过为当地企业提供服务而在与企业交流和互动过程中形成了学习效应，这种学习过程会创造一些新的知识，促进生产性服务企业的创新，进而又通过为当地企业提供服务传递给当地企业。现代生产性服务业的知识创新模式主要有三种类型：第一种是由服务业发起创新，通过向广泛的用户提供服务，将服务创新推向市场；第二种是用户需要特殊的服务解决其所面临的问题，为了满足用户需求，服务提供者进行创新并将之推向市场；第三种是用户同服务提供者在交互作用的过程中，由服务者提出创新性的服务，用户接受服务提供者的建议，采取新的服务，将创新性的服务推向市场（Kong-Raelee，2003）。可见，生产性服务在与客户的互动接触和服务过程中，不断推动着组织和管理领域的互补性创新。

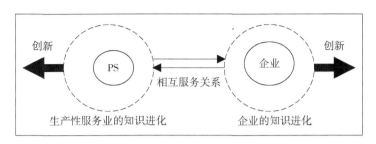

图 7-3　生产性服务业与企业的创新循环体系

（二）高技术生产性服务业本身就是一种创新源

高技术生产性服务业主要包括计算机网络、通信、软件、其他与计算机相关的服务、技术培训、新技术设计、涉及新办公设备的办公服务、建筑服务（涉及新 IT 设备如建筑能源管理）、涉及新技术的管理咨询、技术工程、涉及新技术的环境服务、R&D 咨询和高技术顾问。可以看出，高技术生产性服务企业是新技术的重要用户，是新技术的生产者和传播者。高技术生产性服务业是创新和技术进步的重要推动者。

生产性服务业是新技术最主要的使用者，制造业的先进技术往往通过产业间的技术扩散，成为服务技术引进的主要来源[①]。服务业对新技术的普遍应用对新技术的发展起到了重要推动作用。一是生产性服务业指引新技术的发展方向，服务部门所产生新的需求是现有技术研究和开发的方向，是新技术所追求的目标，对新技术的发展起到了重要的拉动作用。二是生产性服务业是新技术最主要的推广者和间接的"知识传播者"。特别是从事技术和支持性服务的生产性服务业，如信息服务业、计算机服务业等。Antonelli（1999，2000）认为知识密集型商务服务企业代表了一种产业组织创新形式，它帮助将当地知识传播于各行业部门。拥有技术和市场知识的高技术生产性服务业可以直接进入创新过程，而不是通过与客户接触间接参与创新过程。因此，利用外部技术咨询服务的制造企业比没有利用外部技术咨询服务的企业的产品开发和创新能力要强。三是生产性服务业促进了多项技术之间的相互融合和发展，如有些物流公司已经将传统的运输服务和咨询服务、软件服务进行系统集成。

---

① 郑长娟："现代生产性服务业在区域创新系统中的作用研究"，《科技管理研究》，2005 年第 9 期，第 134 页。

（三）生产性服务业对制造业具有创新引领示范作用

自主创新能力不足是困扰我国制造业技术升级的关键障碍。深入分析其原因，除技术研发投入不足外，很大程度上与研发阶段缺乏与市场对接、应用阶段缺乏市场应用有关。生产性服务业作为知识、技术密集型的服务活动，对制造业的技术创新和新技术的应用起着重要的作用。一方面，生产性服务业是制造业技术创新的主要参与者和引导者。例如在以大型流通企业为主导的流通服务业供应链或产业链中，流通企业通过收集、整理需求信息预测产品需求的动态变化，不仅指导制造企业制订产品生产计划，也和制造商一起开发新产品和新工艺。一些零售商如世界零售巨头沃尔玛，还可以借助流通业内部专业化服务体系，把批发商、第三方物流服务商纳入整个价值链创新活动中，进行供应链流程再造。另一方面，生产性服务业是制造业产业集群创新的主要推动者。目前，制造业与生产性服务业构成的产业集群，主要是制造业主导的产业集群。在产业集群内，生产性服务业如研发和产品设计、信息服务、金融服务、计算机服务、企业管理咨询服务、法律和知识产权服务等不仅能够通过提供制造企业所需要的服务，促进企业的创新能力的增强，而且对于提高企业的战略决策的准确性、把握和控制市场的能力都具有决定性的作用。

二、 生产性服务与制造业价值链

在波特的价值链理论中，生产性服务活动在整个价值链中发挥着重要作用，占据着价值链的核心环节，如技术开发、市场营销、人力资源管理等。在生产性服务活动不发达的情况下，在整个价值链中，产品的附加价值主要集中在加工环节。而随着生产性服务业的发展，价值创造环节已发生了从制造环节向服务环节转移的趋势。

从价值链构成来看，随着工业化的发展，在工业产品的附加值构成中，纯粹的制造环节所占的比重越来越低，而服务业特别是生产性服务业中维护保养、物流、研发设计、人力资源开发、软件与信息服务、金融与保险服务等专业化生产服务所占比重越来越高，出现了工业服务化的特征，使得在价值链中，利润发生了从中间加工制造环节向上下游服务环节转移的趋势。工业服务化是指在工业产品的价值链中，服务性质环节所占的增加值不断上升。这些环节包括上游的研发、设计、金融、保险以及下游的销售、售后服务、客户服务等。这种服务化趋势在信息制造业中非常典型，并且正在扩展到传统制造领域，如目前汽车制造业中服务环节在价值链中所占的比重已经超过 50% 以上。在服装领域，设计和销售环节也占据了价值链中附加值最高的位置。例如，耐克公司每年都获得非常高额的利润，但耐克自身从事的仅仅是研发、销售等核心业务，而将其他业务完全实现了外包。这种由工业知识化和信息化推动的工业服务化趋势与工业化过程中服务业比重上升的过程相重合，推动了经济结构更快地转型。在美国，一些传统的信息设备制造商如 IBM 已经逐步退出制造业领域，而把经营重点了转向了软件和服务业。美国软件业的增加值已经超过很多传统的制造业，成为美国重要的出口产品，并且是美国主要的享有贸易盈余的行业。

生产性服务的渗透使得制造业价值链发生利润转移，主要在于生产性服务作为制造业的中间投入和产业链延伸部分，促进了产品的异质化。[①] 一般来说，在价值链中，能够决定产品异质化的环节主要是上游的研发和下游的物流、金融、维修等服务。研发是"制造"产品差异化的最关键环节，它从根本上决定了价值链能不能满足最终顾客需求的异质化产品[②]。因此，发达国家跨国企业都非常重视研发，如日本汽车公司在美国各地设有 10 个研发中心，在欧洲设有 12 个研发中心。其中本田美国研发中心的员工有 1 100 多人，他们主要从事汽车零部件生产技术支持、车身及总成设计、零部件及整车设计、样车设计及市场调研等工作[③]。尽管制造部门比服务部门投入了更多的 R&D 费用，但如果考虑技术创新包括市场营销、培训和其他服务活动时，对于服务的研发费用更高（Tomlinson，2001）。

从全球分工体系来看，在全球价值链中，又表现为发展中国家的加工、组装、制造环节处于价值链低端，而发达国家的研发、设计、营销、品牌等服务处于价值链高端。宏基集团的创始人施振荣用"微笑曲线"描述了全球制造业价值链。从图 7-4 可以看出，微笑曲线的左端为技术、专利，中间为组装、制造，右端为品牌、服务。在微笑曲线的中段位置为获利低位，左右两段位置则为获利高位。加工制造业位于曲线的最底端，利润相对薄弱，如果要获得更多的附加值，就必

---

① 李海舰等认为，随着经济的发展，利润在价值链中已经发生了由产品的制造环节向销售环节转移，由产品的销售环节向消费环节转移，由中间环节向上、下游环节转移，从产品的内在环节向外围环节转移，由产品的实体环节向虚拟环节转移。其中由产品的中间环节向上、下游环节的转移，主要在于从同质化利润创造理论发生了向异质化利润创造理论的转变。

② 李海舰、袁磊："基于价值链层面的利润转移研究"，《中国工业经济》，2005 年第 6 期，第 84 页。

③ 夏永轩、乔军：《汽车服务利润》，机械工业出版社 2006 年版，第 25 页。

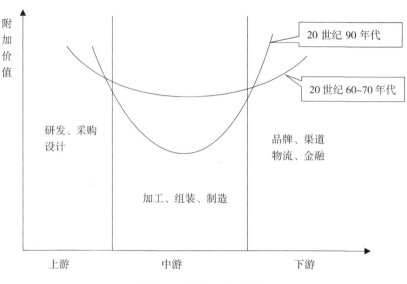

图 7-4　微笑曲线示意图

须向两端延伸——向上游制造端的零件、材料、设备、科研延伸，或者向下游营销端的销售、传播、网络及品牌延伸。

20 世纪 90 年代以来，国际分工的形式发生了变化，开始从产品分工向要素分工发展，发达国家的跨国公司通过直接投资、产业转移和订单外包等形式把产品的非核心业务、低附加值的生产环节（通常是产品组装环节）分离出去，由经济欠发达国家的廉价劳动力来进行"代工生产"或"贴牌生产"，自己则通过强化和垄断核心技术，保持自己的竞争优势。在经济全球化的背景下，绝大多数国家都试图在国际产业分工链条更高端的层次上参与国际分工，分享由经济全球化带来的利益。但由于发达国家技术先进、资金雄厚，以及产业结构高级化，其优势产业无论在总量上还是在结构上相对发展中国家都具有更强的竞争力，因而往往居于国际分工体系的顶端。如在国际分工体系中，美国居于国际产业分工链条的最高端，日本和英、德、法等欧洲国家次之，韩国、新加坡等东南亚国家又次之，中国和印度占据价值链的低端环节，而非洲、中东、拉美等农业国家处于国际分工链条的最底层。在全球价值链中，发展中国家的许多制造企业主要是依靠 OEM 生产方式，进行委托加工和贴牌生产，处于价值链的低端。

目前，全球价值链和生产体系正在形成，生产性服务业的发展有利于发展中国家参与全球价值链和全球生产体系，实现产业技术升级和提高产业附加值，促

进产业结构的优化升级。发展中国家参与全球价值链分工、实现产业升级的路径
为 OEM → ODM → OBM。其中 OEM 是指委托加工，品牌拥有者将生产加工制造
环节外包给其他厂家的业务模式不同的企业生产；对被委托企业来讲，OEM 生产
只能赚取加工费。ODM 是指企业除承担加工制造活动外，也进行深度的加工组
装和产品设计等活动，这使得被委托企业在价值链中又向上游环节上升了一步。
OBM 则是指不仅进行深度加工组装和产品设计活动，而且还拥有并深度开发自己
的品牌，它是制造业产业升级的高级阶段①。

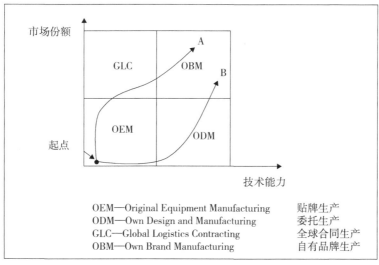

Source: Mathews, J. A. and D. S. Cho (2000)

图 7-5 从 OEM 到 OBM 转变的不同路径

在一个价值链上，OBM 即自有品牌生产商拥有最高的增值率，而后发国家参
与价值链往往是从附加值最低的组装环节开始，然后逐步转变为 OEM。一般有两
种路径来实现从 OEM 到 OBM 的转变。一种路径是通过改善和提高生产效率，降
低成本，从而不断扩大市场占有率，成为全球范围内的供应商，即从 OEM 转化为
GLC。在集聚了相当的实力后，再加强设计与研发能力，最终转变为自有品牌生
产商（图 7-5 中的路径 A）。另一种路径则是从 OEM 开始，不断加强产品新功能
和新产品的研发能力，成为委托生产商。这种生产商具有设计研发能力，能够按

---

① 刘志彪："全球化背景下中国制造业升级的路径与品牌战略"，《财经问题研究》，2005 年第 5 期，第
26–27 页。

照委托方的要求自主设计制造产品，在此基础上再进一步创立自己的品牌，成为自有品牌生产商（图 7-5 中的路径 B）。

知识、技术密集型的生产性服务业的发展，可以通过提升制造企业的研发能力、学习能力和创新能力，使发展中国家采用路径 B 的升级模式，即从单纯组装进入全球价值链和生产体系，然后上升至 OEM，再通过不断提高自身技术能力，提升到 ODM，最后转化为 OBM。从 OEM 到 ODM 再到 OBM，关键是掌握"微笑曲线"两端——产品创新和品牌经营的隐含性知识和技能，而这些知识和技能的获得都需要生产性服务的支持，研发、营销、物流、品牌等生产性服务是制造企业从 OEM 向 OBM 转化的"跳板"。

三、 生产性服务与产业间的融合[1]

在信息化条件下，由于信息技术和网络提供了共同的技术基础，制造业与服务业、制造业与农业、农业与服务业以及制造业内部行业之间相互融合的趋势日渐增强。尤其是作为信息时代主流的信息技术产业，不仅其内部的各个行业之间出现了广泛的融合，而且信息技术产业正以其巨大的波及力和影响力逐渐融合和渗透到其他产业中，使得生产性服务业与制造业之间的界限逐渐模糊，呈现出融合的趋势。一方面，制造业把越来越多的服务作为中间投入，如产品运输服务、售后服务、软件维修服务等。现代工业生产已经融入了愈来愈多的服务作为中间投入要素，中间需求的扩大是服务业增长的主要动力。有数据表明，在 1980—1990 年间，多数 OECD 国家产品生产中的投入发生了变化，服务投入增长速度快于实物投入增长速度。另一方面，服务过程中越来越多地使用大量制造业的技术产品，如运输服务中的汽车和硬件系统、录像带、软件光盘、电子书籍，各个服务业中的信息通信技术等[2]，使得某些信息产品可以像制造业一样进行批量生产。

笔者认为，生产性服务业与制造业的融合，表现为产业间的功能互补和延伸，往往发生在产业链延伸的部分。主要表现为两种形式：

一种是产品与服务的融合，即"产品 + 服务"的捆绑模式。表现为制造业部门的产品是为了提供某种服务而生产。例如，通信和家电产品，随产品一同出售

---

[1] 路红艳："生产性服务业与制造业结构升级——基于产业互动、融合的视角"，《财贸经济》，2009 年第9 期。

[2] 魏江、Mark Boden 等著：《知识密集型服务业与创新》，科学出版社 2004 年版，第 88 页。

的有知识和技术服务。服务与产品像孪生姊妹一样越来越难以分离，尤其在高技术产品中，服务价值的比重大大超过实物价值部分[①]。目前机械、电子设备制造企业事实上不再是简单地销售产品，而是在销售产品的同时提供与该产品相配套的包括电子控制、信息系统、软件包、操作以及维护服务在内的一个完整系统服务，也称为"产品—服务包"（product services package）。IBM 从 1993 年开始从硬件制造转向软件、咨询等服务，1997 年 IBM 来自服务的收入就占到了 40%。

　　汽车行业也是如此，汽车制造商不仅仅是销售汽车，而是在销售汽车的同时提供汽车金融、汽车美容、维修、咨询服务等售后服务。这种"汽车产品 + 服务"的捆绑销售模式，通过增强产品的异质化，已成为汽车制造商在竞争中获胜的利器。正如大众公司的一句名言："第一批车是由销售人员卖出的，而后面的车是由良好的服务卖出的"[②]。这种融合反映了"产品寓于服务之中"或"服务寓于产品之中"，使得产品与服务的边界模糊，通过以制造产品为载体，实现了服务的物化，并以服务平台提升了产品的附加值，实现了广义上的产品创新。在激烈竞争的市场环境下，只有同时既是产品，又是服务的供应[③]，才能实现产品差异化，满足消费者需求。

　　另一种是生产性服务活动作为中间投入要素，向第一产业、第二产业以及第三产业的延伸，形成了新型产业。例如，服务业中的金融、法律、管理、培训、研发、设计、客户服务、广告、市场研究等逐步融入制造业的生产系统中，彼此融合可形成新型产业体系（图 7-6）。产业Ⅰ和产业Ⅱ通过信息技术融合或产业链延伸，可以形成产业Ⅲ和产业Ⅰ′、产业Ⅱ′、产业Ⅲ′几种形态的产业，从而形成了新的产业。

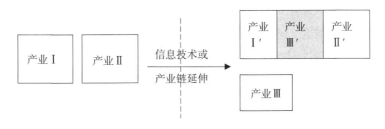

图 7-6　产业从分离到融合的形态

---

　　① 陈宪、黄庭峰："分工、互动与融合：服务业与制造业关系演进的实证研究"，《中国软科学》，2004 年第 10 期，第 71 页。

　　② 贾永轩、乔军：《汽车服务利润》，机械工业出版社 2006 年版，第Ⅱ页。

　　③ 周振华：《现代服务业发展研究》，上海社会科学院出版社 2005 年版，第 21 页。

这种融合的实现需要两个基本条件：一是信息技术为载体。产业融合现象在电信、广播电视和出版三个行业最为典型，也表现为信息产业融合最为突出。信息技术、网络技术的应用使得信息产业与汽车、机械、航空、医药、金融等一系列行业发生了融合，使得原来分散在不同部门的业务可以集中到一个部门来运营，形成了业务集成化趋势。生产性服务业与制造业或服务业的融合，必须有信息技术的支持。以物流服务为例，传统物流服务通过采用信息技术，如在运输和仓储过程中采用通信卫星定位系统（GPS）/地理信息系统（GIS）技术，对供应链管理采用管理信息系统和软件技术，建立 Internet/Intranet/Extranet 网络平台等，可以使物流服务企业更有效地与客户（制造企业）实现技术上的融合，提供优质的服务，增强企业的核心能力和竞争优势。二是融合产业之间的关联度较高。生产性服务作为中间投入要素，其与制造业的融合更多地表现在产业链的延伸和整合上，这要求这种生产性服务业必须与制造业有着较强的前向关联或后向关联关系。仍以物流业为例，物流对于汽车制造商而言是不可或缺的一部分，整车制造、零部件生产、整车组装以及销售过程中都需要装运、搬卸、运输、储存、配送、信息处理等物流活动的支持。通过沿产业链的功能水平整合，汽车制造商可以利用第三方物流企业以外包的形式将汽车物流整合为汽车产业链的重要组成部分，通过建立协同竞争关系，实现"双赢"。需要注意的是，生产性服务业不仅与制造业实现产业间的融合，而且可以与服务业形成融合，促进新的产业形态的出现。例如，会展业通过与物流、旅游等服务业的产业关联，形成了会展物流、会展旅游等新型产业，融合主要表现在产业链形成上，如会展旅游产业链的形成。

这种产业融合，一方面通过产业链上不同环节之间功能的互补，可以使原有的生产加工过程融入更多的技术、知识、信息要素，提高生产方式的集约化程度和产业之间的关联程度。通过产业链的传导机制，引起生产要素在不同产业部门的相对收益的变化，进而使生产要素在产业部门间发生转移，导致不同产业的扩张和收缩，从而促进产业结构的有序发展。另一方面，通过产业链上下游企业之间的学习过程，可以促进企业的创新，提高产业层次和水平。盖恩斯（Gaines，1998）揭示了信息技术融合的技术基础，认为信息技术融合存在着替代和不断学习的过程，并给出了包括突破、复制、经验、理论、自动化和成熟六个阶段的信息技术融合的学习曲线。前文已指出，具有知识、技术密集型特征的生产性服务业通过为制造企业提供服务，能够促进制造业的创新，这意味着生产性服务业与其他行业间的融合也存在着学习曲线（图 7-7）。在生产性服务业与制造业融合的初始阶段，由于生产性服务企业和制造企业相互之间了解不深，信任机制还没有建立起来，双方的交流与合作存在很大的难度，学习曲线上升比较缓慢；随着双方之间接触和交流增多，业务变得更加熟练，产业融合进一步加深，知识在双方之间传播、扩散的能力增强，学习速度加快，学习曲线上升较快；随后双方合作趋于稳定，生产性服务企业和制造企业之间的学习效应趋于饱和，学习曲线呈现平稳状态。

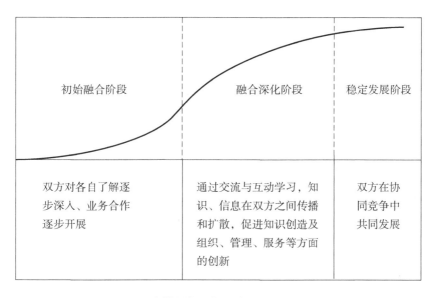

初始融合阶段	融合深化阶段	稳定发展阶段
双方对各自了解逐步深入、业务合作逐步开展	通过交流与互动学习，知识、信息在双方之间传播和扩散，促进知识创造及组织、管理、服务等方面的创新	双方在协同竞争中共同发展

图 7-7　生产性服务业与制造业融合的学习曲线

这里需要注意的一点是，生产性服务业与制造业融合表现为产业链的整合和延伸，但随着垂直一体化的分解，这种融合并不是表现在同一企业或企业集团内部的垂直整合，而是表现为不同功能的企业之间的水平整合，即生产性服务企业与制造企业更多地通过战略联盟，建立合作伙伴关系，通过协同竞争实现双方的共赢。因此，笔者认为，生产性服务业与制造业之间的融合除产业链的整合和延伸外，"合作"是其基本的内涵之一。

四、生产性服务业与产业集群竞争力

产业集群是产业结构变化的一种新形式。发达国家及我国一些沿海地区的经验表明，通过发展产业集群来带动和加快产业发展是一条可行之路。美国的硅谷、明尼阿波利斯的医学设备业群、克利夫兰的油漆和涂料业群、加利福尼亚的葡萄酒业群、马萨诸塞的制鞋业群，都带动了区域经济的发展。德国拥有图特林根的外科器械业群、斯图加特的机床业群、韦热拉的光学仪器业群、巴登—符腾堡的机械业群、纽伦堡的制笔业群。意大利 70% 以上的制造业、30% 以上的就业、40% 以上的出口都是通过专业化产业区域实现的。我国浙江的板块经济、广东东莞的电子元器件生产基地、顺德的家电业等都是产业集群的成功范例。由于同类产品生产向特定区域的高度集中，使得生产和服务分工越来越细化，从而形成了区域内的规模经济效应和范围经济效应。

生产性服务业作为产业集群中的重要组成部分，在促进地区产业集群形成和发展方面具有重要的作用。根据波特的"钻石模型"理论，一个地区产业集群的发展，取决于要素条件、需求条件、相关及支撑产业、企业的战略、结构与竞争。在一个产业集群中，只有在每个要素都积极参与的条件下，才能创造出企业发展的理想环境，促进整个产业的发展和集群竞争力的提升。

（一）生产性服务业能够为集群企业提供高级生产要素

在钻石模型理论中，要素有初级要素和高级要素，专门要素和一般要素之分。初级要素是被动继承的，由先天条件决定，且随科技发展对其需求会逐步减少，如自然资源、气候、地理位置、非熟练劳动力等。高级要素则是竞争优势的长远来源，它需要长期地对人力资本、物质资本的积累投资才能获得，因而是相对稀缺的要素，如知识资源、金融资本、受过高等教育的人员、先进技术和现代化通信的基础设施等。因此，高级要素的可获得性是一个地区保持持久的竞争优势的决定条件。由于大部分生产性服务以人力资本和知识资本作为主要投入品，其产出是含有大量的人力资本和知识资本的服务，并能够为当地企业的发展提供金融、通信和科技服务，因此能够使地区产业集群中的企业获得所需的高级生产要素，进而促进产业集群竞争力的提高。

（二）生产性服务业能够为产业集群提供配套性服务

在钻石模型中，生产性服务业是作为相关及支持性产业而存在的。在产业集群中，生产性服务业作为能够为产业集群中的企业提供配套性、互补性服务的行业，可以与其他企业合作、分享信息，甚至在电脑、设备和应用软件等方面能够互补，形成产业集群在技术、流程、销售、市场或服务上的竞争优势。生产性服务业不仅能促进产业集群中企业创新，而且能够成功带动有关产业的成长。一个地区的产业集群要想获得持久的竞争优势，就必须培育具有竞争力的作为支持性产业和相关产业的生产性服务业。

（三）生产性服务业有利于促进产业集群专业化分工

分工与专业化是产业集群形成和发展的动力机制。生产性服务业在产业集群中的作用，表现在通过提供更多的专业化的服务，保证产业集群内各个部分集中精力做好自己的核心业务。这样，生产性服务业的发展有利于产业集群中的企业将生产过程中非核心业务外包给专业化的生产性服务企业，每个企业只专注于自己最具优势的生产环节，可将资源禀赋的潜力发挥到最大，并使企业获得不可模仿的差异化的核心竞争能力。

（四）生产性服务业有利于提升集群企业竞争力

产业集群的竞争力在很大程度上取决于集群内企业的竞争力。企业竞争力是企业在市场竞争中获得竞争优势的能力，企业竞争优势的获得取决于创新能力、决策能力和应变能力。在产业集群内，生产性服务业如研发和产品设计、信息服务、金融服务、计算机服务、企业管理咨询服务、法律和知识产权服务等不仅能够通过提供企业所需要的服务，促进企业创新能力的增强，而且对于提高企业战略决策的准确性，把握和控制市场的能力都具有决定性的作用。

此外，生产性服务是将新的增加值导入产品生产过程的运载工具（周振华，2005），生产性服务作为中间服务投入，通过嵌入到产品的机械设备中，能够引起企业生产成本降低，促进产品改善和新产品开发，促使企业采取更有效的产品销售和物流模式，进而有利于促进企业市场竞争力的提升。

五、生产性服务与制造业去产能

产能过剩是市场经济中常见的一种经济现象。在完全市场经济条件下，产能过剩问题会借助市场机制自我调节，通过"供过于求→价格下跌→供应下降→需求相对上升→价格上升→供应和需求再调整"的路径，逐步缓解甚至接近消失。按照国际规律，经济周期波动产生的"产能过剩"和产业生命周期变化形成的"产能过剩"都是正常的产能扩张的表现，应由市场机制进行自我调节，无需国家进行干预。例如，20 世纪 80 年代到 90 年代中期，家电业的竞相投资和恶性竞争可谓非常严重，但在国家没有强制干预下，实现了行业的升级和更新换代，并形成一部分核心知识产权，这是给我们的最好启示。只有那些体制性原因以及价格管制等非市场因素造成的产能快速膨胀、无序竞争，才需要政府运用行政手段加以纠正和剔除。

改革开放以来，我国制造业产能过剩经历了由轻工业向重化工业、由少数行业向多个行业扩展的发展历程。目前，我国制造业产能过剩呈现出涉及行业多、范围广，结构性产能过剩凸显，新兴产业低端产能快速扩张等特征，尤其是钢铁、水泥、汽车等行业产能扩张与过剩矛盾突出。针对过快的固定资产投资增长、突出的重复建设和局部产业产能过剩矛盾，国家先后在1999—2000、2003—2006以及2009—2010年三个时期运用行政、经济等多种手段对产能过剩进行了集中治理，但治理效果却不尽如人意。特别是在当前经济新常态下，"去产能"成为推进供给侧结构性改革的重要内容之一。

要控制结构性产能过剩，必须充分重视生产性服务业特别是流通服务业的市场调节作用。流通服务业作为联系生产和消费的桥梁和纽带，能更及时更准确地研究市场，了解消费者的需求变化，并将信息及时反馈到生产企业那里，引导生产企业根据市场需求变化进行市场细分、流程改造和产品更新换代。从"以产定销"的模式向"以销定产"、"订单化生产"模式转变，可以更大程度地减少生产的盲目性，实现生产与消费的更加有效的对接，建立供求长期均衡机制，并保证产品适销对路，满足市场有效需求。世界零售巨头沃尔玛的发展模式就是流通企业引导生产企业的典型案例。沃尔玛通过让上游供货商进入自己的零售链（retail link）系统，让供货商充分了解自己的产品在沃尔玛公司每一个店中的销售情况，也可以随时了解商品库存、滞销商品和畅销商品种类等信息。借助这些信息，与沃尔玛合作的供货商可以做出产品的开发、生产、配送、营销等各种决策，大大降低了供货商的库存水平。同时，沃尔玛能够及时地将消费者的意见反馈给厂商，帮助生产企业对产品进行改进和完善①。

---

① 目前，批发零售业是否作为生产性服务业存在一定争议。尽管本书对服务业分类中，将批发零售业作为生活性服务行业。但按照马克思流通理论，一般意义的流通服务业包括两大部门，一是商业，主要指批发业和零售业；二是物流业，主要包括仓储业、运输业和邮电业。尽管批发和零售业，特别是零售业是面向消费者的，但作为生产企业的分销渠道，完全具有中间投入属性，尤其从产业链和供应链的角度讲，批发和零售业是生产企业产业链中的重要环节，具有引导生产、调节制造业机构的重要作用，既为生产企业服务也为消费者服务。由于流通具有引导生产、调节产能的作用，这里主要将批发零售服务即流通服务作为生产性服务进行分析。

同时，利用金融、信息等生产性服务业的市场调节机制也是控制制造业产能过剩的重要途径。例如，金融机构可以通过建立和完善信贷风险预警控制，提高自身的贷款定价能力和风险识别能力，形成灵活有效的金融资源配置机制。一方面，金融机构针对行业风险制定专门的风险管理规划，开展对产能过剩行业存量客户的排查，建立行业风险预警体系，可以增强对行业产能过剩的预警能力。另一方面，金融机构通过严格审批新增授信，加强对产能过剩行业信贷业务的贷后管理，可以及时发现、提示、控制与化解潜在过剩投资。

另外，在国家通过加强市场准入，制定严格的环境、能耗、水耗、资源综合利用等标准来化解过剩产能的过程中，也需要各种中介服务机构参与，利用市场化手段或通过第三方参与机制严格产能过剩行业的市场准入，并对淘汰落后产能提供约束和支撑机制。

六、生产性服务与绿色供应链构建

随着资源能源供给形势变化和全球应对气候变化，推动可持续发展越来越成为各国的共识，发达国家以及新兴工业化国家都在致力于发展新能源、环保等新兴产业，利用节能环保技术对制造业进行改造，以减少资源环境约束，培育新的经济增长点。党的十八大报告明确提出大力推进生态文明建设，着力推进绿色发展、循环发展、低碳发展，形成节约资源和保护环境的空间格局、产业结构、生产方式、生活方式，从源头上扭转生态环境恶化趋势。十八届五中全会又明确提出了绿色发展的理念。这就要求加快对存量产业结构调整，利用现代信息技术改造传统制造业，推动制造业节能降耗、绿色发展、低碳发展，走可持续发展道路。

生产性服务业对于制造业节能降耗的作用不可忽视。集合多种生产性服务的绿色供应链管理是推动制造业绿色发展的重要途径之一。绿色供应链的概念最早由美国密歇根州立大学的制造研究协会在 1996 年进行一项"环境负责制造（ERM）"的研究时首次提出。绿色供应链管理采用全新的生态设计，通过将"绿色"或"环保"理念融入整个供应链管理过程中，能够使整个供应链在研发、生产、物流、分销以及消费各个环节都能节约能源和资源，最大限度地提高资源利用率，降低成本，同时又可减少环境治理费用，如排污费、废弃物处理成本等。

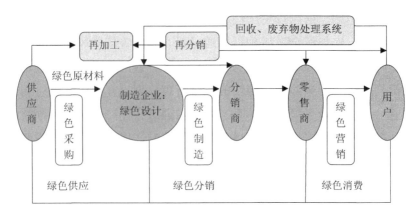

图 7-8　绿色供应链管理运行机制示意图

如图 7-8 所示，在整个绿色供应链管理体系中，制造企业通过采用绿色原材料和节能减排、清洁生产技术，实现绿色生产，并通过绿色分销系统（包括绿色运输、绿色营销等）到达消费者手中，之后通过回收、再加工、再分销进行循环利用，形成绿色供应链周期运行机制。例如，在工业园区发展中，通过建立绿色供应链，大力发展绿色物流，提高包装物的循环利用率、车辆装载率、一次出厂率等，打造绿色物流循环经济产业链，可以从源头削减和控制污染物的产生。同时，从流通环节强化市场准入和退出机制，通过在商品上标注生产能耗和碳排放指标，限制一些能耗和污染超标的工业品和消费品进入流通领域，也有利于通过市场机制淘汰落后产能。

第二节　生产性服务业与服务业结构升级

生产性服务业对服务业结构优化的作用表现在生产性服务业具有很强的自我增强机理（self-enforcing mechanism），这种"自我加强机制"来源于服务业各环节之间较强的关联效应造成的知识流动或"溢出效应"。生产性服务行业之间有着较强的关联和链接关系，它们之间也是相互依赖、互为前提的，通过作为其他生产性服务业的用户，能够促进其他生产性服务业的发展。研究表明，发达国家 20世纪 90 年代末服务业自身对生产性服务业的需求已经超过了工农业之和（魏作磊等，2005），来自服务业的中间需求已成为生产性服务业发展的主要动力。从经济发展的不同发展阶段看，生产性服务业对产业结构的经济调节机制存在很大不同。一般在工业化的前期和中期阶段，由于工业或制造业在国民经济中占据主导地位，生产性服务业对产业结构的调节机制主要表现为工业提供生产性服务；而在工业化后期或后工业化社会阶段，随着服务经济占据主导地位，服务部门也会衍生出对金融、通信、商务服务等生产性服务的需求，从而增加生产性服务业的中间投入比重，进而形成生产性服务业的"自我增强"机制（肖文等，2011）。例如，随着信息技术的快速发展，金融、流通、商务等生产性服务业对信息服务业的需求不断增加，在促进信息服务业发展的同时，通过信息化改造和提升，也大大提高了金融、流通等生产性服务业的现代化水平。

生产性服务业对于服务业结构优化调整的影响不仅表现为生产性服务业之间的相互作用和影响，也表现在其与生活性服务业以及其他服务业具有间接的关系（图7–9）。生产性服务业和生活性服务业作为现代服务经济体系中的重要组成部分，二者既相互区别，又存在紧密的互动发展关系。没有生产性服务业的发展，就没有传统生活性服务业的优化升级。同样没有生活性服务业的配套发展，生产性服务业就难以实现真正的发展。

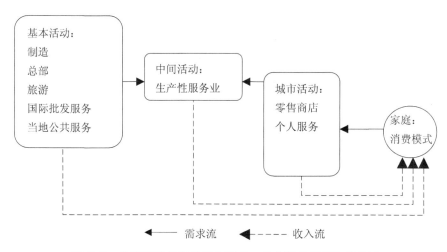

图7–9　生产性服务与生活性服务、公共服务相互作用关系

资料来源：Sven Illeris and Jean Philippe. Introduction: The role of services in regional economic growth. The Service Industries Journal, April 1993,13,2

在分析生产性服务业对地区经济发展的作用时，Illeris & Philippe（1993）提出了公共服务、生产性服务和生活性服务三类服务在地区经济发展中角色的模型

（图 7-9）。模型包括基本活动、中间活动和城市活动。基本活动包括制造、总部、旅游、国际批发、当地公共服务，主要向地区以外乃至国外出售服务，并为地区创造收入；生活性服务业是与当地家庭的最终消费紧密相关的；中间的生产性服务既与基本活动有关，也与生活性服务业有关。在整个模型中，在第一阶段，中间服务的发展主要依赖于基本活动和生活性服务的需求，在第二阶段，生产性服务业的收入主要来自生活性服务业的需求。也就是说，生活性服务业与生产性服务业之间有着相互促进的作用。

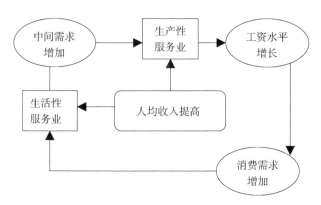

图 7-10　生活性服务业与生产性服务业相互促进的循环模式

具体来说，生产性服务业与生活性服务业的相互作用机制主要是通过人均收入这一中间变量实现的（图 7-10）。根据产业结构与人均 GDP 关系的研究，人均 GDP1 500 美元和 5 000 美元是两个重要的节点。在人均收入达到 1 000~1 500 美元时，服务业产值比重会迅速增加，达到 45%~50%，这时服务业比重的增加主要是传统的服务业（生活性服务业）；当人均收入在 1 500~5 000 美元之间时，服务业比重基本不变，农业比重显著下降而工业比重显著上升；当人均收入超过 5 000 美元时，进入后工业社会或信息化阶段，服务业比重出现迅速增长，达到 60%~70% 以上，这时服务业比重的增加主要是生产性服务业带动的。统计显示，2015 年，我国人均 GDP 已超过 8 000 美元，表明目前我国正处于服务业内部结构调整优化阶段。在这一阶段，生产性服务业和生活性服务业的互动关系表现为如下特点：

第一，随着人均收入的提高，尽管人们消费的增长直接带来的主要是餐饮、住宿、美容、洗浴、家庭服务等生活性服务业的发展，但由于生活性服务业的发展会增加中间服务——生产性服务的需求，如餐饮、住宿业的发展会对金融保险、会计、法律、咨询、物流等生产性服务业产生极大的需求，通过需求的乘数效应，进而会促进生产性服务业的发展。

第二，伴随生产性服务业的发展，由于大部分生产性服务行业，如计算机服务、金融保险服务、法律服务等行业的工资水平较高，会促使大量高素质的从业人员的收入增加，这些从业人员作为消费者，其收入的增加必然导致对生活性服务消费的增长，尤其对享受型服务如洗浴、旅游、文化娱乐等需求的增长，从而会促进生活性服务业快速发展和水平提升。

这样，借助人均收入这一中间变量，就形成了"生活性服务业发展→对生产性服务需求增加→生产性服务业发展→从业人员收入增加→对消费性服务需求增加→生活性服务业发展"的良性循环发展。

第三节　生产性服务业与农业产业结构升级

生产性服务业不仅与制造业具有较强的关联关系，也对农业结构调整产生着重要影响。科菲等（Coffey，1992）认为，作为中间投入的生产性服务业与农业之间存在着紧密的前向、后向联系，产生了高度交织的投入产出网络联系的"公司活动联合体"。胡铭（2013）通过实证分析生产性服务业与农业协同效应，认为生产性服务业对农业发展有着重要促进作用。总体来看，理论界和学术界就生产性服务业对农业结构调整的作用研究较少，现有文献更多关注在农业生产性服务业发展问题及对策方面（韩坚等，2006；潘锦云等，2009；王辉，2010），也有一些学者（姜长云，2010；张振刚等，2011）对农业生产性服务业发展模式进行了研究。笔者认为，在现有文献中，对生产性服务业与农业的关系研究较少的主要原因有两方面：一是在发达国家，农业在整个国民经济中所占比重已经较小，在服务业快速发展的同时，显现的是制造业的比重不断下降，农业比重下降的空间很小，所以变化并不明显。因此更多的研究者把注意力集中在了制造业和生产性服务业的关系上。二是与制造业相比，农业的生产是分散在农户之间的，不像制造企业那样更多地会运用法律、会计、咨询、营销等多种生产性服务业，其需要较多的仅仅是农业科技服务，因此显得生产性服务业与农业的关系不是很大。这主要也是农业经营的体制问题所导致的。

在现代农业产业结构调整和升级过程中，农业资源的流动和配置是由市场来决定的（王雅芹等，2012），农业存量产业结构调整必须以市场为导向，建立健全与现代农业生产相配套的一系列生产性服务体系，包括市场预测、农业科技研发、农业信息、农产品流通渠道建设等，具有重要的意义。

一、市场化引导调节机制

从目前我国农业生产性服务业发展现状来看，现有的农业生产性服务业仍以公共服务、公益服务和传统的农技服务为主；农产品市场信息服务、市场营销服务、冷链物流服务、农产品质量检验监测服务等市场化农业生产性服务发展不足，在一定程度上制约了农业现代化发展。农业信息服务、市场营销服务、冷链物流等生产性服务对农业产业结构的优化升级具有重要媒介作用。一是农业信息服务，包括农业信息咨询服务、信息发布、信息网络服务等，通过对信息和知识的完整收集、系统整理，向农业用户提供经过筛加工的、有序而完整的信息服务，能够指导农业产业结构调整，更好地发展特色农业和高新技术农业。特别是通过农产品供应链数据采集信息系统的建立，适时向社会发布农资销售情况、农产品市场需求导向、未来某一种农产品生产规模、农产品价格等信息，可以帮助相关企业及时了解和掌握农产品生产、流通、消费信息，引导农民生产和农产品中间商采购和销售预期，调节农业生产。同时，农业科研和信息服务的发展，也有利于农民知识化的转化，促进农业人力资本素质的提高。二是农业营销网络的建立，尤其是比较完善的服务农户的出口营销机制的建立，能够促进农产品竞争力的提高，进而促进农业产业结构优化。三是农产品冷链物流，包括农产品保鲜与储存、农产品冷链运输，可以通过建立对"过剩农产品"储备调节机制和对市场紧缺农产品的投放，适度调节市场供应，减小市场波动。同时，冷链物流系统的建设，也可以促进更多农产品品种的开发和种植，进而促进农业产业结构向更适于消费需求的方向升级。

二、农业产业链成长与运行机制

生产性服务业的融合和渗透，专业化分工与合作，使得原来相对单一的农业产业结构发展了根本性变化，更具有效率的现代农业产业链运行机制成为农业发展的方向。生产性服务业对农业的影响按照形成的链条关系，可以分为纵向、横向及纵横向一体化。其中，纵向一体化农业产业链的形成是通过各类生产性服务融入使农业产业链向前延伸至产前的育种、育苗及现代农业设施的供应，向后则延伸至产后的农副产品深加工和开放式的内外营销。横向一体化农业产业链主要表现为以农业合作社、龙头企业为核心形成农工商一体化或内外贸一体化产业集团，通过整合当地农业资源和设施，组织农户建立的从生产、技术指导到销售的全过程联盟，如蔬菜联盟、水果联盟等。这种横向一体化产业链模式可以通过建立契约机制，实现农产品从田间到市场的统一采购、分销和配送，推动产地品牌、通路共同营销和建设（图 7-11）。目前，许多农村专业合作社的服务内容已经涵盖农业产业链的多数环节，在科技服务、信息服务、生产资料供应、良种引进和培育、品牌建设和标准化管理、市场拓展和建立稳定的购销关系等方面，作用尤其突出，成为提供农业生产性服务的重要载体（姜长云，2011）。

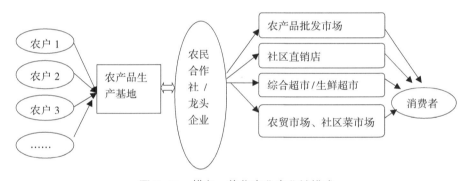

图 7-11　横向一体化农业产业链模式

三、订单农业生产的协议联盟机制

在农产品流通领域，农产品批发、零售等生产性服务是使农产品快速从生产领域进入消费领域的渠道。当前"农批对接"、"农超对接"已成为农产品流通的重要模式，产地型农产品批发市场或大型超市通过"基地＋批发市场"、"基地＋超市"的形式，构建农产品流通产业链条。大型连锁超市按照协议方式建设鲜活农产品直采基地，开展产地批量采购，实现农产品流通的农超对接和统一配送，有利于减少农产品流通中不必要的中间环节，推进订单农业发展，提高鲜活农产品流通质量安全水平。同时，随着电子商务的发展，农产品虚拟交易市场模式正在形成。这种模式是以建立虚拟农产品交易市场为核心，采用互联网、物联网和电子商务技术，组织全国的农产品生产者、经营者、消费者通过网络直接进行农产品交易，形成有形批发市场兼营和多种中间服务组织广泛参与的全面协作型农产品流通渠道。

第八章 生产性服务业发展与产业升级模式及机制

生产性服务业的发展与产业结构优化升级是双向互动关系。大力发展生产性服务业是促进产业结构升级的一个重要途径。然而，目前我国生产性服务业发展仍相对滞后，这一方面是由服务业行业存在垄断和市场准入制度不健全，即服务业产业化水平低造成的；另一方面是由我国经济专业化水平低，即服务外包水平低造成的。这说明要大力发展生产性服务业，必须消除体制障碍，促进生产性服务业的专业化发展。但是，在具体实践中，生产性服务业到底如何发展，尤其是生产性服务业包括的行业门类较多，不同门类的生产性服务业如何发展，当前在理论上的研究还较少，以至于在很多地区，尤其是在一些县市级地区提出"大力发展现代服务业或生产性服务业"只能是一句空口号，不利于地区整体产业结构的调整和优化。因此，本章根据不同门类生产性服务业的特点，研究生产性服务业的发展模式，以期为促进不同类别生产性服务业的发展提供一些新的思路。

第一节 生产性服务业与产业结构升级的实现模式

生产性服务业包括金融、保险、法律、会计、管理咨询、研究开发、市场营销、工程设计、产品维修、通信、物流、会展等众多行业，不同行业的要素密集、区域分布、企业规模、交易方式等都有所不同，这就决定了不同类别的生产性服务业的发展模式也不同。

一、中观层面：基于产业视角的生产性服务业发展模式①

（一）集群化发展模式

产业集群是在特定区域内地理邻近的相互关联企业和机构共同形成的一种经济现象。目前，集群研究大多集中于制造业及工业集群，对服务业产业集群研究较少。在研究服务业集群方面，Scott（1998）率先将"服务业集群"概念化，并强调"极为适应外界变化的外部联系和劳动力市场关系的网络的重要性"。Moullaert 和 Gallouj（1993）指出：制造业集聚的理论与模型恐怕并不适合服务业。因为服务性企业提供用户定制的服务，其创新的信息、专门的知识和技能有别于为最终消费生产产品的制造企业②。Moullaert 和 Gallouj（1993）、Storper（1995）、Pinch 和 Henry（1999）认为，与制造业集群形成的交易成本理论的解释不同，来自距离最小化的交易成本节约，其自身不足以解释高附加值和知识密集型集群的持续增长；相反，对这些企业举足轻重的是获取本地化和相对不流动的默会知识以及知识外溢。Naresh 和 Gary（2003）认为服务业（包括生产性服务业和消费性服务业）集群是动态发展的。根据 Swan（1998）的集群生命周期理论，他们认为，服务业集群产生的积极效果并不会无限期地持续存在，到了一定的临界点就会成熟，这时集群内的拥挤和竞争现象会加剧，集群内企业的进入和成长速度就会降低，最终会导致集群的衰落。在此基础上，Gery Cook（2003）总结了生产性服务业集群成长和导致集群衰落的因素（表 8-1）。

表 8-1　生产性服务业集群成长与衰落的影响因素

	需求方面	供给方面
集群成长	企业临近顾客的益处 顾客降低搜寻成本的益处 信息外部经济	集群的知识外溢 专业化收入的益处 基础设施利益 集群内企业间良性的相互激励
集群衰落	需求市场的拥挤和过度竞争 技术中断 客户口味和偏好的改变	供给市场的拥挤和过度竞争 垄断或高度集中化 一成不变的基础设施 强制的商会

资料来源：Naresh.R. Pandit Gery Cook, "The benefits of iindustrial clustering insights from financial services industry at three locations". Journal of Financial Services Marketing 2003

---

① 路红艳："基于产业视角的生产性服务业发展模式研究"，《财贸经济》，2008 年第 6 期。

② Moulaert,F. and Gsllouj [C], "The locational geography of advanced producer firms: the limits of economies of agglomeration" in Daniels,P.,Illeris,S.,Bonamy,J. and Philippe, J. eds The geography of services Frank Cass[C] London,1993,pp91-106.

Dniels（1985）指出，尽管随着信息技术的发展，以往所需要的面对面联系方式已经较少采用，但其他许多因素，如传统和威望等人为因素，以及劳动力等经济因素仍然会促使生产性服务业的办公场所向大城市的中央商务区集聚。S. Illeris（1989）把促使生产性服务业空间集聚的因素归纳为以下几点：第一，享受人力资源的"蓄水池"；第二，获得后向联系的机会；第三，获得前向联系的机会。生产性服务业在空间上集聚，一方面是因为位置上靠近可以使服务企业之间便利地享受相互间的服务；另一方面是缘于经济环境的快速变化以及由此产生的不确定性。正是不确定性和降低风险的需求，促使生产性服务企业之间形成集聚经济（Senn，1993）。

由于生产性服务业涉及生产活动的上、中、下游，一个地区或城市产业集群的发展优势在很大程度上取决于不同环节的服务优势，因此服务业集群化发展是一种必然的趋势。

1. 生产性服务业主导的产业集群

由于大都市拥有良好的基础设施、高素质的人力资本和较高的科技创新能力，加之生产性服务业相对不依赖于其购买者的地理邻近性，其生产场所是与集聚经济联系在一起的，从而有可能在合适地区实行生产集中以及向国内外其他地区输出[1]。因此，生产性服务业自身有形成产业集群发展的趋势。由于生产性服务业倾向于在大都市聚集，因此在国际性的大都市，生产性服务业集群发展较为注目。在世界三大金融中心之一的伦敦，已形成了具有强大优势的一系列生产性服务产业集群。伦敦有大大小小的产业集群56个，其中金融服务业集群11个，商务服务业集群4个，计算机/通信服务业集群4个，产权和房地产服务业集群3个[2]。在纽约也形成了金融、商务服务业为主导的产业集群，在东京则形成了以产品研发和技术创新为特色的生产服务业集群。

Keeble 和 Nacham（2001）通过对伦敦的生产性服务业集群中 300 家中小型管理和工程咨询服务企业的调查研究，得出在集群中的生产性服务企业可以通过集聚学习机制来获得优势的结论。并且他们发现这种集聚学习机制主要通过以下三种途径来实现：一是通过非正式的社会关系网络获得新知识；二是通过集聚区

---

① [美] 丝奇雅·沙森著，周振华等译：《全球城市：纽约、伦敦、东京》，上海社会科学院出版社 2005 年版，第 96—97 页。

② 马春："世界生产性服务业发展趋势分析"，《江苏商论》，2005 年第 12 期，第 88 页。

中生产性服务企业之间正式的合作安排来促进集体学习机制；三是通过集聚区中技能劳动力的流动来促进知识的流动。另外，他们还发现生产性服务企业集聚也与这些企业需要获得进入全球网络的资格有关，因为许多生产性服务企业，特别是一些大型企业都需要进行全球化经营，这些企业一旦能够位于一个国际化都市（如伦敦）中的知识密集型的服务业集聚区，就会获得发展全球化联系的额外优势。大城市能够为生产性服务业提供全球网络。因此他们认为，对于专业性服务业集群，极为适应外界变化的外部联系和劳动力市场关系的网络十分重要。

目前，生产性服务业（主要是知识密集型服务业）集聚的模式总结为三种模式：诱导自发型模式、FDI 模式和引导培育型模式（李红，2005）。其中诱导自发型模式以伦敦金融服务业集群为代表，这种模式主要是基于大都市深厚的历史文化底蕴、良好的外部环境及市场需求、大都市经济结构的调整和现代服务业发展的产业基础发展起来的，并随着制度环境的变化，最终形成了面向全球市场的金融服务业集群。FDI 模式主要以基于技术的知识密集型服务业集群为主，典型的如印度班加罗尔的软件服务业集群，这种模式是跨国公司对当地服务业进行投资，进而带动了当地生产性服务业发展起来的。引导培育型模式以东京知识密集型服务业集群东京新宿模式为代表，这种模式是政府利用政策优势引导催生而形成的（图 8-1）。

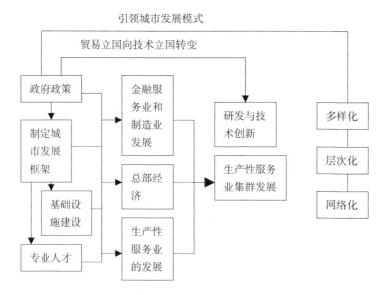

图 8-1　生产性服务业产业集群引导培育模式

资料来源：李红：《知识密集型服务业集群发展模式研究》，2005 版，有修改。

通过对服务业产业集群的研究和发展实践情况的考察，可知以生产性服务业为主导的服务业产业集群在空间布局上主要位于大都市。这种模式的产业集群，由于是建立在生产性服务业较为发达、地区资源条件较好、总部经济效应较为明显的基础上，因此主要适合于在大都市发展，尤其是国际化程度较高的城市，如我国的上海、北京、广州等大型城市。

目前，北京金融街已形成了生产性服务业的集聚区，金融街已经成为中国的金融总部集聚地。北京金融街生产性服务业集群发展的一个重要推动力量就是总部经济。总部经济是指某区域由于特有的资源优势吸引企业将总部在该区域集群布局，将生产制造基地布局在具有比较优势的其他地区，而使企业价值链与区域资源实现最优空间耦合，以及由此对该区域经济发展产生重要影响的一种经济形态（赵弘，2004）。总部经济与生产性服务业具有密切的关系。由于总部对地区子公司管理的复杂性增加，总部对生产性服务业需求的相应增加会促进生产性服务业的聚集。

通过对生产性服务产业集群的布局特点、发展模式及动力的分析，可以得出以下结论：

一是生产性服务业主导的产业集群主要形成于国际化程度较高的大城市，这些大城市能够作为地区中心或全球中心。可以说，城市是生产性服务业主导的产业集群的依托。

二是北京、上海和广州三大城市通过京津冀、长江三角洲、珠江三角洲的区域合作，可能成为生产性服务业地区中心或亚洲服务中心。

三是我国大城市的生产性服务产业集群发展模式更可能是诱导自发型模式、FDI模式、引导培育型模式等多种模式的结合和相互作用的结果。在目前发展阶段，由于人们对于生产性服务业的认识不足以及缺乏相应的发展经验，引导培育型发展模式占据主导地位，需要各城市政府通过加强城市基础设施建设，制定生产性服务业发展产业政策和资金、土地等方面的政策及发展规划来吸引跨国公司的投资，推动生产性服务业主导的产业集群的发展。

2. 制造业主导的制造—服务产业集群

从当前我国工业化发展阶段看，由于大多数地区生产性服务业并不发达，工业正处于快速发展时期，受资源、环境约束的影响，不能走传统的产业结构演进模式（即制造业发展后，再发展服务业），而是在推进新型工业化的同时，加快服务业发展。需要注意的是，新型工业化道路下的工业化并不是只发展工业或重工业，而是适应国民经济产业结构优化升级，协调发展三次产业的过程。从产业关联角度来看，在现代国民经济的产业链中，三大产业间存在着互为条件、互为前提、互为"上游产业"的辩证关系，即农业可以成为工业、服务业的上游产业，农业、工业可以成为服务业的上游产业，服务业也可以成为工业、农业的上游产业。因此，三大产业必须协调发展而不能片面强调谁先谁后[1]。随着信息技术的发展，农业、工业、服务业一体化趋势逐渐形成。因此，我国多数地区更适合于发展制造业主导的制造—服务产业集群。

这种产业集群对于产业结构的影响在于：

一是有利于促进产业集群创新。根据区域创新系统理论，产业集群自身就是一个创新系统。因为在产业集群区内，企业之间的相互作用如同存在一个知识磁场，知识优势的形成首先来源于默会知识，其次来源于默会知识的共享以及两者的互动[2]。知识的产生和共享主要通过集群内正式和非正式网络形成。由于生产性服务业自身的知识、技术密集型特征，对创新具有重要的作用，因此在制造业主导的制造—服务产业集群内，通过生产性服务业与制造企业及相关企业形成正式和非正式网络，会更有利于促进集群的创新。正因为如此，Camagni（1991）、Keeble 及 Wilkinson（2000）认为，对于成功的知识型生产性服务业集群而言，重要的是与"创新环境"有关的当地"集体学习过程"。他们强调特定产业或部门的企业在地区集聚的方式能随时间产生充满活力的过程，这一过程明显增强了企业的创造性及学习和分享集群企业所创造的新知识的能力。在成功的知识型创新的环境下，通过使集群企业接入"集体学习过程"，从而增强了集群的竞争优势，提高了集群的增长率。而这一过程是通过地方劳动力市场的技术劳动力的流动，客户—供应商在技术和组织上的交流、模仿，以及非正式的"餐厅效应"（cafeteria effects）来运作的。

二是有利于产业集群模块化的发展。模块化是伴随着企业之间、企业生产设计过程和工艺之间以及消费活动之间复杂性的增加，在信息技术发展的支持下形成的具有一定的规则、界面和标准的系统，对于产业结构调整和升级起着重要的推动作用。模块是指半自律性的子系统，通过和其他同样的子系统按照一定的规

---

① 李江帆、刘继国："新型工业化道路与广州第三产业"，《南方经济》，2005 年第 5 期，第 55 页。
② 吴德进：《产业集群论》，社会科学文献出版社 2006 年版，第 102–106 页。

则相互联系而构成更加复杂的系统或过程（青木昌彦，2003）。在实际操作中，模块化表现为生产设计的模块化、消费模块化和组织的模块化。其中，生产的模块化实现了知识创新的分工，能够产生报酬递增的分工经济。而组织形式的模块化则可以使企业专注核心专长，而将其他非核心的业务外包。

在产业集群内，模块制造商和整合商的聚集、模块化产品的生产，会促进产业集群结构的调整和升级。在制造业主导的制造—服务产业集群中，由于生产性服务业的存在，一方面能够使产品设计的模块化更好地实现，因为在模块化的过程中，许多生产性服务活动被物化在模块化产品设计中，同时也促使企业将非核心业务外包进而有利于模块化的发展。另一方面，模块与模块之间需要很好的界面和标准，以实现不同模块的对接，这需要生产性服务活动发挥连接、信息传递等功能。生产性服务业置于产业集群中，必然有利于模块制造商之间的交流和合作。

三是有利于促进产业集群的演进与升级。按照生命周期理论，产业集群也有一个动态的变化发展过程。在全球化的背景下，集中在一个特定区域内的产业集群需要融入全球价值链。在全球价值链中，利润已经发生了根本的转移，表现为：利润从制造环节转向销售环节、消费环节，从价值链的中间环节分别转向上、下游环节，从产品的内在环节转向外围环节，从实体环节转向了虚拟环节[①]。这要求产业集群沿着全球价值链逐步向高端延伸，实现集群的持续升级[②]。这一过程，要求产业集群内掌握核心利润环节的生产性服务业具有较高的竞争力，才能使得地方性的产业集群嵌入全球价值链中。

产业集群升级的关键在于集群的优势集中在研发、设计、品牌、营销等非生产性环节，能够实现 ODM 和 OBM。否则，在融入全球价值链的过程中，由于价值链中的领先公司的核心竞争力集中在研发、设计、品牌等高利润环节，它们会通过 OEM 方式使地方性产业集群处于价值链的低端，抑制其升级。Humghrey 和 Schmitz（2003）的研究表明，在领先公司的治理下，地方集群虽然能够成功地实现"产品升级"和"过程升级"，但"功能升级"、"链条升级"却很难发生。因此，以制造业为主导的生产性服务业产业集群，通过促进集群内企业向价值链高端的研发、设计、品牌等环节延伸，以及促进企业之间的关联产业链的形成，能够促

---

① 李海舰、袁磊："基于价值链层面的利润转移研究"，《中国工业经济》，2005 年第 6 期，第 81–89 页。
② 崔焕金、洪华喜："地方产业集群演进与升级考察"，《经济问题探索》，2005 年第 12 期，第 47 页。

进产业集群的升级。

从具体发展模式来看，由于产业集群自身具有生态群落的特点，加上信息技术带动的虚拟网络的形成，制造业为主导的制造—服务产业集群可形成生态群落集群发展模式和虚拟集群发展模式。

（1）生态群落集群发展模式

从生态学的角度看，在一定地区内所栖息的各种生物种群的自然组合，可分为生产者、初级消费者、次级消费者和分解者。各种群生物通过物质循环和能量流动，构成了一个与组成它们的种群所不同的静态和动态特征的整体。一个自然而稳定的群落能够最充分地利用能量并协调内部物种间的关系。由于产业集群是由一定的相同或相关的企业组成的，具有一定的生态群落的特征。

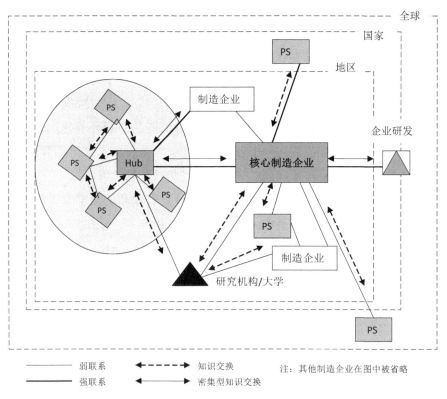

图 8-2　生态群落集群发展模式示意图

在以制造业为主导的制造—服务产业集群内，制造企业（包括产业链上下游的制造企业）和生产性服务企业之间由于投入产出关联效应，形成了不同的静态和动态变化关系。在一个特定的产业集群内，核心企业与产业链、价值链中的企业有着紧密的关联关系，同时与行业内企业也有着合作与竞争的共生依存关系。

如图 8-2 所示，在一个以制造业为主导的制造—服务产业集群内，企业之间的联系不仅发生在制造企业与生产性服务企业以及制造企业之间，而且也发生在生产性服务企业与研究机构和大学之间、生产性服务企业之间。在一个集群内，生产性服务企业必须与专业的管理咨询、其他补充性生产性服务企业以及研究机构具有密切的联系（Coffey & Bailly，1992），这是制造 — 服务产业集群的一个必备条件。这些企业之间的信息流动主要是以知识形态存在的服务，企业之间因更多的学习过程联系在一起，使得集群内存在着交叉的知识流和知识链。同时，作为核心制造企业，不仅与集群内的生产性服务业有着信息、服务、知识的交流，也与地区集群以外乃至国外的生产性服务企业有着一定的交流和联系，这使得在时机成熟的情况下，地区产业集群能够融入全球价值连，实现产业集群的升级。

为形象说明生态群落集群模式内部制造企业与生产性服务企业之间以及其他机构之间的关系，这里以汽车产业集群为例进行分析（图 8-3）。汽车产业是一个系统工程，涉及上游的钢铁、橡胶、玻璃等原材料和技术装备，中游的研发、零部件生产和整车装配环节，下游的汽车销售、汽车服务贸易、汽车租赁、汽车金融、汽车维修与保养、汽车培训等整个产业链的其他环节。这些环节共同置于产业集群中，不同的环节之间存在着供求关系、价值关系和共生关系。在某种程度上如同一个庞大的复杂的生物圈，构成生态群落的个体之间，既存在着协作关系，又存在着竞争关系。

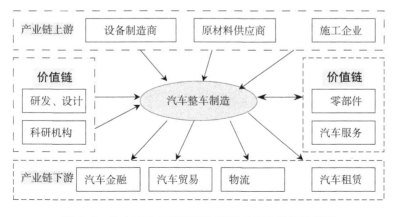

图 8-3　汽车产业生态群落集群模式关系网络示意图

①产业链中上下游供求关系。汽车生产制造活动需要钢铁、橡胶、玻璃等原材料供应和技术装备的支持，而生产出来后汽车的销售和售后服务又需要物流、金融、维修、会展等生产性服务业的支持。在产业链中，汽车整车生产制造企业的上游企业主要是设备供应商、原材料设备供应商、零部件供应商等；下游企业主要是汽车金融、汽车保险、服务贸易、物流等企业。汽车企业与上下游企业之间的关系表现为供求关系。一个稳定的产业链条中，汽车整车制造企业与供应商和客户的关系要保持相对不变，强调的是同上下游企业之间形成相对信任和依赖的战略伙伴关系，使之相互参与到企业的生产经营过程，形成良好的战略合作关系。

②价值链协作关系。关键零部件生产是汽车产业价值链中极具价值的环节，是整车制造企业产业链延伸的重要方向。同时，由于汽车生产制造活动需要大量的技术支撑，汽车企业还要与科研机构建立协作关系，不断进行技术创新，建立研发中心。在整个价值链中，汽车核心企业应对价值链下游的服务、贸易、物流、金融领域进行整合。

③企业内部之间的共生依存关系。按照循环经济理论，汽车生产制造过程中的废弃物可以综合循环利用，从而可达到少排放甚至零排放的环境保护目标。这样，汽车生产企业内部工厂之间就存在共生依存关系，上游生产环节的废物作为下游生产环节的原料，构成了"食物链"关系。这种共生依存关系的稳定性，依赖于汽车制造企业的生产设计能力和管理能力。同时，从行业内部来看，产业集群内汽车零部件、汽车加工制造企业之间也存在着竞争与合作的关系，由于资源禀赋差异、企业管理能力不同，不同的企业存在各自的优势，企业之间可以相互学习和借鉴，因此企业之间在竞争的同时也有合作的要求。

因此，要以产业集群为依托，重点加强集群或园区的生产性服务功能配套设施建设，形成相应的服务功能区。引导生产性服务企业入驻集群，实现制造业与生产性服务业的有效对接，形成规模化的联动和互动。

（2）生产性服务虚拟集群发展模式

由于信息传递的数字化和网络化，以及生产性服务业具有在大都市聚集的倾向，通过利用信息技术可以形成制造业主导的制造—服务虚拟集群发展模式。虚拟企业是一种"无边界的企业组织形式"，是通过计算机网络互联技术，将实现某种目的所需的若干企业资源集结而成的一种网络化动态合作经济实体。虚拟企业与产业集群所共有的组织边界模糊、无边界经营、组织内专业分工明确、高效的组织特征相融合，形成以生产性服务企业为虚拟企业的虚拟产业集群发展模式[①]。

在生产性服务企业虚拟的产业集群内，利用现代网络信息技术，"虚拟化"的生产性服务使得多元市场主体（企业、中间用户、中间商、最终消费者）实现紧密的联系。在互联网环境下的生产性服务虚拟产业集群的集群模式，改变了传统的地域性集群组织结构模式，而使其产业集群功能虚拟化，虚拟产业集群内企业能对市场变化做出迅速的反应，使企业具有灵活、敏捷的市场应变能力。[②]

在产业集群中，核心制造企业、客商和供应商构成集群的产品价值链，虚拟的生产性服务机构是为厂商提供服务的金融、保险、物流、教育与培训、科研、法律等机构，规制管理机构是为集群中各类经营性单位服务的本地政府部门、技术检测与监督机构等（图 8-4）。

在实际的产业集群发展中，一些地区（尤其是小的县市），由于人力资源缺乏、信息基础设施不发达，对生产性服务企业吸引力小，很难吸引生产性服务企业向当地产业集群聚集。因此，产业集群在发展过程中就缺乏生产性服务企业的支持，致使集群难以升级。然而，实际上，随着互联网和信息技术的发展，可以通过与大城市中生产性服务企业建立联系，在集群中形成虚拟的生产性服务企业，为集群的发展提供服务和技术支持，同时有利于集群融入到区域价值链乃至全球价值链体系中。

如图 8-4 所示，在一个较为成熟的集群中，生产性服务机构在空间架构上是虚拟的，它们与集群内的厂商并不位于地理集中的区域，可能位于离集群较近的城市，也可能位于离集群所在地区较远的城市乃至国外。这些生产性服务企业主要通过互联网为集群内的企业提供相应的生产性服务。需要注意的是，并不是所有的生产性服务企业都是虚拟的，有一部分生产性服务企业，如物流企业，可能是现实存在于集群中的。

---

① 此处所指的虚拟产业集群，并不是指整个产业集群在空间上都是虚拟的，而是指制造业部分集群是现实存在的，而由于受地理、资源限制，集群内的生产性服务企业在现实空间上并不是与制造企业置于一个集中的地理空间范围内，而是通过互联网实现连接，对制造企业而言是虚拟的。

② 代文、秦远建："基于产业集群的现代服务业发展模式研究"，《科技进步与对策》，2006 年第 3 期，第 124 页。

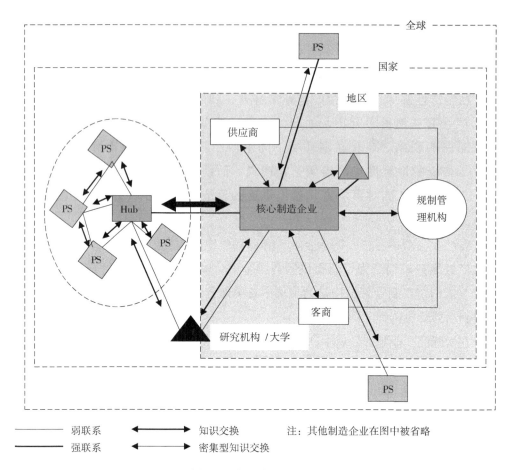

弱联系　　　　知识交换　　　注：其他制造企业在图中被省略

强联系　　　　密集型知识交换

图 8-4　生产性服务虚拟产业集群的架构示意图

这种模式的发展需要当地政府或集群管理机构在以下方面参与推进：

一是需要在集群发展过程中促进企业之间分工，强化企业之间的合作。分工越细，对生产性服务的需求就越多，就越能吸引生产性服务企业的实际或虚拟集聚。

二是集群在发展过程中，需要建立良好的互联网技术平台，以便能够实现集群中企业与虚拟的生产性服务企业的有效对接。

三是集群在发展过程中，需要对企业建立良好信用机制。由于虚拟的生产性服务企业在空间上与制造企业距离较远，他们之间面对面的接触相对于生产性服务企业与制造企业集群在同一地理空间的要少，因此企业之间的交易存在很大的机会主义和风险。要实现集群企业的协同发展，企业之间必须需要建立良好的信用机制，才可能促进这种虚拟生产性服务网络的实现。

（二）产业链延伸模式

产业链①的基本特征是存在大量的上下游关系，表现为纵向一体化②关系。在一条产业链上，上游环节和下游环节之间存在交换关系，上游环节向下游环节输送产品，可以是有形的物质产品，也可以是技术和服务等特殊商品。在产业经济学中，纵向一体化是指企业沿主导产品生产链向其上游或下游相关产业领域不断扩展的过程。根据其向上游或下游扩展的方向不同又分为后向一体化和前向一体化。其中，后向一体化是指企业向后控制供应商或自己开办原料工厂，来实现供产一体化的战略。前向一体化是企业向前控制分销商（包括代理商、批发商、零售商）或建立自己的分销网点，来实现产销一体化的战略。纵向一体化的好处在于可以降低交易成本、保障原材料和产品的供应、增加垄断利润以及避免政府干预等。

生产性服务业发展的产业链延伸模式主要有两种：

1. 制造企业产业链延伸模式

这种模式主要是以制造业为基础，而且主要针对我国制造企业而言。目前，从全球产业分工来看，我国制造业在全球产业分工链条中处于低端环节，大多数制造企业主要从事加工制造的"贴牌生产"。制造企业要提高竞争力，必须向产业链的高端环节转移。因此，我国制造企业尤其是较为有实力的制造企业要积极借鉴 IBM、HP 公司的发展模式，向产业链上游的研发、设计，下游的广告、包装、品牌设计以及信息、物流、咨询、金融等拓展融合，通过产业链的延伸，提高制造业产品的科技含量和附加值。

这种模式主要以制造企业为核心，其优势在于制造企业更了解自身的需求以及同类制造企业的需求，因此其沿产业链延伸的服务环节能够提供更好的服务质量。同时，通过这种延伸，使制造企业的价值链由加工制造向上下游服务环节转移，最终使制造企业向服务企业转型。

---

① 目前，产业链的概念还没有形成一个明确的定义。芮明杰等认为产业链本质上是以知识分工协作为基础的功能网链，通过知识的分工和知识共享创造递增报酬，为顾客创造价值，产品的生产联系和由此产生的物质流动只是产业链的外在表现形式。

② 这里的纵向一体化并不是指单个企业内部同业务环节的纵向或垂直一体化，而是同一企业或企业与企业之间的相关业务的上下游联系而形成的纵向一体化或垂直一体化。

这种发展模式似乎与专业化分工相悖，但实际上根据服务企业的生命周期发展变化规律，服务企业在起步和成长阶段的时间较长，由于技术和人才的限制，难以发展壮大。而实力雄厚的制造企业的技术、人才力量较强，因此通过促进制造企业产业链延伸的方式发展生产性服务业，不失为一条有效的途径。

2. 纵向一体化的供应链服务模式

由于单个企业的纵向一体化需要对产业链上的不同环节具有较强的控制力，要求企业与企业之间进行合作，形成加工制造环节与生产服务环节相互配套的纵向一体化供应链服务模式。这种模式强调企业与企业之间的合作与互动，企业与企业之间的关系是紧密关联的，在供应链上任何一个环节的薄弱，都将导致供应链上企业整体利益的损失。同时，由于更多的利润集中在生产性服务企业，因此生产性服务企业在整个产业链上将处于核心环节，必须有规模较大的领先的生产性服务企业参与整个产业链的整合。这种整合就是企业与企业沿纵向产业链形成知识联系、资金联系、产品联系、物流联系、品牌共享等。其中，对于生产性服务企业为核心的产业链而言，企业之间的知识联系、价值联系更为重要。知识联系包括知识共享（明晰知识共享包括技术标准、共享终端客户需求知识、企业财务知识、上游原材料价格知识，默会知识包括个人技能、流程、习惯、文化等），知识联合创造（合作R&D）[①]。这要求供应链中的企业理念、价值观、社会文化等在很大程度上是一致的，否则供应链的稳定性较差，很容易因某一环节出现问题而断裂。例如，怡亚通供应链服务模式就实现了从服务到生产全产业链环节的整合。

这种模式的具体体现为，一是建立企业销售联盟。即行业内关联企业，进行销售终端共享，推行整体销售，共同培育产品品牌。如在玩具生产聚集地，玩具企业可以尝试建立共享式的销售平台，如工厂直销中心，解决玩具企业自建专卖店产品较为单一的问题，并共同分担渠道建设成本。二是建立区域品牌联盟。通过发挥地方行业协会作用，将区域内产业集群中企业联合起来，培育集群品牌。三是建立技术联盟。以骨干生产企业或服务企业为龙头，联合上下游企业，共同开发技术，协调上下游产品供应，共享市场信息。四是建立渠道联盟。在经销商的竞争中选择区域市场内具有一定分销能力且与自己实力匹配的成长型经销商，

---

① 芮明杰等著：《论产业链整合》，复旦大学出版社2006年版，第188-190页。

与其建立渠道联盟，掌控产品销售渠道。

专栏 8-1　怡亚通——开创"一站式"供应链服务新模式

怡亚通供应链股份有限公司成立于 1997 年，2007 年在深圳交易所上市，是中国率先与国际接轨的供应链服务商。经过十多年的发展，怡亚通已进入IT、通信、医疗设备、化工等行业，并成功建立起了强大的客户群，形成了稳定的战略联盟。公司现拥有 38 家分子公司，全球员工 1 000 余人，供应链服务网络遍布全国 30 个主要城市和东南亚、南亚、美国及欧洲的主要国家，是全球最有潜力的供应链服务商之一。怡亚通作为中国供应链服务的引领者、探索者和实践者，已成为中国供应链服务发展的"第一标杆"。

1.打造独特的商业模式

传统的服务商，大多只是在单个或多个环节上提供专业服务，如物流服务商、增值经销商和服务商等。而怡亚通公司通过提供一站式供应链管理服务，即将传统物流服务商、增值经销商、采购服务商等服务功能加以整合，从纵向对服务项目进行专业化分工，形成强有力的服务产品，其产品线几乎覆盖以上传统服务商业务范围，从横向对整个供应链进行一体化整合，为企业提供"镶入式"服务产品，使企业外包环节与非外包环节能够无缝链接，最大限度降低物流及管理成本，提高供应链效率。

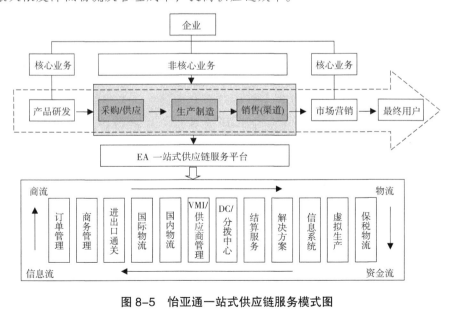

图 8-5　怡亚通一站式供应链服务模式图

从整个供应链运营模式看，怡亚通公司主要业务为三大块：采购和分销执行、虚拟生产和卖场物流。其中，每一块业务都是对传统分销渠道模式的创新（图8-5）。

（1）采购和分销执行：打破传统分销模式。在传统分销领域，零售商与分销商之间在销售和库存数据上的传导欠缺效率，分销商通常被迫维持大量的存货，承受资金占压以及库存风险。而制造商也面临来自分销商大量应收账款占用的压力。怡亚通公司通过在全国380个城市建立了由厂商到各类经销商、卖场、终端零售店的分销及分销执行网络及平台。从制造商采购货物后，将货物直接分销至大型卖场、门店、超市，省去了中间多级分销商环节。制造商无需再逐一应付众多分销商，只需单一委托怡亚通，便可实现分销渠道成本的节省。同时，怡亚通除了提供传统的分销职能，还结合供应链管理优势提供信用支持、协助管理应收账款等增值服务，加速了制造商资金回笼。这使得怡亚通供应链管理服务形成了较强的竞争力。

（2）虚拟生产：颠覆传统代工生产模式。传统代工模式依赖于土地、厂房、机器、人员等的大量投入，而随着土地资源日趋紧缺，其发展模式逐步受限。怡亚通公司产品整合业务虽然涉及研发、采购原材料、外包生产、配送成品等一系列环节，但其并不直接参与生产制造，而是通过虚拟生产模式，即公司接受客户委托外包加工生产订单后找合格的工厂生产，工厂生产完成后再交给怡亚通的客户销售。这种模式使怡亚通不需把巨额资金投放在厂房、机器、土地等固定资产上，具备运作灵活、经营弹性高等特点，有利于推动企业不断创新。

（3）卖场物流：线下与线上业务融合发展模式。传统的电子商务网站，如阿里巴巴的B2B业务缺乏线下卖场的展示、体验功能，无法实现"一站式"供应链管理。而怡亚通利用线下业务来支持线上业务拓展的"宇商网"模式，实现了线下与线上业务的融合发展。怡亚通的宇商网通过整合供应链中下游的各种优势资源，建立全国性连锁加盟平台，提供面向B2X（B2B + B2C）连锁加盟体系各环节的物流、采购、分销、供应链金融等增值服务，这些都是纯粹的B2B网站所无法做到的。

2. 开创产融运作模式

怡亚通在"一站式"管理服务的产业基础上，还开展了代付服务，开创了产融运作模式。与传统的经销商和采购商所采用的买卖差价模式形成鲜明对比，怡亚通的产融运作模式是一种 BPO（业务流程外包）合同模式。怡亚通获得生产商或分销商的委托合同后，即在其客户资源信息系统内选择合适的，并通过电汇、信用证或保函方式代客户垫付货款，其后将货物运送至客户时收取货款。这种模式使怡亚通类似一家小型银行，将银行借贷资金通过管理服务方式投放给客户，并从中赚取"息差"。这一模式使怡亚通与其客户从传统的客户关系发展成了利益共同体，提高了企业供应链效率和市场竞争力，实现了企业和客户的双赢。

3. 建立强大高效的物流网络

怡亚通"一站式"供应链服务业务离不开强大的物流网络支撑。怡亚通拥有香港、深圳、上海、北京四大运营中心，已建立 30 个城市物流配送中心，以及基本覆盖中国一级、二级及主要三级城市的物流网点，可以为客户提供全国各区域及区域联动 Dc 配送、销售执行、采购执行等供应链服务。中国香港、新加坡、马来西亚、印度、英国、德国、美国等海外运作平台已完成建设，并陆续建成了更多的欧洲与南北美洲全球服务网点。

4. 打通商品进出口通关渠道

凭借与政府的良好关系和在国际贸易、进出口、保税服务等方面的经验，怡亚通先后进入上海、苏州、青岛、厦门、大连、深圳等地的保税物流园区和保税物流中心，建立了遍布中国主要区域的保税物流平台。为打通商品进出口海关通道，怡亚通专门设立了全国关务总监横向管理体系，除日常管理外，协调企业与海关之间的对话，不断把海关升级服务推向企业，使得企业不断享受海关的新政策新服务所带来的便捷。正是在该管理体系的努力下，怡亚通获得了"MOU 快捷征税通关""客户协调员制度"和"A 类企业"等优惠政策，解决了保税加工型企业各种内销限制，即"境外一日游"问题，提高了通关效率，降低了企业物流成本。

二、微观层面：基于企业视角的生产性服务业发展模式

生产性服务业发展的产业集群模式和产业链延伸模式，在很大程度上都要借助政府的推动，政府在其形成和发展过程中扮演着重要角色，包括政策引导、制度安排等。然而，根据生产性服务业发展的机理，生产性服务业的发展实际上更

多的是由市场行为或企业行为决定的，而非政府行为推动的，虽然政府的引导和支持能够对生产性服务业的发展产生一定的促进作用。因此，研究生产性服务业的发展，必须关注微观企业的活动，从企业角度来考察生产性服务业的发展。

（一）企业转型：生产性服务企业竞争优势的培育

生产性服务业要获得快速的发展，必须适应形势，改造传统的行业运作模式，包括经营方式、技术条件等。努力开创新的经营方式，改善原来的服务体系，设立新的服务项目。生产性服务业的改造，应突出在"服务"上，提高服务质量，只有在真正意义上做到为生产提供最优质的服务，才能使我国的生产性服务业更好地适应经济新常态的发展。

波特在《竞争优势》一书中，认为企业可以拥有两种基本的竞争优势，即低成本或差异化。低成本优势强调企业能够比客户或其他竞争者更有效地提供产品或服务，而差异化强调企业通过提供高质量的产品或服务创造优异的价值。这两种基本形式与企业寻求获取这种优势的活动范围相结合，可形成三个基本战略：成本领先、目标集中和差异化战略。成本领先战略的核心是企业通过一切可能的方式和手段，降低企业的成本，成为市场竞争参与者中成本最低者，并以低成本为竞争手段获取竞争优势，其本质上是以成本战略作为企业的基本竞争战略。集中化战略分为成本集中化战略和差异集中化战略两种形式：成本集中化战略是在细分市场的成本行为中挖掘差异，寻求其目标市场上的成本优势；而差异集中化战略则是开发细分市场上客户的特殊需要，追求其目标市场上的差异优势。差异化战略的基本特点是突出产品为客户所看重的某一方面的特定功能，力求在为客户所重视的产品性能的某一方面独树一帜，以便增强企业产品的竞争力。

波特的竞争优势分析框架主要被运用于制造业，尽管他也对模型运用于服务业进行了讨论。波特认为服务业的国内广阔的客户源、供应商之间的竞争、专业化技术及专业人员的水平是竞争优势的决定因素。O'Farrell，Hutchens 和 Moffat（1993）通过对英格兰和苏格兰东南地区 83 个商务服务企业进行研究，他们根据波特的四个基本战略对企业进行确定。这项研究与从需求角度研究的结果一致，都认为成本导向因素不是生产性服务业的主要驱动力，而相对于专业化相关的非成本因素（Beyers 和 Lindahl 1996；Coffey 和 Bailly 1992；Goe 1991；Perry 1992）则是生产性服务业企业获得竞争优势的主要动力。生产性服务企业之间业绩的差别在于不能同时追求质量和低成本目标，因为专业化、知识密集型劳动力的成本较高（O'Farrell，Hutchens 和 Moffat，1993）。由于对服务传递要求面对面交流的需求的增加和这些服务的专业性、高附加价值性，许多商务服务的生产很昂贵（Monnoyer & Philippe，1991）。这也说明对于生产性服务企业的竞争优势而言，成本不是一个重要的因素。

从 Tordoir（1994）提出的商务服务业竞争的生命周期来看，生产性服务企业的成长变化是：早期阶段为一些用户提供高度定制化和知识密集型活动，到成熟阶段为大量用户提供标准化的服务。Tordoir（1994）认为，随着向成熟阶段发展，质量上的竞争逐渐被价格竞争取代。这样从行业的角度来看，一些新兴的生产性服务（例如计算机服务咨询、管理咨询）是更倾向差异化导向的，而传统的服务（例如保险和银行）是更倾向成本导向的（Lindahl 和 Beyers，1999）。

因此，对于生产性服务企业来说，一般不运用成本导向战略，而是使用差异化战略。生产性服务企业主要通过创新、承担研发的能力、提供高质量的增值服务、快速响应客户需求的能力以及员工对客户需求的关注来实施差异化战略。通过实施差异化战略，生产性服务企业可以因高于同行业边际成本的价格和客户忠诚度而获得更高的利润。

名誉对生产性服务企业来说是至关重要的。生产性服务的无形性及质量难以评价的特点使得名誉成为一个重要的竞争优势的评价标准。名誉要求随时间获得，因而对于新企业而言，很难获得客户，尽管进入生产性服务行业感觉上进入障碍是较低的，例如低资本投入。这时，进入障碍就是创造和获得客户对服务质量的信任的成本。同时，名誉是很难模仿的。基于质量所建立起来的企业名誉可以使会计、咨询、广告、设计和法律服务企业获得良好的品牌价值和品牌形象。O'Farrell，Hutchens 和 Moffat 注意到，一个企业的品牌对其在市场上获得竞争优势十分重要。与其他经济部门不同，生产性服务业通常要求与客户面对面的接触。因此，对于新成立的小型生产性服务企业，更倾向于通过成本导向战略与具有品牌的大型生产性服务企业竞争。从行业水平来看，生产性服务是由质量向成本导向发展的，而从企业水平来看，则是沿着成本—质量方向发展的。

除了成本、质量、名誉等影响生产性服务企业的竞争优势外，企业员工对客户需求的关注、创造力、服务速度、灵活性和市场营销能力也是决定生产性企业竞争优势的重要因素。前两个因素代表了波特模型中的差异化导向，而后三个因素则更决定了企业的核心能力。通过对英国 851 个小型的商务服务企业的研究，Keeble，Bryson 和 Wood（1993）发现员工对客户需求的关注是最重要的因素，其次是名誉、专业性、服务速度、产品质量、专业的范围和创造力。而价格和市场营销能力是最不重要的因素。同时，企业的竞争优势要求具有持久力。不断提供动态服务和目标市场明确的生产性服务企业将比那些一成不变的企业取得更好的绩效（Beyers & Lindahl，1997）。

值得注意的是，尽管弹性生产一般被运用于制造业，但 Beyers 和 Lindahl（1999）的研究表明，生产性服务的生产过程也是高度弹性化的。这表现在许多生产性服务工作倾向于是全职和高薪的，同时也表现在工作人员根据新的合同进行顾客化的配置、用外部专家与其他企业合作（包括合资、特许、正式和非正式组织）以及所提供的服务方面。

因此，由于大多数生产性服务是知识和技术密集性的而非资本密集性的，生产性服务企业的竞争优势主要在于无形资产如人力资本、企业特殊的经验、积累的技术信息和声誉等方面。尽管在生产性服务企业刚成立时为了获得客户和占领市场可能采用成本领先战略获得竞争优势，但随着企业的成长，必须从以成本为导向的战略转向差异化战略，培育企业的竞争优势，提高企业核心能力。具体来说，笔者认为，生产性服务企业竞争优势的培育，要重点集中在以下几个方面。

第一，抓好服务质量。与制造企业的产品相比，消费者对服务质量的评价往往是在消费了服务后进行的"事后评价"，而且评价往往凭消费者在消费过程中的感觉而定。因此，相对于产品而言，生产性服务的质量至关重要。生产性服务企业首先应从服务质量入手，通过建立技术创新机制、增加研发投入和聘用高素质、高技能的劳动力，努力提高所提供的服务的质量，尽可能满足客户的需求，使客户能够重复购买，最终建立起客户服务质量的信任度、忠诚度。

第二，重视声誉和品牌的培育。生产性服务企业在经营过程中，要树立品牌意识，通过不断提供高质量、差异化、让客户满意的服务，逐步树立企业服务品牌和企业形象，塑造客户的忠诚度，形成企业的核心竞争优势。并在长期的经营过程中，要通过保证服务质量、为客户提供满意的服务和维系与核心客户的长期持久关系，打造服务品牌忠诚度。同时，为获得持续的竞争优势，生产性服务企业要积极采用品牌特许经营、品牌租借、贴牌与创牌并行等方式，使自身的劳动力成本、营销渠道、客户资源等优势与知名品牌有机结合，借知名品牌扩大自身的规模和实力。在条件成熟的情况下，以商标、专利等为纽带，进行跨地区、跨行业兼并和重组。

第三，建立学习型组织。正如格鲁伯和沃克（1988）指出的：生产性服务提供者是生产过程中的重要专家组。生产性服务质量的提高和品牌的培育，最关键最核心的影响要素是人力资本。而高素质、高技能的人力资本的获得，除了通过正式教育之外，更多的要通过非正式的学习培训和"干中学"。而且，对于服务行业来说，在工作中获得的知识和能力对于人力资本的提升更为重要。因此，在高素质高技能的人力资本短缺的条件下，生产性服务企业不能单纯依靠正式教育培养的人才来支撑企业的发展，而要建立学习型组织，通过建立非正式的学习网络，创造终身学习和共同学习的良好氛围，全力实现共同愿景，培养更多的行业"专家"。

（二）生产性服务企业发展战略的选择

生产性服务企业在集中企业内部资源、努力培育竞争优势的同时，也要根据自身行业和企业的特点以及所面临的市场环境，制定适合企业发展的战略，通过战略的准确选择和制定，提高企业在市场上的竞争力和控制力，维护企业持续长久的竞争优势。

1. 专业化战略

对于生产性服务行业而言，由于生产性服务本身的特点，除了金融、物流、电信等行业外，大部分的生产性服务行业的企业是中小企业。中小企业由于资金、人力、技术等的限制，不可能像大企业那样定位于更多的目标市场，而是定位于某一细分市场，通过做专做强，获得竞争优势。从战略管理的角度看，专业化战略是在市场范围内更加集中于整体市场的一个狭小部分，企业集中力量提供一种产品或专为一个细分市场的顾客需求服务。生产性服务企业实施专一化战略，其目的是比竞争对手特别是定位于更广泛市场范围的竞争对手更好地服务目标细分市场的顾客。

生产性服务企业的专业化战略可细分为产品专一化、顾客专一化和利基战略（nich strategy）。企业专注于某一特定的细分市场，一方面可以通过集中所有的资源和精力，获得规模经济；另一方面可以通过持续地服务于同一细分市场，不断地刺激创新。一般来说，专业化战略是新建的生产性服务企业走向成功的重要战略。

2. 合作战略

20 世纪 90 年代前的企业战略管理理论，大多建立在对立竞争的基础上，比较侧重于讨论竞争和竞争优势。20 世纪 90 年代，战略联盟理论的出现，使人们将关注的焦点转向了企业间各种形式的联合。这一理论强调竞争合作，认为竞争优势是构建在自身优势与他人竞争优势结合的基础上的[1]。进入 90 年代中期，随着产业环境的日益变化，技术创新的加快，竞争的全球化和顾客需求的多样化，美国学者詹姆斯·莫尔（James Moore）在 1996 年出版《竞争的衰亡》一书，提出了一种新的竞争战略形态——"商业生态系统"概念。他指出，商业生态系统是相互作用的企业组织与个人所形成的经济群体，这一群体中，企业不应把自己看做是单个企业或扩展企业，而应该把自己当做一个商业生态系统的成员[2]。这意味着未来的竞争不再是个体公司之间的竞争，而是商业生态系统之间的对抗。生态系统中的主导企业立足于创造其他成员可以利用的平台，在顾及合作伙伴以及整个商业生态系统健康发展的情况下获取价值。

由于生产性服务与制造业、农业、其他服务业密切相关，同时具有地理集聚特性，因此生产性服务企业的发展要求与客户和同行企业之间紧密地合作。这种合作不仅可以解决"囚徒困境"中不合作行为导致的两败俱伤，而且可以通过企业之间的紧密合作实现共赢。对于生产性服务企业而言，在市场竞争中，可以通过加强与外资生产性服务企业的合资合作来实现竞争优势。即通过与外资的合作，提升本土化优势，提升合资生产性服务企业的竞争能力。

战略联盟（strategic alliance）的概念最早是由美国 DEC 公司总裁简·霍普兰德和管理学家罗杰·奈格尔提出的。他们认为，战略联盟是由两个或两个以上有着共同战略利益和对等经营实力的企业，为达到共同拥有市场、共同使用资产等战略目标，通过各种协议、契约而结成的优势互补或优势相长、风险共担、生产

---

[1] 但是，联盟本身固有的缺陷以及基于竞争基础上的合作，使得这种理论还存在许多不完善之处。

[2] 詹姆斯·弗·穆尔. 竞争的衰亡:《商业生态系统时代的领导与战略》，北京出版社 1999 版。

要素水平式双向或多向流动的一种松散的合作模式①。

生产性服务企业的战略联盟可分为生产性服务企业与客户之间的战略联盟及其与同行业之间的战略联盟。与客户（包括制造企业和服务企业）之间的战略联盟，表现为纵向战略联盟，即是通过联盟企业间不同价值链位置的纵向链接（如供应商联盟或客户联盟）方式来创造新价值和获得竞争优势。纵向联盟处于市场交易和完全纵向一体化之间。像在市场交易中一样，联盟的双方依旧是独立的企业，但是战略联盟比市场交易涉及更多的协调、合作和信息共享②。这种联盟，着重于通过建立联盟关系，建立稳定的客户源，并通过与客户的密切交流，提供更好的服务；以及通过与客户的紧密接触，促进生产性服务企业自身的创新和服务质量的提高。O'Farrell 和 Wood（1999）认为战略联盟信息是生产性服务企业增加竞争优势的一种方式。他们认为，客户必须包括在战略联盟的任何概念解释中，必须考虑客户与战略联盟的企业的联合生产关系。

生产性服务企业之间的战略联盟，能够通过优势互补，实现协同效应。所谓协同效应是指企业在战略管理的支配下，企业内部整体性协调后，由企业内部各部门的功能耦合而成的企业整体性功能。它远远超出企业各部门的功能之和，可以简单地表示为"1+1>2"，即整体价值大于各部分价值之和。协同效应是战略联盟固有的优势，是战略联盟成功的关键。而且，取得协同效应是战略联盟的目标。协同策略下企业间复杂的合作关系建立在高度信任和信息共享基础之上，商业生态体系内的不同参与者收集不同的信息，通过对这些数据信息的共享，使体系的整体效应得到充分发挥。同时，从资源利用的角度看，战略联盟的建立使企业对资源的使用界限扩大了：一方面可以提高本企业资源的使用效率，减少埋没成本；另一方面又可节约企业在获取资源方面新的投入，降低转置成本，从而降低企业的进入和退出壁垒，提高企业战略调整的灵活性。在解释联盟形成方面，资源基础理论提出，企业利用联盟来优化资源配置，使资源的价值达到最大化。该理论认为，可持续的不同种类的互补资源（complementary resources）不仅是企业竞争优势的来源，也是企业建立战略联盟的原因。

---

① 直到目前，学术界对战略联盟的概念还没有形成统一的界定。不同的学者从不同的角度对战略联盟进行了解释，如迈克尔·波特认为，"联盟是和其他企业长期合作，但不是完全的合并，如合资、许可证贸易和供给协定等。联盟是指同盟的伙伴一起协调或合用价值链，以扩展企业价值链的有效范围。"蒂斯（Teece,1992）认为，"战略联盟是两个或两个以上的伙伴企业为实现资源共享、优势互补等战略目标而进行的以承诺和信任为特征的合作活动。"诸如此类。

② 黎群：《论航空公司的战略联盟》，经济科学出版社 2003 年版，第 67 页。

从联盟的形式来看，生产性服务企业之间更应该建立知识联盟。学习能力对于生产性服务企业至关重要，基于知识的联盟不仅能够促进企业创新服务，而且有助于企业学习和创新能力。生产性服务企业之间的知识联盟强调的是通过具有互补性知识能力的合作伙伴间的相互学习，达到提高企业能力的战略性目的[①]，它是组织之间相互学习。尤其对于研发、产品设计、管理咨询等生产性服务企业而言，知识联盟是企业通过学习增强自身能力、获得竞争优势的重要途径。

3. 国际化战略

随着全球化的发展，生产性服务企业也越来越多地实施了国际化战略。但是，关于直接投资（FDI）的大多数理论主要用于解释制造业中跨国公司的行为，对于解释生产性服务跨国公司就存在很大的局限。就规模和范围而言，跨国生产性服务企业比跨国制造企业规模要小，其产品专业化和差异化比范围经济更重要（Coffey，2000）。同时，由于生产性服务企业的资产主要集中在员工身上，与制造企业相比在海外建立企业的成本是相对较低的，因为建立一个分公司只需要一个办公场所和一批合适的专业人才，而制造企业不仅需要建立工厂，而且需要投入昂贵的生产设备。正是由于这样的特性，生产性服务企业不必要像制造企业那样具有很大的规模才能实施国际化战略，而是通过关系网络，利用专业化优势，在企业起步阶段就可以进入国际市场。尤其对于那些在国际化程度较高地区发展的生产性服务企业更是如此因为在国际化程度较高的地区，生产性服务企业在发展的早期阶段就可能拥有一些国际客户，这会促使它们向国际市场扩张而不是在地区内扩张。

生产性服务在支持制造产品出口和扩大自身服务出口方面具有重要作用（Daniels，2000），因此生产性服务企业的国际化战略的推进，首先是发展生产性服务贸易。出口在生产性服务企业的国际化中扮演着重要的角色（Roberts，1999），通过出口生产性服务向国内市场上的海外客户或国外市场上的国内客户提供服务，生产性服务企业能够先期获得国际化经营的经验，这些经验往往成为企业后来在国外市场直接投资或并购的基础。同时，信息技术和通信网络的发展和应用也使得生产性服务贸易越来越成为可能。因此开展生产性服务贸易是生产性服务企业实施国

[①] 芮明杰等著：《论产业链整合》，复旦大学出版社 2006 年版，第 259-261 页。

际化战略的第一步。在这一阶段，生产性服务企业需要集中精力提高所提供服务的质量并与海外客户建立良好的关系网络，争取更多客户资源，了解海外市场的文化、规制、市场环境等方面的信息，以便企业直接在海外投资。

由于单独的出口对于生产性服务企业的海外市场的扩大有一定的限制，为了提供最优的服务和避开本土化竞争，以及由于在海外直接投资的成本相对于制造企业和其他资本密集性服务部门的成本要低，生产性服务企业在发展的早期阶段就可以考虑在海外直接投资。由于生产性服务企业与制造企业之间具有密切的"供给—需求"关系，生产性服务企业可以采取"追随型战略"，即跟随在制造业之后推行其跨国活动。这种战略模式的前提是生产性服务企业与制造企业形成紧密的关系，如产业链关联关系、战略联盟关系。由于生产性服务企业有制造企业作为稳定的客户，"追随型战略"能够大大降低生产性服务企业在国际市场上的经营风险。

为了在全球范围内寻求更大的发展空间，获得更多的利润，生产性服务企业不能仅仅满足于跟随制造企业发展的国际化经营步伐，而应该实施"主动型战略"，即不是单纯尾随在制造业企业之后走向海外，而是通过在服务出口和经营过程中积累的经验和获取的海外客户资源，寻求在海外市场设立分支网络或者通过兼并、收购等战略快速进入国际市场。为了更好地了解海外市场的文化背景、当地的知识和管制条件、保护声誉等无形资产以及建立客户的忠诚度，生产性服务企业在国际化经营中，要建立良好的客户关系，通过客户关系网络的建立和维护赢得更多的市场机会和更大的市场空间。

第二节　生产性服务业发展的实现机制

根据对生产性服务业发展机理的分析，生产性服务业的产生和发展是社会分工、技术进步、企业组织方式和结构变革等多种因素共同作用的结果。这同时也意味着生产性服务业的发展是有条件的，没有一定的市场需求、良好的服务基础设施和劳动力资源以及地区政策等，生产性服务业是很难得获得良好发展的。因此，要实现生产性服务业的快速发展，提升服务业在国民经济中的地位，应根据生产性服务业的特点和发展趋势，创造更多的市场需求和提高生产性服务业的供给能力。

一、投入机制

生产性服务业的发展同制造业一样，需要良好的产业发展环境，尤其是良好的基础设施的支撑。生产性服务业在大城市集聚的一个重要原因也是在大城市能够获得良好的基础设施条件。同时，作为生产性服务业的投入要素，人力资本的好坏直接关系到生产性服务业的成长与发展。因此一个地区要发展生产性服务业，首先必须增加基础设施和人力资本的投入。

（一）基础设施投入

当地通信、交通、教育等基础设施的好坏决定着生产性服务业的发展度。一个地区要发展生产性服务业，首先要加快和完善交通、通信、信息和教育基础设施的建设。一方面，通过改善地区硬件基础设施建设，积极承接国际服务业转移和服务外包，吸引生产性服务企业的投资；另一方面，通过基础设施的完善，促进生产性服务企业的地理集聚，进而通过发挥生产性服务业的作用，促进当地产业集群的发展。同时，高效率的现代信息通信基础设施是生产性服务业发展的前提条件。生产性服务业的主要特征是信息和技术密集，因而需要有发达的信息技术作为支撑。良好的现代信息通信基础设施可以提高传统服务业如广告业和银行业等的效率和质量。除了某些原有的垄断性行业外，大部分生产性服务企业都是中小企业，它们难以承受必要的设备和技术投资的初始成本，在很大程度上依赖于信息基础设施来提高效率。当然，信息基础设施的充分利用还必须与人力资本投资结合在一起，如果劳动力缺乏相关的专业化技术，也很难高效地利用信息基础设施提供的服务。

（二）人力资本投入

高素质的人力资本是发展高质量生产性服务业的基础。由于生产性服务业具有信息密集和知识密集的属性，其人力资本要求受过高水平的教育。因此，教育的发展在很大程度上能够提高人力资本和技术的含量，进而决定着一个地区生产性服务业的发展。由于人力资本形成的时间较长，对于一个地区来说，不加大人力资本的投入，很难使生产性服务业得到快速的发展。因此，要加大对教育和培训的投入力度，包括对关键性人才的引进力度，积极培养和引进高技能、高知识的专业化人才，支持生产性服务业的发展。加快培养服务业所需的各类人才，特别要加快培养社会急需的信息服务、金融、保险、各类中介服务、服务业政策与管理以及熟悉国际服务贸易规则等方面的人才，有计划地在现有高等学校和中等职业学校增设服务业紧缺的专业，改革教学内容和教学方法，增加紧缺专业招生规模。

二、动力机制

前文指出，生产性服务业的发展是在"需求—供给"范式下互动发展的结果，来自于制造业、服务业以及政府部门的需求是生产性服务业发展的根本动力，而高质量、个性化的生产性服务供给又是生产性服务业满足需求和创造需求的重要砝码。二者相互作用、相互推动，共同形成了生产性服务业发展的推动力。就我国而言，目前生产性服务业的发展需要制造企业改变传统的"大而全""小而全"的做法，把更多的相关服务外包给专业的生产性服务企业，以形成需求拉动效应；但在有需求的情况下，由于相关外包的生产性服务的市场不成熟，尤其是很难找到接受外包的合格的生产性服务企业，因而无法实现外包。这样，我国的制造业和生产性服务业的发展就陷入了一个"僵局"当中[①]。

（一）需求动力机制

按照古典经济学的分工理论，生产性服务业的形成和发展是社会分工不断深化和细化的结果。但由于大多数生产性服务业在成为独立的行业之前，基本上是内置于企业内部，作为联系生产、加工环节的重要组成部分存在的，生产性服务业的发展就存在一个由企业分工向社会分工转化的问题。

研究表明，在一国工业化快速发展的时期，生产性服务业的发展很大程度上主要依赖于制造业对其需求的增长，而后随着服务业的发展，在全球化配置资源的情况下，在国内依赖于服务业对其需求的增长，而在国际分工体系中依赖全球制造业的需求。

目前，我国正处于工业化中期，制造业正呈现出主导经济发展的格局。在二十多年的发展中，由于中国承接了发达国家制造业的转移和加工贸易，向全球输出"中国制造"而被称做新的"世界工厂"，制造业的发展对中国经济的增长做出了巨大的贡献。但这样的"世界工厂"，由于更多地是在国际分工体系中从事

---

① 陈守明、韩雪冰："基于制造业产业集群的生产者服务业发展模式"，《上海企业》，2006年第5期，第42页。

加工制造环节，比较低端，更多的技术和利润掌控在跨国公司手中。因此，随着"中国制造 2025"战略的实施，要加快推动中国从"中国制造"向"中国创造"转变，提高中国制造业在国际分工体系中的地位。

因此，要促进生产性服务业的发展，首先必须转变制造企业的观念，积极引导制造企业走专业化道路，进行产业链重组，改变"大而全"和"小而全"的组织结构，通过外包方式充分利用社会资源，加强核心竞争能力，在分工深化的基础上实现规模经济。大力发展产业内部的专业化分工体系，推动企业通过经营管理方式创新，逐步将发展重点集中于核心技术研发、品牌运作和市场拓展方面，将一些非核心的生产性服务环节分离出去，由专业性服务机构来承担，实现生产性服务活动由企业内部分工向社会分工转化，并以核心竞争优势整合专业配套企业的服务供给能力。

（二）供给动力机制

有了对生产性服务业的需求，但如果没有合适的供给和交易保障机制，需求就会被抑制，制造企业或其他生产性服务需求者就会把生产性服务活动内部化。因此，要求生产性服务提供者必须根据需求者的要求，提供合适、满意的服务。

假设 Dps 是制造企业对生产性服务活动的原始需求曲线，即在制造企业专业化分工程度不高、部分生产性服务内置于企业内部时对市场上生产性服务的需求量为 Q，这时外部专业化的生产性服务仅仅能够满足制造企业一些简单的服务需求。随着市场竞争的日趋激烈，制造企业内部生产分工的深化和对核心竞争力培育要求的提高，制造企业愿意将原来内部化的一部分生产性服务活动如物流、营销、清洁等服务外包出去。这时，制造企业对外部化生产性服务的需求量为 Q*。在存在大量对生产性服务需求的情况下，如果专业化的生产性服务企业不能满足制造企业的需求，即生产性服务企业的供给曲线为 Sps，那么就有（Q*-Q_1）的需求不被满足，制造企业只有将这些服务由内部提供。而如果专业化的生产性服务企业通过人力资本和技术的投入，能够提供高质量满意的服务，那么不仅能够满足制造企业的需求 Q*，而且可能通过高质量服务的提供，创造更多的需求使生产性服务企业的供给与制造企业的需求在 Q** 达到均衡（图 8-6）。

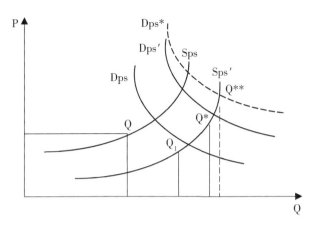

图 8-6　生产性服务企业的供给曲线

生产性服务企业要提高自身水平，一方面要充分树立服务意识，增加对技术和人力资本的投入，提供高水平的服务，使需求者对生产性服务企业形成较强的依赖性；另一方面，生产性服务企业要根据自身提供的服务和客户的特点，制定服务市场营销策略，增加供给弹性，使供给曲线与需求曲线在一个较高水平上达到均衡。

三、融合机制

制造业与生产性服务业有着互相依赖、互相补充的关系。产业结构的优化和升级，离不开制造业和生产性服务业的互动与协调发展。因此，要顺应制造业与服务业日益融合的趋势，将市场竞争的重心由技术和产品向应用和服务转变，提高产业经济活动中生产性服务业的增加值，依靠研发、产品设计、物流、技术支持等方式提升产业竞争力，加速产业升级。建立制造业与服务业的融合机制，需要注意以下几方面问题。

一是发挥政府协调功能，构建产业融合发展的机制和环境。在新型工业化发展进程中，无论是要实现先进制造业的大发展，还是推动现代服务业的大发展，都需要建立起有利于两者紧密接触和良性互动的机制和环境，实现两者之间的"无缝链接"。因此，需要做好制造业和生产性服务业的发展规划，综合运用产业发展政策，推动服务业与制造业的均衡发展，实现两者的有效融合。

二是以产业集群为依托，促进制造业与生产性服务业的融合。根据产业集群的规模优势，加快配套的生产服务业的发展，为制造业提供强力支撑。对于地级县市，尤其要围绕产业集群的发展，加快建立专业配套市场，开展专业技术培训等。

三是生产性服务业是一个范围广泛的产业集群，其所包括的行业多样，不同的行业会有不同的价值链。因此，必须充分认识其价值链的各环节作用以及相互关系，了解价值链各环节的增值幅度、发展空间，以及价值链上各环节的价值分配比例、各环节的缺口、各环节存在的问题等一系列的问题，才能找到促进产业融合的机制，进而促进产业协调发展。

四是依托信息技术，构建融合平台。从产业融合产生和发展的机理看，信息技术是促进产业融合的纽带。促进产业融合，首先要以信息技术和信息服务为着力点，通过信息技术的运用，建立信息共享平台，健全中介体系，推动相关企业间合作，促进生产性服务业集群式发展。

四、竞争机制

地区政策对于生产性服务业的发展具有重要作用，因为它们不仅能够创造和保持内生性的发展，而且能吸引外部企业，促进地区经济的发展。然而，在地区的发展过程中，生产性服务业在制定地区政策时没有受到足够重视，因此使一些地区由于规制、税收等政策的限制而抑制了生产性服务业的发展。一个地区生产性服务业的发展既要受当地经济发展水平、教育水平、基础设施状况的影响，也要受市场化环境、技术政策、产业政策、中小企业政策的影响。要促进生产性服务业的发展，必须要制定促进市场化发展、吸引中小生产性服务业以及技术创新和发展的政策。

第一，要促进生产性服务业市场化发展。生产性服务业的发展，要注重产业之间的互动和产业内部的分工，走专业化、市场化的发展路径。

第二，建立与制造业平等的政策。由于传统的"重工业、轻服务业"观念的影响，制造业与服务业发展的政策存在很大差异，使服务业在一定程度上受"歧视"，尤其在一些工业还不太发达的地区。因此，要促进产业的协调发展，必须要消除制造业与服务业政策上的差异，建立平等的政策促进体系。

第三，要加快制定生产性服务发展的产业政策。由于除个别行业外，大多数生产性服务企业都是中小企业，中小企业在我国目前的体制政策环境和市场环境中，不仅面临着融资难、吸引人才难等问题，而且难以与国际具有品牌知名度的生产性服务企业竞争。因此，需要专门针对生产性服务行业制定一些优惠的政策，如建立生产性服务业发展基金，用于支持生产性服务企业的研发、技术创新和专业人才的培养，以及帮助生产性服务企业开拓海外市场等。

第三节 加快生产性服务业发展的政策建议

生产性服务业通过专业化分工、价值链改善、品牌孵化、技术创新以及消费引导，对产业结构调整和升级发挥着重要的作用。未来一段时间，在我国市场经济逐步走向成熟的过程中，应创建有利于推进服务业深度参与产业结构存量战略调整和产业升级的政策环境，利用生产性服务业对工业、农业和服务业的渗透、融合和调节机制，促进我国产业结构调整、优化和升级。

一、国外生产性服务业发展的政策措施[①]

发达国家在制造经济向服务经济转型的过程中，制定和出台的鼓励、扶持生产性服务业发展的政策和措施，对促进我国生产性服务业的发展具有一定的借鉴和启迪意义。

（一）成立专门的服务业发展机构，指导生产性服务业发展

由于生产性服务业涉及的门类较多，行业管理较为复杂，发达国家在推动生产性服务业发展过程中，十分重视并专门成立服务业发展或促进机构，从战略高度指导和协调生产性服务业的发展。如美国纽约市政府商务部门分别与能源、资源环保、卫生、教育等相关部门和行业协会的官员组成促委会，着力协调和推动服务业发展。日本东京经济财政咨询会议和金融厅两大政府机构成立了服务业专门研究小组，以协调和解决服务业发展中的重大问题。英国为保持其金融服务业在国际金融市场的竞争力，成立了由 20 名金融业要员构成的"金融服务业全球竞争力小组"。新加坡为全力推进服务经济的知识化和信息化，专门成立了一个服务业总体推进机构，及时监测和解决服务业发展中存在的问题，并通过一系列的产业政策和扶持行为引导和强化生产性服务业发展。

---

① 路红艳："国外发展生产性服务业的政策与启示"，《中国经贸导刊》，2010 年第 9 期。

（二）出台系列产业发展政策，优化生产性服务业发展环境

发达国家在制造经济向服务经济转型过程中，在技术创新、资金支持、人才发展等方面出台了一系列政策，以鼓励和扶持生产性服务业发展。

1. 生产性服务业科技创新政策

由于金融、信息、物流等生产性服务业都是知识密集型和科技含量较高的行业，因此发达国家普遍重视生产性服务业的科技创新。

一是注重服务业科研投入。20 世纪 90 年代以来，美国的金融、咨询、法律等生产性服务业经历了一个以信息技术的研发和应用为主要内容的技术创新和改造浪潮。据统计，美国近二十年服务业的 R&D 经费投入的平均增长率是其他行业的两倍。英国政府则大力推行技术预测计划，并通过税收政策鼓励生产性服务企业增加研究开发投入。据英国国家统计局统计数据显示，2002 年英国服务业的科研投资总额达到 25 亿英镑，是当年制造业科研投资增长速度的 4 倍。

二是强化技术创新的政策支持。1997 年布莱尔当选英国首相后，十分重视提升研发和创新能力。2002 年 7 月，英国贸工部出台了《投资于创新》的政府战略报告，鲜明地提出要为国家创新能力的提高增加投入。随后政府出台了技术创新发展计划，积极鼓励大学与企业联手开展科技创新活动。2004 年 7 月，英国财政部、工业与贸易部和教育与技能部联合发布了《英国 10 年（2004—2014）科学和创新投入框架》，旨在通过创新计划，使英国成为全球经济的关键知识枢纽，同时成为将知识转换成新产品和服务的世界领先者。

2. 生产性服务业财税政策

为改善生产性服务业发展环境，促进服务企业发展，许多国家都实施了税收优惠、简化手续等政策。2007 年韩国财政部等 21 个相关政府部门制定了新的"增强服务业竞争力综合对策"。该"综合对策"吸收了以往的成功经验，加大了政策力度。如在改善经营环境方面，着力撤销服务业与制造业的差别待遇，将服务业的土地开发负担金降低到与制造业同等的水平；同时加大对服务业的税收、融资扶持，包括将服务业临时投资减税期限延长一年并扩大适用范围；降低服务业办公用不动产的交易税；产业银行、企业银行大幅增加对服务业的支援，并逐步为服务业创造信用贷款条件等。为促进专业服务业发展，香港商务及经济发展局拨款一亿港元，从 2002 年 2 月开始推行专业服务发展资助计划，该计划涉及会计、

审计、簿记和税务服务、法律服务、工程服务、项目发展与融资以及地产服务，目的在于资助业界推行发展项目，以加强香港专业服务业整体或单个行业在境外市场（包括内地市场）的竞争力。新加坡政府服务于国家战略的需要，在金融、跨国营运总部、采购中心等方面也出台了税收优惠、审批手续简化、城市基础设施优先安排等优惠政策。

3. 生产性服务业人才政策

人力资本是生产性服务主要的生产投入要素，人力资本的质量对于生产性服务业的发展至关重要。正因为如此，发达国家都十分重视生产性服务业人才的培养、引进和发展。

一是重视服务业人才教育。韩国由各行业主管部门、有关人员及专家共同拟订"服务业人才培养体制完善计划"，设立了各服务领域专科学校，加强"产学服务专门人才联合教育"，并与"服务产业支援中心"共同输送高质量服务专业人才。

二是实施就业培训计划。例如，20世纪90年代英国政府推出了一种为期一年的全日制就业教育培训计划，对象是年龄在18岁至24岁的高中或大学新毕业生。政府发给他们一定数量的培训津贴，培训内容主要是社会需求量比较大或即将产生大量就业机会的工作和工种。并针对25岁以上、失业超过两年的人，政府出资安排他们进入企业进行培训。新加坡则为了解决金融人才紧缺的问题，推出了新加坡金融人员转换方案，目的在于通过对没有金融业工作经验，但想进入这一行工作的人提供金融培训，使他们成为符合金融业能力标准的金融人才。

三是引进高端人才。如英国政府建立了"企业家奖学金"，鼓励具有聪明才智的特别是高技术领域的研究生到英国发展并开创新型企业。

四是着力吸引和留住高素质人才。新加坡着力发展零售、休闲、娱乐等服务业，通过创造优良的生活环境，吸引和留住高素质的专业服务人才。澳大利亚则为吸引和留住专业服务人才，实施了商业和社区振兴运动，着力改进社区服务和生活方式。

（三）推动服务外包与服务贸易发展，带动生产性服务业发展

发达国家生产性服务业的发展，在一定程度上取决于服务外包和服务贸易的推动。一方面，许多国家都十分重视服务外包对生产性服务业的促进作用。例

如，韩国将服务外包提升到战略高度加以培育，通过建立"外包服务提供商数据库""外包服务需求企业"等网上检索系统，对外包服务企业实行"国家公认资格证书"制度等，以推动服务外包发展。另一方面，一些国家通过积极发展服务贸易，带动生产性服务业发展。比较典型的如美国，为了促进和扩大生产性服务贸易出口，专门制定了"服务先行"的出口促进策略，重点促进具有强大竞争优势的旅游、商务与专业技术服务（包括环保、能源等工业服务）、交通运输、金融保险、教育服务、影视娱乐、电信服务等行业的发展。同时，美国十分注重对国际市场的分析和研究。近十几年来为开拓服务贸易新兴市场，美国对新兴市场做了大量针对性调查，根据不同地区的不同情况采取不同的策略，并通过美国贸易代表办公室的谈判为服务出口公司提供更好的市场准入机会。

（四）推进行业改革与制度建设，促进生产性服务业发展

由于金融、电信、运输等生产性服务业属于垄断行业，为促进这些生产性服务业发展，发达国家积极采取了放松管制、打破垄断、完善立法等措施。例如，英国于1991年打破了英国电信公司垄断英国市场的局面。英国政府还十分重视生产性服务业法律法规建设。在金融服务业方面，为推动一体化发展，英国于1986年实施了《金融服务法案》，1997年成立了金融服务管理局（FSA），2000年通过《金融服务与市场法》。同时，英国政府于1993年专门成立了8个工作小组对法律法规体系进行了梳理，以解决知识密集型生产性服务业发展过程中出现的知识产权和法律法规方面的问题。在信息服务业方面，美国先后制定了《信息公开法》、《版权法规》（1970）、《计算机软件保护法》（1980）、《美国电讯法》（1996）等法律法规，以规范和促进信息服务业的发展。

（五）重视对服务企业的咨询与培训，服务生产性服务企业发展

发达国家政府十分重视对企业的服务，包括提供信息咨询、市场调查、贸易展览、专业培训、技术辅导等服务项目，以促进服务企业发展。例如英国政府非常注重对生产性服务企业的教育和指导。英国政府在每个地区建立了顾问署，作为专门的企业管理和咨询机构。在全国雇佣了1 000多名有公司背景的退休企业家和工程技术人员为高层顾问，负责帮助企业制订发展计划，引导企业改变经营策略。同时，积极开展企业高层培训，由企业自己报名，制订有针对性的培训方案。此外，英国政府还启动了"全球伙伴协作计划"，推动本国企业与国际大型服

务企业建立伙伴关系，吸引外国企业到英国，与英国各区域的企业和科研网络形成联合，促进区域服务经济的平衡发展。

二、加快我国生产性服务业发展的政策建议

在经济全球化、信息化的大背景下，我国生产性服务业的发展不仅要建立良好的基础设施、人力资本、技术等要素的投入机制，生产性服务的需求—供给动力机制，制造业与服务业的融合机制，打破垄断和促进生产性服务业市场化、跨地区发展的竞争机制，以及支持生产性服务业发展的政策体系，而且要着眼于国际分工，积极抓住国际服务业向我国转移的机遇，加快服务业的对外开放。

（一）把握生产性服务业发展规律，有选择地支持生产性服务业的发展

生产性服务业包括的具体行业较多，不同的行业具有不同特征，其对产业竞争力的影响也有所不同。如研究开发、科技服务等有利于增强创新环境，而信息、物流等服务有利于提高制造企业的生产效率。因此对于不同的地区，要根据本地的经济发展水平、制造业发展程度、基础设施条件以及企业状况等，有选择地鼓励和支持生产性服务业的发展。同时，促进生产性服务业发展的地区政策如税收、规制、环保政策等，应集中在地区有增长潜力的生产性服务业上，这些生产性服务业应该是那些对当地制造业结构变化较为敏感的服务业，在制造业快速发展时期，能够支持制造业的发展。

（二）营造良好的产业生态环境，促进生产性服务业的集群发展

集群式发展模式是促进生产性服务业与制造业融合，推动生产性服务业快速发展，提高产业竞争力的重要途径。根据目前我国产业发展的趋势，在大城市，要以中央商务区（CBD）为载体和平台，通过紧密的产业关联，共享的资源要素，丰富的社会资本和有效的竞合机制、融合机制，培育和促进生产性服务业集群，如金融服务业产业集群、商务服务业产业集群、创意产业集群等的形成和发展，借助集群促进服务业内部企业之间知识和技能的相互渗透，形成产业共同进化机制。在一些中小城市，要以工业园区或循环经济示范园区为依托，通过融资、税收、人才引进、信息平台建设等方面的支持，促进生态群落集群和虚拟生产性服务业集群模式的发展，促进制造业与生产性服务业的融合和共同发展。

（三）完善服务业发展的法制环境，规范生产性服务业的发展

服务业的健康有序发展需要良好的发展环境做保障，要促进生产性服务业的健康、快速发展，必须要加快建立和完善服务业在市场准入、市场秩序等方面的法律规范，促使其健康发展。

1. 重视知识产权保护

生产性服务业作为知识、技术密集型行业，其在发展过程中面临的一个问题就是知识产权（intellectual property rights，IPR）的保护。知识产权是保护知识拥有者和创新者的利益，是法律赋予知识产品所有人对其智力创新的成果享有的某种专有权利。生产性服务业的知识产权所涉及的不仅是商标、技术，还包括服务模式、思想等。因此生产性服务业所涉及的知识产权问题相对于制造业来说，更为复杂和容易被忽视。在促进生产性服务业发展的过程中，要高度重视对知识产权的保护，加快研究、制定和完善有关知识创新以及有关知识产权保护的法律法规，提高生产性服务企业的知识产权意识，培育企业的不可模仿的核心竞争优势。

2. 加快建立服务标准体系

服务标准化对于提高服务质量、实现规模经济具有重要的作用。要根据不同的生产性服务业的特点，加快制定和建立生产性服务行业标准体系。同时，由于标准化生产的结果意味着"同质化"，因此在推进标准化服务的生产方式、运作模式的同时，也要兼顾服务的特色化。

3. 加强服务诚信体系建设

制造企业制定"make or buy"决策的一个重要影响因素是交易成本，而交易成本的高低在很大程度上与市场上信息是否完全有关。在信息不对称（asymmetric information）的情况下，制造企业与生产性服务企业存在着博弈，博弈的结果取决于生产性服务企业的信誉。信用直接影响着生产性服务外部化的发展。因此，在行业发展层面上，要积极推进生产性服务行业的信用体系及平台建设，形成良好的信用约束机制，为企业的健康发展创造良好的信用环境。

（四）建立开放性的生产性服务业体系，融入全球价值链和产业分工体系

随着全球战略的深入和推进，跨国公司加强了生产、采购、管理、品牌等的

本地化进程，形成了研发中心和制造中心一体化基地。近年来，国际资本、世界产业转移趋势愈演愈烈，产业转移逐渐呈现出从制造业的低端环节向高端环节发展，从零配件生产向基地化生产发展，从制造环节向研发、生产性服务业等配套产业发展的趋势。在我国，外资在制造业投资基本饱和的基础上，FDI 的目标开始转向产业链条的两端，即技术研发和服务业。这种以高端制造、技术研发、服务业与服务外包为新兴热点的新一轮的产业转移，将给我国生产性服务业的发展带来更多的机遇。

1. 引导外资对生产性服务业的投资

生产性服务企业的竞争优势在于知识、技术等无形资产，一些发达国家和地区的生产性服务企业在专业知识和技术方面拥有独特的所有权优势，能够高效率地提供高端技术和优质服务。实践表明，在生产性服务业领域，发展中国家服务企业与跨国生产性服务企业在产品设计、技术诀窍、管理技巧和服务水平等方面的差距，要大于在制造企业的差距。在我国生产性服务业起步阶段，要想推动生产性服务业快速发展，单靠国内生产性服务企业自身积累，很难满足对生产性服务的需求。因此，要积极扩大服务业，特别是生产性服务业的引资与开放，引导外资投向产品设计、物流服务、营销服务、金融服务、信息服务等高端生产性服务业。同时，要通过加强国内生产性服务企业与外资生产性服务企业的合作，提高生产性服务企业的服务技术、定制化技巧和管理经验，尽快缩短我国生产性服务业与发达国家生产性服务业的差距。

2. 积极承接国际服务业转移

信息技术及网络技术的发展，使得全球知识密集型服务外包①兴起。在新一轮产业转移进程中，许多跨国公司不仅将数据输入、文件管理等低端服务转移，而且还将风险管理、金融分析、研发等技术含量高、附加值大的业务外包出去。要充分利用国际服务业，尤其是知识、技术密集型生产性服务业转移的机遇，积极承接服务业外包业务，包括软件服务、银行服务、产品设计、营销服务和网络服务等，融入全球价值链和生产分工体系，促进制造业的竞争优势由 OEM 向 ODM 和 OBM 转变。

---

① 服务外包是指作为生产经营者的企业主将服务流程以商业形式发包给本企业以外的服务提供者的经济活动。服务外包的本质是企业以价值链管理为基础，将其非核心业务通过合同方式发包、分包或转包给本企业之外的服务提供者，以提高生产要素和资源配置效率的生产组织模式。

3. 推动生产性服务贸易发展

目前，我国经济处于工业化中后期阶段，服务贸易在国民经济中所占比重仍很小，而且出口的主要是具有比较优势的一般劳动密集型服务，知识、技术密集型服务贸易规模还比较小。今后服务贸易要从发挥劳动力优势，逐步转向依靠生产性服务的投入创造竞争优势，提高生产性服务的质量，积极促进金融保险、工程服务、建筑服务、物流等高附加值、高技术含量的生产性服务出口，提高对外贸易经济效益，提高我国在国际分工中的地位，促进我国由贸易大国向贸易强国转变。

下 篇

生活性服务业发展与消费结构升级

第九章 生活性服务业的内涵及特征

生活性服务业是服务业发展的重要组成部分，行业范围广，服务领域宽，涉及人民群众生活的方方面面，与经济社会发展密切相关。特别在消费结构升级过程中，生活性服务业供给规模、质量都直接影响着消费升级的方向。由于生活服务业涵盖的范围较广，且不同的生活性服务行业属性存在较大差别，以往研究多集中在单个服务行业，如旅游业、养老服务业、餐饮业、家庭服务业等，而将生活性服务业作为一个整体研究的较少。本章着重突破生活性服务业作为整体研究的难点，探寻生活性服务业的共性特质，以便为政策研究提供理论依据。

第一节 生活性服务业的概念及分类

在现有研究文献中，对生活性服务业的研究主要采用消费性服务业的概念，而在国家五年规划和相关文件中，主要采用生活性服务业的概念。与生产性服务业一样，现有研究和文件对生活性服务业的内涵和外延分类也还没有形成比较一致的看法。

一、生活性服务业概念界定

国内外不同学者对于生活性服务业的概念，包括消费性服务业、民生服务业、个人服务业等从不同角度进行了相应界定，主要有以下三个角度。

从市场化的角度，格鲁伯和沃克（1989）将消费性服务业定义为消费者在私营市场购买的服务，认为鉴别消费性服务最清楚的方法是靠显而易见的需求来源以及满足个人和家庭需求。程大中、陈宪（2005）认为消费者服务业是市场化的最终消费服务，对应着作为消费品的服务，因而被称为"面向生活的服务"。梁华峰（2014）通过梳理消费性服务业概念的研究综述，认为消费性服务业是指市场化的最终消费服务，即生产消费者用于生活消费的服务产品的行业，消费性服务业的服务产品具有生产与消费的同时性、不可存储和不可运输等特点，而且消费性服务还具备服务的不稳定性和多变性、服务价值感知的主观性和差异性，以及服务的全程性和难以预测性等特征[①]。

从服务对象的角度，何德旭（2008）认为消费性服务是一种最终需求，其服务对象是最终消费者。路红艳（2009）认为消费者服务业也称生活性服务业或民生服务业，是指为消费者提供服务产品的服务业（最终需求性服务业），它涵盖范围很广，涉及居民日常生活的方方面面[②]。郭世英等（2010）认为消费者服务业是指主要满足消费者对服务的最终消费需求的服务行业，服务的最终消费需求包括居民个人对服务的最终消费需求和政府对服务的最终消费需求。

从满足消费角度，巴拉洛夫等（1988）出版的《生活服务经济学》系统地研究了生活服务的结构、管理以及提高服务质量的路径，认为生活服务的实质是使某种满足人的需求的使用价值发挥效应。江静和刘志彪（2009）构建了政府公共职能与服务业分类发展关系的分析框架，将服务业分为公共性服务、消费性服务和生产性服务，并且将消费性服务界定为提高城乡居民生活质量、适应居民消费结构升级的服务业。

本书采用市场化角度的概念，即生活性服务业也称消费性服务业(consumer services)，是指市场化的为消费者提供服务产品、满足消费者物质文化生活需要的服务行业的总称。

二、生活性服务业分类和外延

从统计分类上看，国外主要采用消费性服务业的概念，将消费性服务业作为服务业的一大类。如美国经济分析局（BEA）将服务业分成分配性服务业、生产性服务业、消费性服务业、非营利性政府服务业四类，其中消费性服务业主要包括饭店、旅馆、休息场所、洗衣店、修理等。英国标准产业分类（SIC）将服务业

---

① 梁华峰："消费性服务业研究综述"，《中国人口、资源与环境》，2014年第5期。
② 路红艳："生产性服务业与生活性服务业需要统筹协调发展"，商务部国际贸易经济合作研究院网站，2009。

分为消费性服务业、生产性服务业和综合性服务业三类，其中消费性服务业包括零售分销、餐馆和咖啡馆、公共房屋和酒吧、夜总会及持牌俱乐部、酒店、短期住宿、鞋类皮革修理、其他消费品的修理、道路旅客运输、出租消费品、高等教育、学校教育、驾驶和飞行学校、医疗卫生、社会服务、娱乐文化、个人服务等。加拿大就业暨社会发展部（ESDC）把服务业划分为消费性服务业、生产性服务业以及公共和准公共服务业。

国内统计上没有区分生产性服务业和生活性服务业，主要按照不同的服务行业进行统计。国内现有有关生活性服务业分类的文件主要是《国务院办公厅关于加快发展生活性服务业促进消费结构升级的指导意见》（国办发〔2015〕85号），提出加快发展居民和家庭服务、健康服务、养老服务、体育服务、文化服务、旅游服务、批发零售服务、住宿餐饮服务、法律服务和教育培训服务共十大类。北京市统计局对生活性服务业分类率先进行了有益探索，发布了《北京市生活性服务业统计分类（试行）》，该分类根据《国民经济行业分类》（GB/T 4754-2011），将生活性服务业分为居民与家庭服务、健康与养老服务、零售与寄递服务、住宿与餐饮服务、旅游、体育及休闲娱乐服务、文化与教育培训服务、交通与信息通信服务、金融服务、房地产服务、其他生活性服务共十大类（表9-1）。

从研究领域上看，布朗宁和辛格曼（1975）认为消费者服务即个人服务主要包括家庭服务、旅馆和饮食业、修理服务、洗衣服务、理发与美容、娱乐和休闲、其他个人服务。刘建国（2007）认为消费性服务业包括批发零售、住宿餐饮、居民服务、教育、卫生保健、文化、体育和娱乐业，其在居民最终消费支出中占有重要地位。周超等（2007）认为个人服务业和公共服务业都属于典型的消费性服务业，按消费性服务业的主体划分，可以分为两类：一类是有形产品服务类，即是以餐饮、超市为典型代表的"服务＋产品"类；另一类是无形产品类，即是以旅游为典型代表的"服务＋环境"类。陈秋玲等（2010）从行业分类结构角度把消费者服务业分为文化体育与教育培训服务、房地产业与建筑装潢业、租赁和维修服务、零售业、旅游和娱乐服务、社区服务业。郝宏杰等（2015）将批发和零售业、住宿和餐饮业、居民服务和其他服务业、房地产业、教育、文化体育和娱乐业，卫生、社会保障和社会福利业七个行业划为消费性服务业。

可以看出，国内外对生活性服务业的分类还没有形成统一的认识。笔者认为，由于生活性服务业涉及部分原来作为公共服务的行业，如医疗健康服务、体育服务、养老服务、文化服务等，应从市场化角度来区分其分类。按照市场化程度划分，生活性服务业可分为两大类：一类是市场化程度比较高的生活性服务业，包括批发零售服务、餐饮服务、住宿服务、家庭服务以及居民服务等，属于劳动密集型产业；另一类是"半市场化"的生活性服务业，如旅游服务、文化服务、健康服务、养老服务、体育服务等，产业与事业并存，既包括一部分公共服务也包括市场化服务[①]。后一类生活性服务业，主要指市场化服务。

表 9-1　北京市生活性服务业分类

行　业	细分行业	主要内容
居民与家庭服务	居民服务	家庭服务、洗染服务、理发和美容服务、托儿所服务、洗浴服务、保健服务、婚姻服务、殡葬服务、其他居民服务
	机动车、电子和日用产品修理	汽车修理与维护、摩托车修理与维护、家用电器维修
健康与养老服务	健康服务	营利性医院、门诊部（所）、其他卫生活动；医药及医疗器材专门零售
	养老及其他社会服务	营利性护理机构服务；营利性老年人、残疾人养护服务
零售与寄递服务	零售服务	
	寄递服务	为居民生活提供的邮政基本服务、快递服务
住宿与餐饮服务	住宿服务	为居民生活提供的旅游旅店、一般宾馆、其他住宿服务
	餐饮服务	正餐服务；快餐服务；饮料及冷饮服务；其他餐饮服务
旅游、体育及休闲娱乐服务	旅游服务	休闲健身活动；营利性景区管理服务；游乐园
	体育服务	体育组织、营利性体育场馆、休闲健身活动、其他体育
	休闲娱乐服务	文化及日用品出租；室内娱乐活动；彩票活动；文化、娱乐、体育经纪代理；其他娱乐服务
文化与教育培训服务	出版、电影和影视录音制作服务	出版；广播；电影；电影和影视节目制作；电影和影视节目发行；电影放映；录音制作
	文化艺术服务	营利性的文艺创作与表演、艺术表演场馆、其他文化艺术服务
	教育培训服务	仅包括民办幼儿园、营利性校及体育培训、文化艺术培训、营利性教育辅助服务、课外辅导服务、老年教育服务等

---

① 路红艳："把优化生活性服务业供给作为扩消费的重要着力点"，《国际商报》，2016-02-22。

续　表

行　业	细分行业	主要内容
交通与信息 通信服务	交通服务	仅包括为居民生活提供的铁路旅客运输、公路旅客运输、水上旅客运输、航空旅客运输、通用航空服务、汽车租赁；旅客票务代理；出租车客运
	信息通信服务	为居民生活提供的固定电信服务、移动电信服务、其他电信服务；有线广播电视传输服务；无线广播电视传输服务；卫星传输服务；为居民生活提供的互联网接入及相关服务
金融服务	金融服务	为居民生活提供的货币银行服务和典当服务
	保险服务	人身保险；为居民提供的财产保险、再保险
房地产服务		为居民生活提供的房地产开发经营、物业管理、房地产中介服务、自有房地产经营活动、其他房地产服务
其他生活性服务	法律服务	仅包括为居民生活提供的服务，不包括公益性法律援助服务
	生活性专业技术 服务	仅包括为居民生活提供的环境保护监测服务、节能技术推广服务、测绘服务、其他技术推广服务

资料来源：根据《北京市生活性服务业统计分类（试行）》整理。

第二节　生活性服务业的本质属性

生活性服务业最显著的特征是面向广大消费群体，为具体的消费行为服务。从经济学角度看，服务于最终消费者需求的生活性服务业主要具有以下特征。

一、收入弹性高、价格弹性差异大

由于服务产品的异质化和差异化，不同的服务行业的收入弹性有着很大区别。根据 Falvey 和 Gemmell（1996）的研究，服务业总体的收入弹性为 0.979，接近 1，但其中面向居民的消费性服务业（生活性服务业）的收入弹性则显著大于 1。这意味着随着收入水平的提高，满足人们的娱乐、休闲等精神方面需求的生活性服务业的需求将出现快速增长。同时研究表明，服务业总体的价格弹性为 0.32，商品的价格弹性为 1，意味着价格上升时，服务业需求仅有较小幅度的下降，其需求刚性要强于物质产品。由于生活性服务业主要服务于消费者，且不同的行业服务的消费群体有所区别，因此生活性服务业内部各行业价格弹性存在较大差异。一般来说，作为生活必需的服务行业，如餐饮业、住宿业等，价格弹性较小，而对于娱乐性、休闲性的服务业，如旅游、电影、体育赛事等，其价格弹性相对较大。从服务级别来看，同一行业服务链中不同环节的价格弹性也存在较大差异，高端服务的价格缺乏弹性，中低端服务的价格富有弹性。生活性服务业的这种价格弹性上的差异，主要在于服务满足的是消费者个性化的需求，它是一种异质品，任何一个提供商都具有一定程度的垄断性，因而其竞争优势更多的是靠产品的差异化而不是降低价格来体现。这意味着，与商品相比，服务的价格更具有刚性，因而价格弹性较低。同时这一性质也意味着，同一种服务其价格的地区差异也较大。

二、劳动密集性和资本技术密集性并存

从经济学的角度看，中高端消费带来消费结构升级的实现，必须有能够与新的消费需求相匹配的消费供给结构，否则不是抑制有效需求的提升，就是将现实需求扭曲为潜在需求。而决定生活性服务供给的一个重要支撑要素就是技术，因为在缺乏技术、人力资本等要素支撑的情况下，生活性服务业很难为消费者提供高质量的满意的服务。因此，传统经济时代，服务业主要是劳动力密集型而制造业是资本密集型的。而在信息时代，随着知识、信息和技术等要素的快速发展和应用，大部分生活性服务业在需要大量劳动力的同时，也需要更多的资本、技术和知识作为主要投入，使其呈现出劳动力密集和资本密集、技术密集同步存在的特征，劳动力与信息技术设备、知识相结合成为生活性服务业发展的一大趋势。特别是在"互联网+"时代，生活性服务业借助互联网、大数据、云计算等信息技术，采用先进技术设备，资本—技术密集性明显增强，能够提供高技术含量和高附加值的增值性服务。利用现代技术手段，不仅生活性服务业的劳动生产率显著提高，而且使服务业产生了新的分工，改变了传统服务的面对面、不可贸易、不可储存等特性，拓展了服务提供的范围及可交易性。

三、服务功能叠加、融合、集成性增强

伴随现代社会生产和消费方式的变革，以及信息技术的应用，生活性服务业跨界融合、线上线下融合成为行业发展新特征，服务功能不断拓展，功能集成性逐步增强。原来仅仅能够提供满足消费者某一项服务需求的生活性服务业，现在

能够提供多样化便利化服务。如以阿里巴巴为代表的网络零售服务，已由提供商品交易服务向提供信息服务、金融服务、物流服务等延伸拓展，综合服务能力更强，服务的内容和范围更广，成为多种服务叠加、渗透、融合的集合体。在服务跨界融合的趋势下，一些新型的产业类型，如大健康产业、大文化产业、大旅游产业、大流通产业等正在逐步形成，并将影响产业分类和产业统计。

第十章　消费结构升级与服务消费

消费、投资和出口是拉动国民经济发展的"三驾马车"。近年来，我国经济增长开始回落，进入由高速增长向中高速增长的转换期，投资和出口对 GDP 拉动效应明显减弱，消费成为经济增长的重要引擎。特别是"十二五"时期以来，随着居民收入水平的提高和消费观念的转变，我国消费市场的规模、结构、方式都发生了明显变化，并呈现出消费结构由商品消费向服务消费升级，由温饱消费向品质消费转变，由线下消费向线上消费延伸，由模仿型、大众化消费向个性化、定制化、体验化消费转变等规律性特征。

第一节　我国居民消费结构升级规律和趋势

按照凯恩斯的需求理论，收入是消费的函数，居民收入水平变动直接影响着居民消费倾向和消费结构的变化。一方面，在经济水平发展到一定阶段，居民收入水平提高，大量新兴消费品和服务不断涌现，会促使居民消费倾向提高；另一方面，随着收入水平的稳步提升，居民消费结构将发生规律性的变化，出现从温饱向小康升级、从吃穿向住行升级的趋势。相关研究表明，当人均 GDP 达到 1 000 美元之后，居民消费率开始上升，消费对经济增长的作用不断增强；当人均 GDP 超过 3 000 美元之后，由于居民收入水平提高为消费结构升级创造了购买力条件，服务消费比重将明显提升，休闲消费、旅游消费等进入大众化阶段；当人均 GDP 超过 5 000 美元时，服务消费进入快速增长期。

改革开放以来，随着我国经济的快速发展，人均 GDP 呈现不断增长态势，2001 年突破 1 000 美元之后，我国进入中低收入经济体行列。之后从 2008 年、

2011 年到 2015 年，分别突破了 3 000 美元、5 000 美元和 8 000 美元（图 10-1），其中 2010 年我国人均 GDP 达到 4 430 美元，进入中高收入经济体行列。与收入增长相对应，居民消费结构开始呈现出从温饱向小康、从吃穿向住行、从商品消费向服务消费升级的规律。

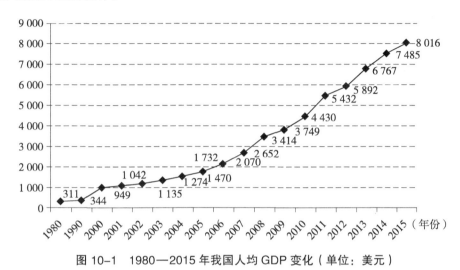

图 10-1　1980—2015 年我国人均 GDP 变化（单位：美元）

资料来源：《中国统计年鉴 2015》

按照人均收入划分，不同经济发展阶段消费规律变化呈现出以下特征：

一是低收入阶段（人均 GDP<1 000 美元）：由食品等生活必需品消费向耐用消费品消费升级。20 世纪 80 年代，我国形成了以家用电器为代表的消费热潮，电视、冰箱、洗衣机等耐用品消费比重明显提升。80 年代末，城乡居民耐用消费品占比分别达到 17.12% 和 26.49%。到 90 年代中期之后，随着电话、空调、家用电脑等新型耐用消费品日益普及，城乡居民耐用品消费达到了消费高峰，占比分别上升了 4 个百分点和 5 个百分点左右，提前实现了中低收入阶段耐用消费品消费升级。

二是中低收入阶段（1 000 美元 < 人均 GDP<5 000 美元）：住房、汽车消费成为主导，服务消费快速增长。进入 21 世纪以来，我国迈入中低收入阶段。受经济持续快速增长、房地产业市场化改革和住房刚性需求增加等因素的推动，形成了以新一代消费品尤其是汽车和住房的需求快速增长为代表的消费升级。城镇居民家庭平均每百户家用汽车拥有量由 2002 年底的 0.9 辆增加到 2011 年底的 18.6 辆。同时，在人均 GDP 超过 3 000 美元之后，服务消费快速增长，如城镇居民交通通

信支出比例由 2008 年的 12.6% 提高到 2010 年的 14.7%。

三是中高收入阶段（人均 GDP> 5 000 美元）：服务消费加速升级。"十二五"以来，我国迈入中高收入国家行列，以信息技术为引领的信息、教育、旅游、健康、文化等服务消费成为新一轮消费热点，居民消费由追求物质的商品消费向追求享受和精神满足的服务消费转变，商品在居民消费结构中的比重不断下降，服务性消费比重逐步上升。2010 年交通通信、教育文化娱乐占比分别为 14.7% 和 12.1%，到 2014 年分别上升了 1.1 个百分点和 0.7 个百分点。

第二节　当前我国居民消费结构升级的新特征

近年来，在严峻复杂的国内外经济环境下，投资和出口增速放缓，而消费继续保持平稳较快增长，消费结构升级趋势明显增强。2015 年，消费对经济增长的贡献率为 66.4%，分别比 2013、2014 年提高 18.2 和 14.8 个百分点，比 2001 至 2012 年平均贡献率高 16.0 个百分点。2016 年上半年最终消费支出对经济增长的贡献率继续攀升，达到 73.4%，分别比上年同期和上年全年提高 13.2 和 13.5 个百分点，成为拉动经济发展的主要动力，有力地支撑了经济平稳增长，对缓解经济下行压力起了积极作用。

当前，我国居民消费的方向和方式发生着重大变化，主要呈现出四个新趋势。

一、消费内容从物质型消费向服务型消费转变

随着居民收入提高和消费结构升级，住宿餐饮、文化体育、医疗与健康、养老、家政、旅游等服务需求持续增长，服务消费规模不断扩大，在消费中占比逐年提高。1996 年我国城镇人均服务型消费支出为 887.9 元，2014 年城镇人均服务型消费支出为 6 618.1 元，增长了 6.45 倍，年均增速为 10.6%[1]（图 10-2）。2015 年我国人均交通通信、教育文化娱乐、医疗保健等服务消费支出比重分别由 2013 年的 12.3%、10.6% 和 6.9% 提高到 13.3%、11.0% 和 7.4%。其中，旅游消费持续升温，居民出游方式多种多样，"小长假 + 年休假"拼假方式所占比重增加，周边游、

---

[1] 商务部国际贸易经济合作研究院课题组：《消费市场调查报告》，2016 年。

自驾游迅猛发展。旅游总收入从 2011 年的 2.25 万亿元增长到 2015 年的 4.13 万亿元，年均增速 16.4%。餐饮收入保持较快增长，2015 年餐饮收入超过 3.2 万亿元，同比增长 11.7%。电影消费异军突起，2015 年电影总票房达到 440 亿元，较 2014 年全年票房高出近 144 亿元。

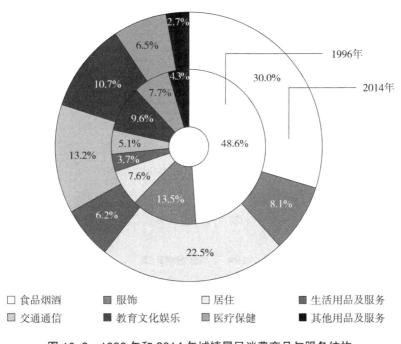

图 10-2　1996 年和 2014 年城镇居民消费商品与服务结构

资料来源：商务部国际贸易经济合作研究院课题组：《消费市场调查报告》，2016 年

二、消费层次从温饱型消费向品质型消费转变

从改革开放到 20 世纪 90 年代，我国居民生活和消费水平处于比较初级的阶段，消费基本解决的是基础的生存和温饱问题。随着居民收入快速增长，居民消费层次不断提升，城乡居民恩格尔系数逐步下降，2013 至 2015 年，全国居民恩格尔系数从 31.2% 下降至 30.6%（表 10-1）。特别是 2000 年以来，我国中产阶级快速崛起，中产阶级的财富大幅增长约 330%，2015 年已达 7.3 万亿美元，占全国财富的 32%。目前，中产阶级已超过 1 亿人，消费潜力巨大。中产阶级的消费观以质量为导向，追求高品质和体验，带动了品质消费的快速增长。同时，消费者对品牌认知逐步回归理性，高品质商品和服务成为消费的重点内容。

表 10-1　2005—2014 年我国城乡居民家庭的恩格尔系数

年度	城市居民（%）	农村居民（%）
2005	37.1	45.6
2006	37.7	47.2
2007	36.7	45.5
2008	35.8	43.0
2009	36.3	43.1
2010	37.9	43.7
2011	37.0	43.0
2012	36.2	39.3
2013	35.0	37.7
2014	35.6	37.9

资料来源：中国产业信息网：《2015—2020 年中国新型城镇化建设市场调查及前景预测报告》

三、消费方式由线下向线上线下融合转变

进入 21 世纪以来，信息技术特别电子商务的广泛应用，已深刻地改变了生产生活方式和流通方式。特别是"十二五"时期以来，以物联网、移动互联网、云计算和大数据为代表的新一代信息技术的迅猛发展和广泛应用，新产业、新业态、新模式不断涌现，信息消费和基于移动互联网的共享经济蓬勃发展，使居民消费方式发生了根本性的变革，从过去以线下实体零售渠道消费为主逐步向线下体验＋线上交易融合消费方式转变，网络消费已成为人们生活的重要组成部分。2015年，全国电子商务交易总额达到 21.8 万亿元，比 2010 年增长 3.8 倍，其中网络零售额达到 3.88 万亿元，比 2010 年增长 6.6 倍（图 10-3）。网购、快递、移动支付等改变了社会消费方式，居民线上消费在过去两年高增长的基础上继续保持较快增长，服务类、移动端消费成为新的增长点。与此同时，网络约车、远程教育、在线医疗、数字家庭、智慧社区等新服务模式不断涌现，进一步拓展了消费领域，正在深刻改变着经济形态和生活方式。

图 10-3　2010—2015 年我国网络零售市场交易额

资料来源：历年《中国电子商务报告》

四、消费行为从大众化、标准化向个性化、体验化转变

进入经济新常态后，我国居民从众型、排浪式消费模式逐步退潮，而由物流、信息流、资金流"三流合一"和"互联网+"所催生的个性化、定制化、多样化消费渐成主流。相关机构调查和研究显示，2015 年 64.8% 的消费者在选择服饰时首选重视个性的服饰，中国智能可穿戴市场规模比上年增长 471.8%。智能手机等通信工具的更新换代不断加速。2015 年居民人均购买通信工具支出 189 元，比 2013 年增长 29.2%，年均增长 13.6%。80 后、90 后以及新生代将成为汽车消费新的主体，对于个性化、智能化、体验化等方面的需求不断上升，人们更加关注体验，崇尚互联。90 后群体对个性小众品牌更具关注度，私人订制、个性品牌和高性价比的高质量品牌将成为主流消费。

第三节　服务消费是未来消费发展的重要方向

服务消费作为消费的重要组成部分，其发展水平高低已经成为衡量居民生活质量高低的一个重要标志。从近年来城镇居民消费支出变化看，我国城镇和农村居民的人均消费支出已分别由 2010 年的 1 3471 元和 4 382 元增长到 2015 年的 21 392 元和 9 223 元。其中，城镇居民人均服务性消费支出呈现快速增长态势，但服务性消费占消费支出的比重仍不高，还不到 30%，而目前发达国家平均水平都在 60% 以上，有的甚至达到 70%，如美国服务性消费比重已超过 65%。这说明服务消费潜力巨大。据测算，预计到 2020 年我国服务消费支出占比将提高到 40%~50%，一些发达地区可能达到 50%~60%①。这意味着，"十三五"期间乃至更长时间内，生活性服务消费潜力巨大，具有很大的提升空间。

一、文化服务消费

文化消费是人们用于文化、娱乐产品和服务等相关方面的支出和消费活动。文化消费是居民消费的重要组成部分，随着社会经济的发展和人民生活水平的提高，文化消费越来越与人们的生活息息相关。根据国际经验，当人均 GDP 超过 3 000 美元的时候，文化消费会快速增长；接近或超过 5 000 美元时，文化消费则会出现"井喷"。近年来，随着我国居民收入水平稳步提高和消费结构升级，文化产业规模不断扩大，文化消费呈现出强劲增长势头，已成为中国经济转型升级的新动力。国家统计局统计数据显示，2015 年我国居民用于文化娱乐的人均消费支出为 760.1 元，比 2013 年增长 31.8%；文化娱乐支出占全部消费支出的比重为 4.8%，高于 2013 年 4.4% 的水平。但与发达国家相比，我国居民潜在的文化消费需求并未得到有效满足，发达国家教育文化娱乐消费一般占居民总消费的 20%~30%，而我国 2014 年这一数据仅为 10.6%。这说明我国文化服务消费具有巨大的发展空间，需要创新文化发展模式，培育新业态，增强文化服务有效供给能力。

二、健康服务消费

随着居民收入水平提高、人口老龄化加速和健康意识的逐步增强，人们对健康相关的产品与服务的消费需求呈现快速增长趋势。据有关机构预测，到 2020 年，整个健康产业的增加值可以达到 10 万亿元左右。健康产业是一个大概念，涵盖的范围较广，包括医疗服务、健康管理与健康保险以及相关服务，涉及药品、医疗器械、体育用品、保健用品、保健食品、健身产品等。近年来，国家高度重视健康服务业发展，相继出台了《国务院关于促进健康服务业发展的若干意见》

---

① 迟福林主编：《转型抉择——2020：中国经济转型升级的趋势与挑战》，中国经济出版社 2015 年版。

《国务院办公厅关于促进和规范健康医疗大数据应用发展的指导意见》等文件，并在国家"十三五"规划中提出推进"健康中国"建设，突出以健康为中心，从原来的"解决人民群众看病就医问题"，向"促进和保障人民身心健康"转变。各地也将发展健康服务业提升到一个新的高度，通过大力发展体育产业、建设健康城、推进社会办医、发展健康养老和康复护理等，力图将健康服务业培育为经济新增长点。

三、养老服务消费

随着我国人口老龄化趋势加剧，养老服务业作为一个新兴产业成为各界关注的焦点。根据老龄办的预测，2010 年老年人口消费规模已达到了 1 万亿元，预计 2020 年将达到 3.3 万亿元，2030 年将达到 8.6 万亿元，到 2040 年将再翻一番，达到 17.5 万亿元。同时，从消费潜力来看，2014 年老年人消费潜力为 4 万亿元，到 2050 年，预计将达到 106 万亿元。从发展趋势上看，养老服务内容正由单一化、简单化向多样化、多类别方向发展，服务方式正由传统化、模式化向系统化、网络化方向发展，服务内容正在从生活照料延伸到老年文化、教育、健身、娱乐以及医疗康复、精神慰藉、法律服务等内容，逐步实现从家庭保姆照料到专业护理员照料的转型，从以保障老年人衣食住行基本生活需求到提供康复照料、情感护理等服务转型。总体上看，目前我国居家养老和社区养老服务供给仍处于探索阶段，提供的服务基本停留在日常生活照料上，老年人真正需要的医疗服务、健康护理、精神慰藉、心理服务等还不能得到满足。全国老龄委发布的《我国城市居家养老服务研究》报告显示居家养老服务需求满足率仅为 15.9%。其中，护理服务满足率为 8.3%，心理服务仅为 3.1%。这一方面与社会对居家养老认识不足有关，同时也在于家庭服务业发展相对滞后，难以满足居家老人高层次的养老服务需求。此外，居家养老服务人员素质不高也是重要原因，目前从事老年服务的人员多为进城务工人员，文化水平低，服务意识不强，难以提供令人满意的服务。还有一个重要原因就是缺乏医疗服务支撑，很多社区日间照料中心主要提供老年餐桌、老年人休息室和活动室，主要服务于健康自理老人，而将真正需要服务的高龄老人，失能、失智老人关在了门外。

《中共中央关于制定国民经济和社会发展第十三个五年规划的建议》明确提出"着力扩大居民消费，引导消费朝着智能、绿色、健康、安全方向转变，以扩大服务消费为重点带动消费结构升级"。国务院办公厅发布的《关于加快发展生活性服务业促进消费结构升级的指导意见》也进一步明确了促进服务消费的方向。同时，党中央、国务院针对我国经济发展中的结构性问题和突出矛盾，提出推动供给侧结构性改革的重大发展方略，着力提高供给体系质量和效益，增强经济持续增长动力。因此，迫切需要加快生活性服务业创新发展，推动原有的商业模式和行业治理模式转型，着力提升中低端服务发展水平，增强高层次和个性化服务的供给能力，改善消费环境，提升居民消费体验，满足广大居民不断增长的生活服务消费需求。

第十一章 生活性服务业发展模式

与生产性服务业相似，我国生活性服务业在发展过程中也形成了一些独特的模式，这些模式主要与生活性服务业贴近居民、信息技术应用、产业布局等密切相关。生活性服务业发展模式变化对满足居民便利化、体验化、个性化消费具有重要影响。

第一节 社区便民服务模式

社区便民服务是一种以社区范围内的居民为服务对象，主要满足社区居民需要的日常生活需求的服务模式（表 11-1）。目前，在上海等一线城市中，50% 以上的城市消费及一般性生活服务活动在社区完成，且集中在餐饮、个人及家庭服务等领域。

表 11-1 城市社区便民服务的表征

城市社区居民的需求重点	城市社区商业的功能	基本内涵
生活购物需求	全天候购物功能	以超市、百货商场等业态为主，提供主副食、日常生活用品、生活杂品
休闲娱乐需求	娱乐休闲功能	以休闲广场、俱乐部、社区服务中心等业态为主，提供日常娱乐、聚会、休闲、健身服务
餐饮需求	餐饮功能	以大众化餐饮店为主，提供早点、正餐等就餐、订餐、送餐服务
便利生活需求	生活功能	以美容美发店、洗衣店、摄影店为主，提供理发、洗衣、彩扩等综合生活服务
医疗保健需求	医疗保健功能	以社区诊所为主，提供日常小病就医、保健等医保服务

续　表

城市社区居民的需求重点	城市社区商业的功能	基本内涵
舒适生活需求	家政功能	以家政服务站或家政服务中心为主，提供小时工、保姆、家教、托管等服务
维修需求	维修功能	以家电维修店、汽车维修店、洗车店为主，提供家庭设施、日常用品修理的服务
废旧物品回收需求	回收功能	以废旧物品回收站为主，提供生活垃圾、废旧物品的回收服务
社会保障需求	社会保障功能	以社区管理联络点为主，提供基本的社会生活保障服务

从全国主要城市社区商业服务发展情况来看，主要有以下几种模式。

一、传统的底商社区便民服务模式

这种模式是传统的底商沿街式社区商业服务，主要以夫妻店、街边店、菜市场为主，同时配有少量餐饮、洗染、健身、美容美发等业态，满足附近居民日常生活消费需求。目前，我国大多数城市社区生活服务仍属于这种状态。根据商铺在社区的分布形式，社区便民服务又可形成会所式模式、嵌入式模式。其中，会所式社区便民服务模式，主要位于高档小区，通过会所形式，以大型商场或综合超市为主体，将餐饮、足疗、美容美发、洗染以及娱乐、健身、儿童早教等集中在一起，满足居民购物、餐饮、休闲、娱乐等消费需求。嵌入式社区便民服务模式，主要是中低档的新建社区以及老社区，由于在社区建设时没有专门设置商业用地，主要通过底商形式，在不同位置嵌入超市、菜市场、餐饮店、便利店、洗衣店、美容美发店等商业网点，满足居民日常生活消费需求。这种模式的商业用房产权相对分散，以个体经营为主，业态配置不完善。

二、社区商业便民服务搭载模式

由于城市老旧社区商业用地局限、新增生活性服务企业无法入驻，一些城市积极探索利用社区周边的商场、超市、便利店等商业设施，搭载餐饮、代收代缴水电费、洗衣、早餐、美容美发、维修等便民服务功能，满足社区居民生活服务消费需求。如2014年北京市以甘家口大厦、易事达广场为试点，搭载早餐、再生资源回收、美容美发、代收代缴、菜站、超市等七项社区基本服务业态，实现一站式服务。天津市津工超市不仅搭载收取电费、手机费、固定电话费、交通罚款及网购付款、信用卡还账等服务，还积极拓展早餐服务、社区配送、养老服务，推动超市逐步由传统商业网点向现代居民生活服务中心转型。

三、社区便民生活服务圈模式

为满足居民生活服务消费，一些地区以便民生活服务圈为核心，在原有社区商业网点的基础上，拾遗补阙，推进社区便利超市、标准化菜市场、家政服务网络、再生资源回收体系等便民服务网络建设，配置早餐、洗染、美容美发、家政服务等居民生活服务，完善社区居民生活服务业态，打造"一刻钟便民服务圈"，促进社区居民便利消费。如截至 2015 年底北京市已建成 1 236 个 "一刻钟社区服务圈"示范点，覆盖全市 2 341 个城市社区，惠及 1 454 万人，覆盖率达 80%。目前，北京市 90% 的社区已经实现了便利店、早餐、便民菜店、美容美发、洗染、再生资源回收、代收代缴七项便民服务全覆盖。青岛市以打造"8 分钟居民消费圈"为目标，加快在社区配置满足居民日常基本生活需求的农贸市场、生鲜超市、便利店、餐饮店、美容美发店、医药店、洗染店和金融等八种必备性业态网点发展。截至 2015 年 10 月，在市区 434 个社区中，共配置各类生活服务网点 3.9 万处。

四、一站式社区商业服务综合体模式

一些城市借鉴苏州工业园区邻里中心建设经验，着力开发集合基本公共服务、公益服务以及商业服务等多种服务功能于一体的社区商业服务综合体或社区生活综合服务中心，以满足社区居民的基本物质需求和精神文化需求。其典型特征是拥有大型超市主力店或社区型百货店、社区便利零售品牌店；书店、游乐场等文化娱乐设施；银行、邮局等社会服务设施；餐饮、洗染、摄影、美容、健身、修配服务站、物资回收站等休闲设施以及儿童教育、音乐培训、舞蹈培训等教育设施。同时要求有名牌企业的连锁超市、24 小时便利店、市政府推动的放心食品零售门店、放心早点快餐连锁店和放心茶店等正规企业的连锁店，既能满足传统的衣、食、住、行需求，又能适应新型的消费需求。如上海杨浦区定海路社区生活服务中心，占地面积约 1 100 平方米，设置了志愿者服务中心、家庭文明建设指导服务中心、老年人日间照料站、"婆婆妈妈"工作室、"老实惠"便民服务站、居家养老服务、"老来乐"茶餐厅、阳光之家等八大服务区域。其中，"老实惠"便民服务站，提供理发、修伞、修配锁、小家电维修、缝纫整烫等多种价廉质优服务。这种便民服务中心需要在社区开发时进行统一规划，并对进驻的各类商贸服务企业的资质有较高要求。同时，要求政府对社区便民服务中心中一些微利型的便民业态，如生鲜超市、快餐店、大众浴池等在土地、税收等方面给予一定的政策支持。

专栏 11-1　苏州工业园区邻里中心

　　邻里中心（Home by Home）是源于新加坡的新型社区服务概念，指在3 000~6 000 户居民中设立集合商业、文化、体育、卫生、教育等多种生活服务设施的居住区商业中心，为邻近居民提供"一站式"服务。与社区商业中心相比，邻里中心的服务主体为周边几个社区内的居民，辐射半径在 1 公里以内。邻里中心的典型特点是建筑形式上由体量较大的单幢或多幢建筑组成，通过规划形成商业内街。经营业态较为丰富，以日常生活服务类业态为主，包括超市、银行、邮政、餐饮店、洗衣房、美容美发店、药店、文化用品店、维修店、社区活动中心、菜市场、卫生所以及体育、休闲场所。

　　目前我国最具有代表性、发展比较成熟的邻里中心模式就是苏州工业园区邻里中心。苏州园区邻里中心是在借鉴新加坡公共管理先进理念的基础上，结合苏州工业园区开发建设，配套设计社区商业服务中心。1997 年，由苏州工业园区管委会投资设立的邻里中心公司开始了第一个邻里中心项目的建设开发和运营工作，经过十多年的发展，已运营 12 个邻里中心，并实现了邻里中心向大型社区商业中心——"融鼎广场"和邻里商业——"邻里汇"延伸的两种模式。从苏州工业园区邻里中心的业态构成来看，餐饮占比最高，为 30.53%，其次是文化中心、社区活动中心等公共服务，占比 27.82%，超市、菜市场占比 23.37%，美容美发、洗衣店占比近 5%。在发展这些业态的同时，邻里中心还推出了生鲜店早餐车工程、修理铺工程、"苏式一碗面"工程、"针线包"工程以及菜篮子工程等一系列便民工程，切实满足了居民生活消费需求。从管理模式上看，苏州工业园区 3 个社工委（相当于街道一级办事服务机构）均位于邻里中心内，且每个邻里中心内都建有民众联络所，实现了社区管理、基层社区服务与社区商业的结合，既方便了居民生活和消费，也促进了社区的集中管理。

资料来源：邻里中心公司

五、线上与线下融合的智慧社区商业服务模式

随着越来越多的消费者习惯于网上购物和交流，社区电子商务与社区商业相结合的线上线下互动发展模式正在积极探索。一些地区借助"互联网+"战略，在继续推进线下实体社区商业发展的同时，着力推动信息技术、物联网、云计算、电子商务与线下居民生活服务结合，创新发展线上与线下融合发展的社区O2O生活服务模式，对促进社区生活服务业便利化发展、满足居民消费发挥了重要作用。如京东社区O2O项目"拍到家"、赶集网社区O2O项目"赶集好车"等线上线下融合的新型社区商业模式不断涌现。北京市东城区推出了"悠购东城"多终端平台，平台涵盖了东城区衣食住行多个维度，主要包括菜价、早餐、老字号、特色产品四大频道，促销、五大商圈、六大特色街、周边查询四大信息栏目。居民通过手机APP、微信公众号、支付宝服务窗及社区触摸屏等方式，可以轻松查询并享受东城区"放心、便捷、实惠"的一站式生活购物综合服务。

第二节　生活服务集聚发展模式

集聚经济理论最早起源于韦伯的工业区理论，之后被马歇尔（Marshall）为代表的新古典经济学发展，并逐步成为以克鲁德曼（Krugman）为代表的新经济地理学的核心理论。新经济地理学以收益递增作为理论基础，并通过区位聚集中"路径依赖"现象，来研究经济活动的空间集聚。运用集聚经济理论，国内外学者先后对制造业集聚现象进行了研究。而随着现代服务经济的发展，如同制造业集聚发展一样，现代服务业的集聚现象越来越凸显，并在空间集聚模式上呈现出集聚区或特色街区模式。上海市在2004年最早提出了服务业集聚区的概念，把服务业集聚区定义为微型CBD（MCBD），指按照现代城市发展理念统一规划设计，依托交通枢纽和信息网络，以商务楼宇为载体，将相关的专业服务配套设施合理有效地集中，在一定区域内形成空间布局合理、功能配套完善、交通组织科学、建筑形态新颖、生态环境协调，充分体现以人为本的，具有较强现代服务产业集群功能的区域。

目前，生活性服务业集聚区模式主要有生活服务街区和生活服务综合体两种模式。

一、生活服务街区模式

典型的生活服务街区主要以商业和餐饮业集聚为主，如城市商圈、美食一条街、摄影一条街，等等。其中已形成一定规模和成效的主要是餐饮集聚区。各大城市根据当地餐饮文化和特色，相应规划了一批美食街区，比较典型的如北京前门地区的鲜鱼口美食街、东直门地区的簋街，成都宽窄巷子美食街，重庆南滨路的火锅一条街，武汉吉庆街饮食文化街，长沙坡子街，南京1912街区，等等。北京前门地区的鲜鱼口美食街主要以民俗餐饮为主，以恢复和发扬中华民族传统美食为发展方向，以集聚老字号餐饮品牌为目标，引进了天兴居、便宜坊、黑猴、六必居、狗不理、老正兴、天源酱园、小肠陈、砂锅居、爆肚冯、功德林、庆丰包子、开封第一楼等老字号品牌，并集中了富有传统文化、风土人情概念的各地风味小食和商品，成为最具特色的京城美食街区。

这种生活性服务业集聚区模式，将一些本地特色品牌企业聚集在一起，一方面，对餐饮企业可以产生集聚效应，有利于通过相互学习和竞争，促进餐饮业发展。另一方面，通过创造良好的环境和氛围，特别是将美食与歌舞、婚庆、休闲娱乐结合在一起，不仅能够方便消费者就餐，而且形成了餐饮服务经济产业链，带动了相关产业发展。同时政府也可以通过统一规划，引导餐饮企业规范经营，形成良好的餐饮市场竞争秩序。因此，这种生活性服务业集聚区模式的发展条件，一是需要政府根据城市经济发展和居民消费特点，进行统一规划和定位，建设美食街区、美食庭院、美容美发一条街、摄影广场以及生活性服务业街区等；二是生活性服务业集聚区要突出本地特色，与演艺、酒吧、旅游等业态相结合，同时要坚持高端业态与中低端业态相搭配；三是需要政府给予土地、税收等方面的政策支持；四是在运营方式上，政府委托企业经营和管理，通过"政府＋市场"手段合力促进其发展。

二、生活服务综合体模式

与社区商业和生活性服务业集聚区模式不同，在城市商业中心（包括 CBD）、区域商业中心以及商业综合体和商业街中，生活性服务业是与生产性服务业融合在一起，以现代服务业综合体形式存在的。例如，在中央商务区或总部经济区，住宿、餐饮等生活性服务业是作为配套服务，与金融总部、物流总部、商务总部等生产性服务企业总部融合在一起的。例如在北京王府井步行街，一些高端酒楼、婚纱摄影沙龙、休闲会所嵌入在百货商城、品牌专卖店等零售业态之间。这种模式的主要服务群体是高端商务人士和高薪白领。

这种模式的表现形式主要有以下两种。

一是以生产性服务业为主体、生活性服务业配套发展的服务业综合体。由于主要是为总部经济区、中央商务区、服务业集聚区、城市商业中心做配套支撑，生活性服务企业多为连锁经营的品牌店，服务质量好，经营档次高，商业信誉也较好，一般不需要政府单独规划。但是便民午餐问题比较例外，由于在总部经济区、中央商务区、服务业集聚区、城市商业中心配置的餐饮店档次相对一般社区要高，而且由于地价和租金原因，这些餐饮店的菜品价格相对较高。如何保障商务人士和白领工作人员能够吃到经济、实惠、安全的午餐是亟待解决的问题，这需要政府规划和政策支持，推动早餐示范工程企业在总部经济区、中央商务区、服务业集聚区、城市商业中心以及社区等区域积极开展便民午餐，保障白领工作人员和社区老年人吃到安全实惠的工作午餐。

二是以生活性服务业为主导的服务综合体。随着电子商务的快速发展和人们越来越习惯于网上购物，在现有的城市商业综合体中，以购物为主的零售业态将逐渐减少，而以满足人们住宿、餐饮、时尚、休闲、养生、娱乐等消费需求的生活性服务业态将不断增加，形成以生活性服务业为主导的服务综合体。相关资料显示，目前购物中心经营服务所占比重已达到50%左右，未来服务比重会进一步上升。购物中心化或综合服务化已成为生活性服务业发展的重要趋势，传统商业的边界正在被打破，汇聚零售、餐饮、文化休闲等多行业、多服务功能的融合的服务形态正在形成[①]。

第三节　互联网 + 生活服务 O2O 平台模式

随着信息技术和网络技术的快速发展，生活性服务业的发展空间进一步拓展，由线下实体店逐步向"线下实体店 + 线上虚拟平台"模式演变，并正在形成公共

---

① 笔者认为，随着这种生活服务综合体的逐步发展，传统商业或零售业的概念已发生了深刻变化，原来购物中心作为零售业的一种经营模式，如今在购物中心，零售的分销功能或商品销售功能正在下降，而其他文化、体育、教育培训、休闲娱乐等服务功能正在增强。这是新一轮流通革命的表现形式之一。

信息服务平台模式和生活服务 O2O 平台模式。其中，公共信息服务平台主要是一种公益性的服务平台，由政府投资建设并负责运营管理。而生活服务 O2O 平台主要是以企业为主体，进行市场化运作的发展模式。

一、公共信息服务平台模式

近年来，为实现政府职能的转变和满足居民多样化的生活需求，一些城市加快了城市生活服务信息平台（公共服务平台）建设，如北京的首都城市综合信息服务平台、宁波 81890 求助服务中心、烟台市的 9600885 生活服务网络中心、上海市家政服务网络中心 962512 热点平台等。这些城市生活服务信息平台利用互联网、通信设备和软件，将政府、企业和居民紧密地联系在一起，建立了专业化的服务体系。城市生活服务信息平台主要特点如下。

1. 提供全方位全天候的信息服务

目前，城市生活服务信息平台囊括了涉及百姓生活方方面面的信息，极大地方便了居民的生活。例如，首都城市综合信息服务平台推出的公益性综合服务网站——北京网，面向旅游者和市民提供交通出行、旅游住宿、餐饮消费、医疗健康、文体娱乐、公共安全、社会保障、劳动就业、教育培训、社区家庭、电子地图等在内十多个领域的服务。其中，旅游住宿服务提供了从旅游者到达北京，去酒店，游览景点，购物娱乐，一直到离开北京的全程服务，使旅游者可以轻松地通过网站安排个性化的行程并获取帮助。又如，宁波 81890 求助服务中心是宁波市海曙区政府建立的公共服务平台，由求助热线和公众服务信息网站组成，通过建立资质审查、服务监督和信用评价制度规范加盟企业，为广大群众提供有保证的全面的居民服务。

2. 形成政府、企业与市民的互动效应

城市生活服务信息服务平台集合了政府和企业方面的全面、权威、丰富的信息，解决了政府、企业与市民之间信息不对称问题。例如宁波 81890 求助服务中心，一方面整合了政府的资源，通过服务网络与政府职能部门实现互动，使市民对城市公共事务管理的需求、意见、建议得到及时处理；另一方面整合了市场的资源，"81890" 整合了全市 790 多家各类服务企业，180 多项衣食住行、生老病死等服务内容，为市民提供全方位全天候的生活服务，也培育了一批生活性服务企业。

3.建立了生活服务质量保障机制

良好的服务质量是生活性服务业发展的根本保证。城市生活服务信息平台的高效运行，其根本在于企业良好的信誉和服务质量。例如，宁波以81890信用平台为依托，通过政府信用推进整个服务质量的提升，并建立了一整套信用管理制度，如81890与加盟企业有严格的质量保证协议，与服务对象有认真的质量回访制度，对服务企业实行严格的监控。同时，宁波市聘请了81890服务系统的法律顾问和消费者服务质量巡视员，专门处理因服务质量和价格等引起的纠纷；建立了81890接线受理情况的义务监督员队伍，对81890服务平台的服务态度和服务质量进行每月一次的评估；成立了81890服务企业协会和81890志愿者协会，实行自我管理和行业自律；81890还建立了一套服务质量管理体系，并通过了ISO9001－2000质量管理体系认证。

作为一种公益性平台，这种生活服务信息服务平台需要政府投资建设，具体有以下两种模式。

一是政府投资建设和运营模式。以宁波81890求助服务中心为代表，政府投资200万搭建，并且每年用500万财政资金去运营。这种模式的特点是完全由政府出资，公益性较强，能够很好地保障81890求助服务中心的运营。由于需要政府财政投资较大，对于政府财力不太强的地区，政府负担较大，后期投入难以保证。这也是其他城市推广宁波模式不成功的主要原因。

二是政府投资＋企业运营模式。如上海家政服务网络中心962512热线平台，由政府一次性投资，之后由百联集团控股，旗下子公司——上海百电通生活服务有限公司负责运营，走的是市场化的发展路径。这种模式由于政府只负责建设投资，具有半公益性质，企业市场化运营过程中要向企业和居民收取一定的费用，可能影响企业和居民的积极性，同时企业运营风险较大，盈利空间较小。

二、本地生活服务 O2O 平台模式

随着我国网民数量的快速增长，网络体现出来的价值也得到快速提升，尤其是在生活服务方面，生活服务网络化、智慧化已成为一种必然趋势。根据易观智库的资料显示，我国生活服务O2O模式主要有三种：一是垂直类，指本地垂直细分生活领域服务的提供者，如餐饮、家政等企业开展的线上线下融合模式。二是平台类，又包括两种模式，一种是直接切入本地生活分类信息服务的平台厂商，

如 58 同城、赶集网等；另一种是由点评、团购出发，后来逐步进入本地生活服务领域的交易平台，如大众点评、美团等。三是阿里巴巴、京东等电商巨头整合的商品交易与生活服务。在"互联网 +"的推动下，我国涌现出大量的生活服务 O2O 平台。据艾瑞咨询发布的《2016 年中国 O2O 行业发展报告》显示，2015 年 O2O 市场规模达到了 8 797.0 亿元。

生活服务 O2O 平台模式集中了旅游、婚庆、餐饮、美容美发、足浴、摄影、休闲娱乐等各种生活性服务业态，网站为商户提供促销活动和广告，消费者可以从网站上购买商户服务进行消费并点评（图 11-1）。这种模式不仅能够满足消费者低价优质生活服务类商品的消费需求，也能满足消费者生活服务类多样性的消费需求，同时可以为入驻商户提供品牌和服务的担保，帮助他们创造更多的社会价值，达到促销和分销的双重目的。

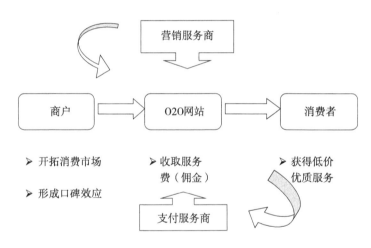

图 11-1　生活服务 O2O 平台模式运作机理

特别值得一提的是，分享经济①成为"互联网 +"时代发展的一种新型经济形态。分享经济通过建立社会化网络平台，整合分享各自所拥有的闲置资源，帮助其他有需求的人完成消费。这种全新的商业模式正在改造传统行业，并影响和改变着传统消费观念。目前，我国的分享经济正从交通出行和住宿领域，拓展到个人消费的多个细分领域，"回家吃饭""拼车"等逐步成为消费新概念。例如在餐饮领域，分享平台不只局限于外卖送餐，还包括厨师上门、到陌生人家里吃饭等

---

① 分享经济也称共享经济，是指将社会海量、分散、闲置资源，平台化、协同化地集聚、复用与供需匹配，从而实现经济与社会价值创新的新形态。

新服务。易观智库数据显示，2015 年中国互联网餐饮外卖市场规模达 457.8 亿元。在家政服务领域，已经涌现出阿姨来了、e 家洁、云家政、小马管家、阿姨帮等分享型企业。生活服务类分享平台的发展，提高了用户体验，极大地促进了体验消费、新型服务消费。

在我国，生活服务分享平台作为一种新模式，还存在缺少应有的经营许可、市场监管存在漏洞、提供的产品或服务难以有效保证等问题。迫切需要国家出台相关的法律法规，以规范第三方网络平台和个人参与者，促进分享经济模式的规范发展。

专栏 11-2 "e 袋洗"——开创洗衣发展新模式

"e 袋洗"是老牌洗衣服务品牌荣昌洗衣 2013 年创建的基于移动互联网的 O2O 洗衣服务平台，为用户提供安全、便捷、极速的洗衣服务，具备省钱、省事、娱乐特性。公司已先后完成 A 轮和 B 轮融资，获得了百度、腾讯、经纬、SIG 的投资，公司市值 5 亿美金，成为洗衣行业创新发展的翘楚。"e 袋洗"的愿景是成为中国最大的洗衣店，提高人们的生活幸福指数，其业务模式创新有效解决了顾客到干洗店洗衣停车难、送洗衣物交接手续烦琐、店面营业时间不能满足顾客取送时间等一系列洗衣痛点。

1. 开创按袋计费的洗衣业新模式

传统洗衣模式主要是按件计费，不同面料、不同款式的洗衣价格差异较大。"e 袋洗"推出了按袋计费的模式，99 元 / 袋，及按件清洗 9~29 元 / 件。用户需要洗衣服务时，仅需通过 APP/ 微信下单，预约时间地点，就会有专业的上门服务人员按时登门收取衣服。衣物经过 e 袋洗 15 道专业清洗熨烫工序后，72 小时内送回用户手中。该模式的亮点在于实施按袋收费，在标准袋中不论面料和款型，塞什么是什么，塞多少算多少，激发了消费者的类似挑战游戏的参与兴趣。本质上看，按袋收费并没有改变洗衣服务和流程，但对消费者服务更加人性化和快捷。

2. 采用"外包"+"众包"的运营模式

"e 袋洗"作为移动互联网 O2O 洗衣服务平台，一方面整合了本地洗衣实体门店资源，通过与洗衣店、洗衣工厂采用合作的模式，将洗衣服务外包给一线品牌中的优秀洗衣店，实现了线上线下强强联手，融合发展；另一方面整合了社区闲置的劳动力资源，创新出"小区众包"的物流模式，即在每个社区里招募取送人员——小 e 管家，负责周边 2 公里内的衣物取送，提供属地化就业岗位，降低了上门取衣送衣的物流成本。

3. 建立洗衣质量管控标准和体系

为保证洗衣品质，在加工商的选择上，e 袋洗只在一线品牌洗衣店中选择有 5 年以上从业经验的优秀合作商进行合作。"e 袋洗"为加工商制定了"123"洗衣法和严格的质量把控"365"标准，不仅对洗衣店合作伙伴的资质、品牌、店面面积有明确的要求，而且对加工商适用的设备、技师的等级水平和工作年限、店内员工数量、清洗流程等均有严格要求。e 袋洗对合作加工商的资质除了基本的三证齐全，还要求拥有五代全封闭环保干洗机，洗涤符合三证标准。具体而言，e 袋洗对加工商的实际操作以评分的方式量化考核，每月进行加工商服务满意度排名，提升优秀加工商的信誉等级，对服务存在瑕疵的加工商给予处罚，带领真正有实力的加工商和 e 袋洗一同发展。同时为保障消费者利益，"e 袋洗"与平安财险合作，建立了消费者赔付保障基金，推行在线先行赔付机制，借助全流程在线处理机制，实现了对客户快速理赔，从而保证高品质的清洗质量，持续提高用户满意度。

在"e 袋洗"的洗衣 O2O 业务已经发展得相对成熟的基础上，搭建小 e 管家平台，从洗衣服务切入，提供包括小 e 管洗、小 e 管饭、小 e 管遛（宠物）、小 e 管修、小 e 管玩、小 e 管送等日常生活服务，探索开展综合生活服务的业务模式。该模式将以社区为单位，招募愿意共享个人时间和技能的服务者成为小 e，以其生活区域为中心，为周边方圆 2 公里以内的用户提供平等的生活服务。同时针对当前人口红利消失、能够提供生活服务的新生代劳动力缺口加大，以及年轻人就业属地化趋势，"e 袋洗"积极借鉴新加坡等国家经验，倡导"邻里互助"理念，利用社区闲置的劳动力资源和技能型人才，发展社区生活服务。如未来"e 袋洗"将计划与物业公司和开发商合作，在小区设立护老点等服务网点，满足居家养老服务需求。

第十二章　生活性服务业供给政策

随着居民消费结构加速升级，我国生活性服务业获得了快速发展，行业规模不断扩大，供给结构日益优化，创新能力逐步增强，给服务业发展带来了革命性的积极影响。但总体上看，受观念、体制和政策等方面的制约，我国生活性服务业发展仍然相对滞后，部分行业有效供给不足、服务质量不高、消费引领作用不强。迫切需要进一步加大政策引导支持力度，优化营商环境，通过改善供给结构和供给方式，激发企业创业创新活力，提升服务品质和精细化服务水平，提高生活性服务业供给质量和效益，满足居民日益增长的个性化、多样化消费需求。

第一节　国外生活性服务业发展的政策措施及借鉴

为增强生活性服务业供给能力，满足居民服务消费需求，促进就业增长，国外一些国家对文化、养老、体育、家庭和居民服务等生活性服务业制定了较为完善的促进政策，对我国具有重要借鉴意义。

一、各国促进生活性服务业发展的政策措施

由于生活性服务业涉及的行业众多、特性各异，世界各国对生活性服务业都没有制定专门统一的支持性政策，一些国家和地区主要根据经济社会发展阶段和产业发展重点，对文化、养老、体育、家庭和居民服务等不同生活性服务行业分别制定了财政支持、税收优惠和法律法规等相关政策措施，力图增强生活性服务业供给能力，满足居民服务消费需求，并促进就业增长。

（一）从经济社会发展战略角度制订行业发展规划或计划

由于文化、养老、旅游等部分生活性服务业与一定时期一国经济社会发展阶段密切相关，许多国家从经济社会发展战略角度，制订了生活性服务行业发展规划或发展计划，以推动生活性服务业发展。如随着欧美等国家逐步进入老龄化社会，这些国家高度重视养老服务业发展，形成了一套符合本国特点的支持养老服务业发展的做法。20 世纪 90 年代初期，英国颁布了《照顾白皮书》，强调社区照顾的目标是在"自己的家或'像家似的'环境中供养人们"。美国为推动居家自助养老，实施了"社会服务街区补助计划"，在各州力图帮助和支持老年人在家里有能力独立活动，为老年人提供较多的服务项目，如家政服务、运输、供给膳食等，所有住在家里的老年人都能获得这样的服务。2005 年法国就业、社会融合和住房部长博尔罗推出了"个人服务业发展规划"，并就同一个主题让议会通过了一个法案，法案的三大主要纲领是使家庭服务业结构化为更多的人所了解，鼓励新的参与者，让使用服务的家庭降低费用。法国政府还通过了《安度晚年 2007—2009》《高龄互助 2007—2012》两个全国性的与养老相关的发展规划，核心内容主要是鼓励设立养老机构和推动发展养老服务券。其中，法国推行的预付定值通用服务券由经过家庭服务管理局认证的公司发行，企业或个人均可购买。企业购买后作为福利低价出售或发放给员工，员工既可自用也可送给父母。企业为员工购买养老服务券可免缴任何社会保障费，并享受服务券总金额 25% 的税收减免。日本在 2006 年将观光立国上升到了国家战略，出台了"观光立国行动计划"和每五年调整一次的"推进观光立国基本计划"，加大政策支持力度，并明确了地方政府和旅游企业的权责。

（二）运用多种财政政策手段支持生活性服务业发展

欧美等市场经济国家主要采取财政拨款、政府补贴、政府奖励、政府购买等多种财政手段支持文化、体育、养老等公共服务和公共事业发展，对于市场化发展的生活性服务行业和特殊服务领域，则注重发挥市场机制的引导作用。

1. 财政投资

直接的财政拨款主要用于支持作为公共事业和公共服务的文化、体育、养老等领域发展，也有个别国家通过设立专项投资资金支持部分市场化的生活性服务业发展，如韩国从 2012 年下半年开始在全国范围内选定优秀餐饮业区，被指定为优秀餐饮业区的地区可连续两年获得 2 亿韩元的餐饮业支持资金。新加坡标准、生产力与创新局为协助新加坡餐饮业的中小企业提高竞争力，2007 年推出了"餐饮业能力发展计划"，拨出 1 200 万元，在接下来三年内资助至少 150 个项目，协助中小企业开创新概念、提高服务水平和采用高效率的最佳作业方式。通过"餐饮业能力提升计划"，中小企业可获得政府的援助资金，用来抵消与能力发展项目相关的部分开销，包括开发新产品或商业概念、提高服务水平、申请相关的核准证书、采纳资讯科技及改善工作流程。

2. 政府补贴

为支持不同生活性服务行业发展，各国都制定了一些特殊的补贴政策。如日本政府以补贴方式支持养老服务业发展，对于民营公司开发的服务型高龄者住宅，给予一定的建设费用补贴。韩国电影振兴委员会制定了在韩国拍片的补贴制度，从 2011 年开始对在韩国拍摄的外国电影和电视剧系列的制作费给予 30% 的现金补贴，并对在韩国国内支出的劳务费用给予现金补贴。每部电影制作费最高补贴金额为 20 亿韩元。英国为促进健康与养老服务发展，构建了国家卫生与健康服务（NHS）供给体系，该体系在依托护理院提供长期、中期、短期的公共医护服务和依托家庭与社区就近提供综合性生活服务的同时，面向老年人、护工以及实际照顾老年人的护理人提供津贴。其中，照顾者津贴主要补给正在照料严重残障者、且年龄在 16 岁及以上的人士。照顾者通常被界定为照顾患病、年老体弱或有伤残的家人、朋友。该津贴相当于对家庭供养老人的一种制度补贴。根据 2011 年英国法律委员会的修正法案，每周超过 35 小时，照顾家庭成员的照顾者可以领取照顾者津贴[①]。

3. 政府购买服务

各国主要通过政府购买服务形式，为低收入、生活困难的老人提供养老服务。如美国政府通过引入市场竞争机制，向私人开办的老人院、老人护理院等"购买服务"，联邦政府和地方政府向入住私人机构的老人提供费用资助，加上保障基金、商业保险补贴、政府养老金等，真正由个人支付的只占原费用很小一部分。英国针对社区内需要长期照顾的老人，制定了一项能够提供可持续资金支持的制度，保障老人无论在家中或其他地方都能得到良好的照料。英国政府对处于贫困

---

① 金璐:《中英两国养老服务业政府供给方式比较》，上海：上海工程技术大学，2015。

线以下的低收入或无收入家庭成员给予养老补助，并为无人照顾且有生活自理能力的老人提供了收费较低的老人公寓，而孤寡、残疾老人可在社区内养老服务机构免费接受专业工作人员的照顾。

（三）实施低税率、减免税等税收支持政策

税收政策是发达国家支持生活性服务业发展的主要手段和措施。各国主要通过制定税收低税率、减免税等优惠政策，支持生活性服务业增强供给能力、提升供给质量和水平（表 12–1）。

表 12–1　欧美主要国家相关生活服务行业税收政策

行　业	美　国	英　国	法　国
电影电视业	在美国本土生产翻制的电影和电视，按其 10%~25% 的制作费用进行税收抵扣	规定影视制作成本低于 2000 万英镑的，给予制作公司 20% 的公司税优惠；超过 2000 万英镑的，给予 16% 的公司税优惠	电影门票收入实行 5.5% 的增值税优惠税率；对电视上播放的电影征收 10% 的播放权税，以保护电影版权
演出娱乐业（体育表演）	对体育竞赛表演业风险投资额的 60% 免征税收	为鼓励民间机构加大对竞赛表演业的投资力度，特别规定对新创办的竞赛表演企业免征资本税等政策	对于新创作的演出娱乐节目前 140 场演出收入适用 2.1% 的增值税优惠税率；除此以外的演出收入适用 5.5% 的增值税税率
数字游戏业	网络游戏产品出口实施 50% 的出口退税	数字游戏产业中的各种游戏产品按照最高 50% 的退税率进行退税	本国游戏企业出口的高技术游戏软件免征增值税和企业所得税，同时给予全部退税
社区体育	对社区健身会所实施税收优惠政策	允许注册的社区业余体育俱乐部享受一定的退税	
养老服务业	税收优惠主要集中在老年人口住房上。养老机构和社区养老企业可免除公司所得税、销售税和财产税，并酌情免除联邦失业税	对向符合条件的非营利组织捐款的公司和个人降低其所得税	企业为 70 岁以上老人提供居家服务，可减免企业为护工缴纳的社保，从事居家养老服务的企业，增值税降为 5.5%

1. 对非营利性生活性服务企业或机构实施税收减免政策

这是各国支持生活性服务业发展的普遍做法。在对非营利性组织的概念界定上，各国还存在一定的差异。如美国对非营利性企业或机构的界定主要看实现的盈利是否保留在企业或机构内部，如果盈利部分不被拿走，那么企业或机构就可被认定为非营利性组织。美国文化、体育、养老、健康等生活性服务领域的非营利性企业或机构，不仅可以享受免征联邦和地方的财产税、销售和使用税等优惠，还可以免征所得税。例如，美国对非营利性文化团体和机构免征公司所得税，并减免资助者的税额。英国政府1993年把体育健身娱乐业归为体育非营利组织，享受税收优惠，私人俱乐部还可以通过"统一经营税"获得免税机制。

2. 对进行捐赠或赞助的企业或个人给予税收优惠

美国鼓励个人或单位对非营利性生活性服务企业或机构进行捐赠，如个人或单位对体育机构进行的无偿捐赠，从应纳税所得额中扣除；个人对非营利性文化组织的捐赠可免征30%的遗产和赠与税。英国主要鼓励以慈善为目的的捐赠，如企业向体育慈善组织捐赠的货币、股票可全部从应纳税额中扣除，个人或企业对文化组织的捐赠可享受公司税、遗产税、增值税、个人所得税等方面的优惠。在法国，企业无论是赞助比赛承办机构还是运动员，均视为企业为制作广告的支出，在计算公司所得税时予以扣除，给予相应的减免优惠。

3. 采取税收优惠鼓励民间资本投资

各国普遍采用税收优惠政策，鼓励民间团体和社会力量发展文化、体育、养老等服务业。如美国规定，法人企业投资各类文化领域的，其投资股权和资产可以税前扣除，并免除公司所得税。英国对企业购买政府认定的文化产业园区的厂房免房产税，对投资数字游戏产业的企业给予三年期免税。韩国对尚处于起步阶段的文化企业，实行按照税率六年逐级递增的公司所得税优惠政策。这些政策有效地降低了企业投资风险，吸引了企业投资，促进了相关文化产业的发展。对于体育服务业，日本为吸引社会力量介入场馆设施建设领域，制定了包括减免因场馆修建而产生的土地使用税等政策，并在贷款利率方面给予一定优惠。

4. 对部分生活性服务业实施低增值税税率

为促进劳动密集型行业就业，1999年欧盟实施了"六号增值税指南"，并于2004年进行了修订。该指南主要对包括家政服务行业、门窗玻璃清洗行业、私人住宅翻装行业、美容美发服务行业，以及修理自行车、鞋、皮件、服装和家用亚麻布艺等方面的小规模修理修配服务业这五类行业实施较低的增值税税率，以促进服务需求和服务供给增加，提高就业率。同时，一些国家也对文化、体育、养老、餐饮等生活性服务业实行较低的增值税率。如绝大多数欧盟成员国和准成员国文化服务业的增值税税率都低于增值税的标准税率。德国和希腊的增值税标准税率都为16%，但两国对文化服务业分别实施7%、4%或8%的低增值税税率甚至免税政策。法国一般商品的增值税税率为19.6%，但对新闻出版、电影电视和文艺演出实行5.5%、2.1%和2%的增值税优惠税率。法国在2009年还允许餐饮业享受增值税低税率，对餐饮业的增值税税率由原先的19.6%降至5.5%。

5. 对生活服务业细分行业和服务领域实施税收优惠政策

对于文化、体育等行业细分服务领域和家庭服务、养老服务，许多国家都制定了一些特殊的税收政策措施，鼓励不同层次的生活性服务业的发展。如美国对一般文化企业的研发投入给予费用扣除和减免所得税的双重优惠政策。美国还专门对社区健身会所实施税收优惠政策，美国健身房按照类似于酒店的五星级标准分为高档、中高档、中档、中低档和低档。中低档健身会所多处于社区，由于这些社区健身会所侧重于健身功能，因此可以享受税收减免或贴息政策，社区健身会所也因此收取很低的费用，促进了社会居民健身消费。俄罗斯对员工不超过15人的个体餐饮企业免除法人所得税、财产税和增值税。德国对符合条件的俱乐部予以免征企业所得税、营业税、资本交易税、继承税和房地产税。

6. 对中小生活性服务企业实施税收优惠

这是国外通行的做法。英国规定规模较小的养老服务机构，可适用中小企业专属的税收优惠，如在投资的纳税年度，该投资者的所得税义务可以减去投资股份成本的30%。法国对非营利文化组织、文化自由职业者和营业收入小于10万法郎的中小文化企业实行免征或免缴增值税的优惠措施。

7. 对家庭服务业供需双方实施减税政策

为吸引更多的劳动者与社会资源进入家政服务业，扩大家政服务市场容量，提升家政服务供给质量，法国政府对家政服务业供需双方实行减税政策。从服务供给角度，法国对家政服务中介机构给予7%的增值税优惠，对家政服务人员减免

50% 的应纳收入所得税，并且家政服务中介机构年利润在 50 万欧元以内部分，凭公共服务岗位支票可减免其应纳税额的 25%。从创造需求角度，法国对雇用家政服务人员家庭的每年基础减税额为 1.2 万欧元；如果雇用家庭有失能人员，免税额可提高至 2 万欧元 / 年；如果雇用家庭有不满 6 岁的儿童，则在 1.2 万欧元减税额基础上，为每名儿童追加 1500 欧元 / 年减税额。对雇用特殊工种的家庭，法国政府还专门给予特殊税收支持，如雇用室内外修补工可追加 500 欧元 / 年的减税额；雇用园艺工追加 5000 欧元 / 年的减税额；雇用网络电脑服务工追加 3000 欧元 / 年的减税额[①]。

（四）构建多元化投融资渠道和机制

各国为促进生活性服务业发展，积极拓展多元化筹资渠道，创新投融资机制，为生活性服务业发展提供资金支持。

1. 设立产业发展基金

各国为扶持文化、体育、旅游等产业发展，设立了不同形式的基金，为产业发展提供资金支持。从 1948 年开始，法国对电影工业设立扶持资金，其资金来源主要从影院、电视和录像等相关行业的税收中提取，提取比例为电影院票价税收的 11%、电视台营业额税收的 5.5%、录像带出版税收的 2%，总预算高达 4.4 亿欧元[②]。为扶持文化产业发展，韩国设立文化专项基金，有针对性重点突出地实施资金支持计划。如韩国 2005 年设立了游戏产业发展基金，每年投入 500 亿韩元的财政资金，为游戏产业提供从资金到技术上的支持。2012 年 7 月，韩文化体育观光部出台《观光住宿设施扩建特别法》，对事业企划案得到文化体育观光部长官承认的宾馆设施，根据《观光振兴开发基金法》规定，建设所需的部分资金，可优先享受观光振兴开发基金支持，同时规定将现有设施用途变更为宾馆设施，且事业企划案得到文化体育观光部长官的承认，即可享受观光振兴开发基金支持的融资条件特殊优惠。美国制定了国家层面的《旅游促进法》，设立旅游促进基金，着力通过国家整体旅游形象的宣传与推广，提高旅游业国际竞争力。英国制定了文化产业资助计划，建立"政府陪同资助"机制，以解决中小文化服务企业的资金缺口问题。

---

① 焦旸："法国的家政服务业"，《中国劳动》，2013 年第 12 期。
② 陈广玉："世界电影产业发展及扶持政策掠影之法国"，上海情报服务平台网，http://www.istis.sh.cn，2015-8-27。

2. 多途径拓展融资渠道

为解决生活性服务企业融资问题，许多国家都采取了低息贷款或贷款援助支持政策。如法国的《旅游服务业发展与现代化法律（草案）》明确政府针对酒店业提供贷款援助帮助酒店业改造，以实施新的酒店星级分类标准。韩国政府近年来每年向政府招标中标的银行提供 100 亿至 500 亿韩元不等的政府预置金补助，促进中标银行为文化企业提供符合市场标准的低息贷款，特别是对进驻文化产业园区的单位和企业长期提供低息贷款。同时，一些国家还积极采取鼓励企业发行债券、风险投资、公私共同资助等方式拓展生活性服务企业融资渠道。如为鼓励赛事活动的开展，英国曾实行过"体育配对计划"，即赞助某项体育比赛活动的赞助商提供多少金额的赞助，英国政府就相应地提供相同数量的赞助金额支持赛事活动。为促进电影业发展，法国规定：凡是年播放电影超过 52 部的电视台都必须要参与投资电影制作，免费电视台必须从上一年度的营业总收入中拿出 3.2% 投资欧洲电影，2.5% 投资法国本土电影；收费电视台须拿出年收入的 20% 左右投资电影的生产制作，其中 12.5% 投资欧洲电影，9.5% 投资法国本土电影[①]。韩国政府鼓励文化企业进行股票和债券等证券发行，支持更多企业对游戏、电影、音乐、人物形象等重点行业进行风险投资，以促进文化产业发展。

3. 创新融资机制

一些国家也通过设立产业融资公司等形式积极拓展生活性服务业的融资渠道。如法国影视产业融资公司是独立影视生产项目最主要的融资渠道。在法国，任何个人或企业不能直接投资某部影片的制作，只有影视产业融资公司才有权投资电影，社会资本必须通过购买这些影视产业融资公司的股份才能实现对电影的投资，所投资金至少在 5 年内不得提取，最长 10 年，分为保值和不保值两种。所投资金额可以抵个人所得税或企业增值税，个人所得税最多可减免 25%，企业增值税最多可减免 50%。

（五）建立完善的医疗和护理保险制度

对于健康服务、养老服务和家庭服务等涉及居民健康的服务行业，许多国家从需求和供给两方面，通过完善医疗护理制度，促进这些行业发展。

---

① 陈广玉："世界电影产业发展及扶持政策掠影之法国"，上海情报服务平台网，http://www.istis.sh.cn，2015-08-27。

1. 实施医疗照顾制度

在美国，政府有专门针对 60 岁及以上老年人的医疗保险（Med icare）。美国政府专门针对体弱多病的老年人实施了全面医疗照顾计划（The Program of All-inclusive Care for the Elderly，PACE），该计划规定参加者必须在 55 岁以上，居住在 PACE 服务区内，被州政府的相关机构鉴定为体弱多病，符合入住护理院的老人。PACE 的特点是商业运营、政府监督，保障需要到护理院的老人可以选择在社区里接受长期的照顾服务，这使那些体弱多病的老年人可以居住在自己的社区里，保持独立、有尊严、有质量的生活。

2. 建立长期护理保险制度

随着人口老龄化进程的加快，发达国家在制定社会政策时都十分注重通过长期护理解决养老问题，德国、日本、韩国等都建立了长期护理保险制度（表12-2）。以护理社会化为目标，日本 2000 年 4 月 1 日正式开始实施护理保险制度。日本护理保险制度把市町村政府定为保险主体，投保人为居住在日本的 40 岁以上者（包括外国人），其中 65 岁以上为第一被保险者，40~65 岁为第二被保险者。护理保险费 50% 由国家负担，其余 40% 依靠各地上缴的护理保险承担，使用者自付 10%。个人上缴的费用根据收入分为五个等级，确保收入和投保水平的均衡[①]。保险费上缴国家后，根据各地区老龄人口的比率和照顾需求情况，被分配到各地方政府调配使用。护理保险服务包括两类：第一类是居家护理，包括上门护理、上门入浴服务、上门看护、上门康复训练、日间托老与照护、居家康复训练、护理设备的租借、短期入院护理、短期入院疗养、老年痴呆症患者的生活护理指导、入住特定收费的养老院、居家疗养指导和住宅改造共 13 种。第二类是设施护理，包括特别护理的养老院、老年人保健设施和疗养型病床设施共 3 种。老年人按照被判定的等级可自主选择护理保险提供的服务。

---

① 戴卫东："国外长期护理保险制度：分析、评价及启示"，《人口与发展》，2011 年第 5 期。

表 12-2　主要国家长期护理保险制度比较

	立法规范	参保对象	保险基金	基金管理	服务提供
德国	1994 年颁布《护理保险法》	18 岁以上的全体国民，所有参加医疗保险的人都要参加护理保险	雇员收入的一定比例用于护理保险	委托医疗保险机构投资运营	由轻到重分为一、二、三级
日本	1997 年颁布《护理保险法》	40 岁以上的全体国民都要参保，其中 65 岁及以上的国民为第一被保险者，40～64 岁的医疗保险加入者为第二被保险者	护理保险费 50% 由国家负担，其余 40% 依靠各地上缴的护理保险承担，使用者自付 10%	由市町村决定各地保险费的额度及征收、管理保险费	日本护理服务分为要支援 1、2 级，要护理 1~5 级（共 7 级），有居家护理、专门机构护理两种方式
韩国	2007 年颁布《老人护理保险法》	急需护理（1~3 级）的 3% 有收入的老年人	国家财政承担保险费预算收入的 20%，医疗救助人的长期护理费用由国家和地方财政共担；个人负担设施服务费的 20%，居家服务费的 15%，低收入者减免 1 / 2，最低生活受助者免费	由国家健康保险机构统一集中管理	由家庭服务、设施服务来承担

资料来源：笔者根据戴卫东："国外长期护理保险制度：分析、评价及启示"，《人口与发展》，2011 年第 5 期整理。

3. 建立家政服务员健康保险制度

按照相关法律规定，美国家政服务员的医疗、失业及其他社会保险按《联邦保险费缴纳法》规定办理，雇主要帮助家政服务员支付全部或部分雇佣的健康保险。日本家政服务设立劳动灾害保险，通过雇主与劳动者对半支付的劳动保险费来运营，保险费等于工资总额乘以保险费率。荷兰于 1998 年和 2007 年分别实施的《家庭就业服务法令》和《家庭工人法令》，也规定雇主为家政服务员支付健康保险费用。

（六）注重职业教育和技能培训体系建设

欧美等国家非常重视对养老服务、家庭服务、住宿餐饮等劳动密集型生活性服务业的职业教育和培训，不仅为从业人员创造了良好的职业发展环境，而且保证了行业获得稳定的高技能的从业人员，从而促进了行业发展。

1. 立法规定职业教育

美国 1917 年通过的《史密斯·休斯法案》规定，联邦政府每年拨款 700 万美元资助各州兴办包括家政职业教育在内的职业教育和师资培养。《1963 年职业教育法》和《1968 年职业教育法修正案》规定，职业教育 10% 的拨款用于家庭知识与技能的职业培训。

2. 建立完善的生活性服务业教育体系

在家政服务行业，早在 19 世纪中叶，美国政府就通过立法鼓励社会各级学校广泛开展家政教育课程，美国现有 780 多所大学设有家政系，建立了系统规范的课程设置与管理体系，并拥有家政学硕士、博士等学位授予资格。通过这些学校，美国每年对数百万人开展涉及家庭保洁、烹饪、插花、园艺、未成年人教育、老人陪护、家庭管理等方面的知识传授、技能培训。英国拥有世界著名的保姆学校——诺兰德学院，该学院的学制为三年，开设幼儿教育和早期儿童研究两个专业，进入学院的学生主要学习幼儿早期发展和教育，前一年半时间要修完包括心理学、社会科学、儿童心理健康及护理等基础理论课程知识，余下的一年半则是实习阶段，学习与未来工作相关的家政技能。

3. 建立严格的职业技能培训体系

在养老服务行业，日本 1987 年制定的《社会福利士及护理士福利法》规定护理人员必须经过专业知识和技能的培训，到指定机构临床实践，通过国家资格认证考试。日本的地方政府还通过各种方式，鼓励年轻人参加政府认定的养老服务职业资格考试。法国根据不同服务岗位要求制订了详细的培训计划，设置了 14 个专业文凭和五个水平等级。政府还根据养老服务市场的不断变化，定期调整培训大纲，每三年更新一次养老服务从业人员服务指导手册。在美容美发行业，法国对美容从业人员的要求相当严格，按照有关规定，行业经验少于 7 年，没有受过专业培训的人不得在美容培训学校执教。日本《美容师法》规定：经考试入学，修满两年专业美发美容课程，并经考试合格的，才能取得美发美容从业资格。按照《美容师法》的规定，对于刚毕业的美容学生，无论技术多好也不能立即上岗，而是要在美容沙龙里实习，大概 3~5 年，才能被提升为美容师或美发师。同时，规定在美容机构从事洗头工作的小工必须有两年以上的工作经验。由于日本对从业人员管理严格，所以美容师和美发师的流动性很小，很多美容师和美发师在一个美容沙龙里一干就是十几年或几十年，直到退休。这样严格的行业管理保证了美容沙龙的服务质量和水平，使美容业的发展走上了良性循环的轨道，从而促进了美容业的蓬勃发展。

4. 对从业人员实行资格证书制度

欧美发达国家非常注重社区养老服务工作者的专业素质，规定拟上岗人员必须经过严格的考核，考核内容包括基本保健、护理、康复知识和技能，对考核合格者发给上岗证书。例如，瑞典、美国、加拿大等国家实行养老护理人员和护工持证上岗制度，要求养老护理人员或护工需经过正规的职业培训和考试后才能取得执业证书。瑞士政府根据培训考核成绩，将老年护理护士分为五级，每一级别都有明确的工作能力划分。

5. 提升从业人员的社会地位

针对社会对住宿餐饮、家庭服务、养老服务等行业从业人员存在歧视的问题，一些国家对生活性服务业从业人员的职业进行了规划和提升。例如，法国政府将养老服务培训纳入正规教育体系，使养老服务培训学历得到正规大学的认可，并且支持完成养老服务培训的人员进入正规大学相关专业接受再深造。同时，法国政府创造性地为养老服务行业设计了一系列对应的高级雇员及管理人员学历、学位，以拓展养老服务从业人员的职业生涯。

（七）完善法律法规和行业标准化管理

各国生活性服务业的法律法规和行业标准比较完善，着重从立法角度规范和促进生活性服务业健康发展（表12-3）。这些法律法规和标准主要包括以下几方面：

1. 立法保护知识产权

为促进文化服务业发展，适应信息数字化技术为知识产权保护带来的新情况，美国在知识产权保护领域先后出台了《数字千年版权法》《版权保护期限延长法》《防止数字化侵权及强化版权补偿法》《家庭娱乐和版权法》等许多新的法律法规，从法律角度上对网络上的各种软件、音乐作品、文字作品给予了专门的保护。

2. 立法保护从业人员的权益

许多国家和地区不仅出台专门的家政服务业方面的立法，规范家政服务企业的经营行为，而且将家政服务员劳工权益和家庭消费者承担的法律责任和义务作为立法的重点，确保家政服务员和家庭消费者的各方面权益得到应有的保护。如美国纽约州 2010 年通过的《家政工人权利保护法》明确规定，家政工享有每周一天的休息权，拥有集体谈判权，并将家政工纳入反歧视法的保护范围。印度 2008 年颁布的《家政工人（注册、社会保障和福利）法案》，着力保障家政服务员的工作条件、工资报酬、防止剥削、防止人口拐卖等问题。香港《雇佣条例》是规范和管理香港家庭服务有关主体、行为和权益的主要法律，适用于本地佣工与外籍佣工。根据《雇佣条例》，家政服务员享有法定假日、工资保障、不受歧视的保障，并规定对于连续工作四星期或以上、每星期最少工作 18 小时的家务助理，雇主需根据规定提供休息日、有薪法定假日、有薪年假、疾病津贴等保障。

3. 立法规范行业发展

为规范和管理美发美容业的发展，日本于 1947 年建立美发美容业的专门法规——《美容师法》，对开业条件、从业人员资格、培训及考试都有严格的规定，并依据此法对美容业实施行业监管和管理。政府专门成立了《美容师法》起草委员会，专门负责起草和修改这项法律，目前已对该法修改二十多次。

表 12-3　主要国家生活性服务业相关法律法规

国　家	行　业	立　法　规　范
美国	文化服务	《数字千年版权法》《版权保护期限延长法》《防止数字化侵权及强化版权补偿法》《家庭娱乐和版权法》
	旅游服务	《美国全国旅游政策法》《旅游促进法》
法国	文化服务	《统一图书定价法》《传播配额法》
	旅游服务	《旅游服务业发展与现代化法律（草案）》
日本	旅游服务	制定《观光基本法》（现改为《观光立国推进基本法》），并依据该法制定了《生态旅游推进法》《观光圈整备法》《旅行社法》《国际观光机构法》《景观法》等专门法，以及《国立公园法》《文化财产保护法》等近 80 项旅游相关法律
	养老服务	《老人福利法》《老人保健法》《高龄老人保健福利推进 10 年战略计划》《介户保险法》《社会福利士及看护福利士法》《福利人才确保法》《关于社会福利服务基础结构改革》等
	居民服务	《美容师法》
韩国	体育服务	《国民体育振兴法》《国民健康增进法》
	旅游服务	《观光基本法》《观光振兴法》《韩国观光公社法》《观光住宿设施扩建特别法》《观光振兴开发基金法》

4. 对服务机构进行质量监督和规范管理

美国卫生部规定，包括养老服务机构在内的所有服务机构都要建立和实行标准化报告制度，其相关信息和评估结果将用于检测服务质量和老年人的满意度。法国政府对养老机构实行严格的资质审核制度，规定只有通过家庭服务管理局审核的企业才可以进入养老服务领域，同时专门成立了医疗福利机构评估署，对养老机构等福利机构所提供的服务进行监督管理，该署每年都组织第三方机构对这些机构的评估，不达标的企业将被吊销执照。加拿大多伦多市有专门的评估团队对入住老人进行评估报告，养老机构根据报告为每个老人制订详细的护理计划，并对养老服务设施进行服务质量的比较，设立互相监督机制，以便确定服务是否到位。澳大利亚规定所有的养老机构必须通过机构设施、服务技术、服务质量控制等标准考核才可执业，一次有效期为三年，到期后必须重新认证，而且老年人接受护理以及政府资助也需要经过老年人服务评估小组的评估才可享受政府提供的补贴和养老服务。各国通过制定明确的服务标准，不仅保障了养老服务的质量，而且规避了养老机构和人员的风险，解除了社会力量参与养老服务的后顾之忧。

二、对我国促进生活性服务业发展的借鉴

尽管发达国家没有制定统一的生活性服务业发展支持性政策体系，但单个生活性服务行业的支持性政策体系已较为成熟和完善，我国应根据当前生活性服务业发展的需求和供给特征，有针对性地进行借鉴。

（一）实施差异化、灵活性税收减免优惠政策

各国促进生活性服务业发展的税收优惠政策并不是对整个服务业或服务行业采取普惠的原则，而是根据经济社会发展阶段和生活性服务业中各个行业、各个服务领域的不同特点，采取不同形式的优惠，而且优惠政策灵活多样，既包括较低的增值税率，也包括直接的减免企业所得税、个人所得税以及赠与税、遗产税、出口退税等。这些税收优惠政策不仅有效降低了企业投资成本，对生活性服务业发展具有直接引导作用，而且激发了企业或个人参与生活性服务业发展的积极性，有利于促进企业创新和个人创业。我国为促进文化、旅游、养老、家庭服务等生活性服务业发展，近年来也出台了一系列税收优惠政策，并于2016年5月1日全面推行"营改增"改革后，很大程度上解决了企业重复征税问题，并基本与国际

接轨。如生活性服务业"营改增"后的税率为 3% 或 6%，与欧洲主要国家相比差异不大（表 12-4）。但我国减免税优惠政策还不够完善，且部分地区存在优惠政策无法落实问题，部分行业总体税负仍然偏高。因此，应借鉴发达国家减免税优惠政策，对生活性服务业分行业、分领域实施差异化税收优惠政策。

表 12-4 生活性服务业增值税税率比较

国　家	低税率	高税率
中国	3%	6%
法国	2.1%	5.5%
德国	4%	8%
卢森堡	—	6%
挪威	3%	7%

资料来源：根据相关资料整理。

（二）完善生活性服务业捐赠和赞助政策

各国都非常重视通过税收优惠鼓励个人和企业对文化、体育、健康、养老等生活性服务业的捐赠和赞助，特别是对非营利性企业或个人的捐赠和赞助。在鼓励社会捐赠方面，我国虽然采取了一些税收优惠政策，如企业的捐赠支出，在年度利润总额 12% 以内的予以税前扣除，个人捐赠在应纳税额 30% 以内的部分予以税前扣除。但税收优惠在税前扣除比例较低，且赞助或捐赠企业仍然会被认定为视同销售行为而征收增值税。与此同时，企业和个人向营利性体育赛事或文化演出活动进行的赞助或捐赠，不能在其所得税前扣除，这在一定程度上制约了企业赞助或捐赠的积极性。数据显示，我国体育赞助的年绝对值分别仅相当于美国的 1 /18、德国的 1 /10 左右。因此，应借鉴发达国家对捐赠和赞助更为优惠的税收政策，鼓励社会捐赠和赞助，促进文化、体育、健康、养老等生活性服务业逐步实现产业化发展。

（三）建立完善的人才供给体系和政策

欧美国家非常重视生活性服务业的人才培养和培训，特别是对于养老服务、家庭服务和居民服务业，不仅拥有较为完善的教育体系，而且注重对职业技能的培训，鼓励从业人员职业化发展。这为促进生活性服务业持续、规范发展提供了有利支撑。目前，受人口红利消失、劳动密集型生活性服务业社会地位低、职业教育和职业技能培训体系不完善等因素的影响，我国养老服务、家庭服务和居民服务等生活性服务业专业人才供给短缺，导致生活性服务供给不足。因此，应积极借鉴发达国家经验，加快完善职业教育和职业技能培训体系，加强专业人才培训，并通过建立职业上升通道，促进生活性服务业从业人员职业化发展。

（四）加强行业立法和规范化管理

立法先行、建立完善的法律法规体系是发达国家促进生活性服务业发展的普遍做法。不同国家针对不同服务行业特点和问题，制定了一系列法律法规，完善了服务评估机制和监管机制，促进了生活性服务业规范化发展。与之相比，我国生活性服务业各行业立法滞后，不仅法律法规体系不完善，而且仅有的少数现行法律法规层次低、效力差，无法起到规范和引导行业发展的作用。同时，我国许多生活性服务行业还没有建立较为完善的服务质量评估和监管机制，如养老服务业缺乏有力的行业监管机构，没有形成规范的行业管理机制，对许多养老服务机构的管理随意性较大，缺乏质量评估机制，导致养老服务机构服务水平较低。因此，应结合我国建设法治社会的目标，积极借鉴国际经验，加快推进各个生活性服务行业立法，完善行业法律法规和标准体系，健全服务质量评估和监管机制，提高生活性服务业供给质量和水平。

第二节　我国生活性服务业供给政策回顾

自 2007 年我国发布《国务院关于加快发展服务业的若干意见》（国发〔2007〕7 号）以来，国家有关服务业发展的政策不断出台，服务业政策体系逐步建立健全。其中，涉及生活性服务业的政策主要集中在用地规划、市场准入、财政支持、融资贷款、税收优惠、劳动社保以及行政规费等方面，这些政策的重点是保障和促进生活性服务业发展，发挥生活性服务业促进消费、吸纳就业和改善民生方面的作用。

一、近年我国出台的生活性服务业促进政策

近年来，为促进居民消费结构升级和服务经济发展，国家相继出台了一系列

鼓励、支持和规范生活性服务业发展的政策措施，既包括适用于生活性服务业发展的总体性政策，也包括专门针对文化、旅游、养老、健康、家庭服务等生活性服务行业的具体性政策（表 12-5）。

表 12-5　我国生活性服务业现行相关政策

时间	文件名称	主要政策内容
2007 年	《国务院关于加快发展服务业的若干意见》（国发〔2007〕7 号）	★全面向社会开放法律法规未禁止的服务领域；向外资开放的领域要向内资开放。 ★对连锁经营服务企业实行企业总部统一办理工商注册登记和经营审批手续。 ★鼓励金融机构对符合国家产业政策的服务企业给予信贷支持，适时开发金融产品。
2008 年	《国家工商行政管理总局关于促进服务业发展的若干意见》（工商企字〔2008〕150 号）	★着力打破地方保护，要求允许本地企业经营的领域都要允许外地企业经营。 ★降低一般性服务业企业注册资本额，最低至 3 万元人民币。支持投资人以非货币财产出资办厂，最高可达企业注册资本的 70%。
2010 年	《国务院关于鼓励和引导民间投资健康发展的若干意见》（国发〔2010〕13 号）	鼓励和引导民间资本进入医疗、教育和社会培训、文化、旅游和体育产业、商贸流通等领域。
2010 年	《国务院办公厅关于发展家庭服务业的指导意见》（国办发〔2010〕43 号）	在供地安排上适当向养老服务等家庭服务机构倾斜，城市新建居住小区要预留家庭服务设施规划面积。
2012 年	《国务院关于进一步支持小型微型企业健康发展的意见》（国发〔2012〕14 号）	★设立国家中小企业发展基金，支持处于初创期的小微企业发展。 ★提高小微企业增值税和营业税起征点，适当减免小微企业所得税、印花税。
2012 年	《国务院关于深化流通体制改革加快流通产业发展的意见》（国发〔2012〕39 号）	★新建社区商业和综合服务设施面积在社区总建筑面积中的比例不得低于 10%。 ★鼓励各地以租赁方式供应流通业用地。 ★支持大型流通企业上市融资，支持中小企业开展债务融资、典当融资。
2013 年	《国务院关于加快发展养老服务业的若干意见》（国发〔2013〕35 号）	★新建城区和新建居住(小)区、老城区和已建成居住(小)区按实际情况配套建设或补齐养老服务设施。 ★非营利性和营利性养老机构可按规定减免营业税、行政事业性收费。 ★建立养老服务实训基地，提高工资福利待遇。

续　表

时间	文件名称	主要政策内容
2013 年	《国务院关于促进健康服务业发展的若干意见》（国发〔2013〕40 号）	★新建居住区和社区要在公共服务设施中保障文化体育、医疗卫生、社区服务等相关设施配套。 ★采取政府引导、金融资本和产业资本共同筹资方式，设立健康产业投资基金。 ★将健康服务业纳入服务业发展引导资金支持范围。
2014 年	《国务院办公厅关于印发文化体制改革中经营性文化事业单位转制为企业和进一步支持文化企业发展两个规定的通知》（国办发〔2014〕15 号）	★对国家重点鼓励的文化产品出口实行增值税零税率。 ★鼓励文化企业进入创业板、中小企业板、"新三板"融资。 ★探索设立文化企业融资担保基金。
2014 年	《财政部办公厅 商务部办公厅关于开展以市场化方式发展养老服务产业试点的通知》（财办建〔2014〕48 号）	设立养老服务产业发展基金（中央及地方政府出资额不超过基金募集总额的 20%），按市场化运作模式，支持面向基层大众的养老服务产业。
2014 年	《国务院关于促进旅游业改革发展的若干意见》（国发〔2014〕31 号）	★将旅游企业和项目纳入国家服务业、中小企业、节能减排、新农村建设、扶贫开发等专项资金。 ★发展旅游项目资产证券化产品。 ★加强旅游学科体系建设，发展旅游职业教育，建立国家旅游人才教育培训基地。 ★落实导游薪酬和社会保险制度。
2014 年	《国务院关于加快发展体育产业促进体育消费的若干意见》（国发〔2014〕46 号）	★新建居住区和社区要按规定配套群众健身相关设施，利用城市空置场所、郊野公园等建设群众体育设施。 ★设立体育产业投资基金，开展债务融资、票据融资业务，鼓励保险公司推出多样化保险产品。 ★鼓励高校设立体育产业专业，开展各类职业教育和培训，完善多层次的人才奖励体系。
2014 年	《国务院关于扶持小型微型企业健康发展的意见》（国发〔2014〕52 号）	★鼓励将小微企业纳入地方中小企业扶持资金支持范围。 ★引导创业投资基金、种子基金投资小微企业，加大对小微企业融资担保的财政支持。 ★鼓励中小型银行重点支持小微企业发展。
2015 年	《国务院关于推进国内贸易流通现代化建设法治化营商环境的意见》（国发〔2015〕49 号）	★设立国家中小企业发展基金，加大对初创期成长型中小企业的支持。 ★严厉打击制售侵权假冒行为，研究创新成果的知识产权保护办法，完善知识产权保护制度。 ★加强商贸物流、居民生活服务等重点领域标准的制、订修工作。

续　表

时间	文件名称	主要政策内容
2015 年	《财政部 国家税务总局关于进一步扩大小型微利企业所得税优惠政策范围的通知》（财税〔2015〕99 号）	继续执行财税〔2014〕71 号的增值税和营业税政策至 2017 年 12 月 31 日，对月销售额 2 万元（含本数，下同）至 3 万元的增值税纳税人，免征增值税；对月营业额 2~3 万元的营业税纳税人，免征营业税。
2015 年	《国务院关于积极发挥新消费引领作用加快培育形成新供给新动力的指导意见》（国发〔2015〕66 号）	★ 鼓励保险机构开发适合养老、医疗、旅游、文化等行业和小微企业特点的保险险种。 ★ 适当扩大生活性服务业发展用地，推广在建城市大型批发市场、会展和文体中心综合开发利用。 ★ 加强生活性服务业专业人才队伍建设，扩大专业人才规模，完善职业培训补贴政策。
2015 年	《国务院办公厅关于加快发展生活性服务业促进消费结构升级的指导意见》（国办发〔2015〕85 号）	★ 推进文化、健康、养老等生活性服务领域有序开放，探索实行准入前国民待遇加负面清单管理模式。 ★ 优先安排生活性服务业设施建设用地，加大养老、健康、家庭等生活性服务业用地政策落实力度。 ★ 推广政府和社会资本合作（PPP）模式，运用股权投资、产业基金等市场化融资手段支持生活性服务业发展。 ★ 推进政府购买服务，鼓励有条件的地区购买养老、健康、体育、文化、社区等服务。
2016 年	《关于全面推开营业税改征增值税试点的通知》财税〔2016〕36 号	★ 自 2016 年 5 月 1 日起，在全国范围内全面推开营改增试点，建筑业、房地产业、金融业、生活服务业等全部营业税纳税人纳入试点范围，由缴纳营业税改为缴纳增值税。 ★ 明确生活性服务业小规模纳税人适用 3% 简易征收率，一般纳税人适用 6% 增值税率。 ★ 出台营业税改征增值税试点过渡政策，明确部分教育、医疗、养老等服务免征增值税。

资料来源：商务部国际贸易经济合作研究院课题组

（一）注重财税政策支持

在财政资金引导和支持方面，现行生活性服务业支持政策主要集中在五个方面：一是设立服务业发展专项资金和服务业发展引导资金，用于支持生活性服务企业自主创新、品牌培育、连锁发展以及老字号改造升级等。二是推广政府和社会资本合作（PPP）模式，采用股权投资、产业基金等市场化融资手段，支持生活性服务业的产业化发展。三是设立中小企业发展专项资金，用于扶持中小微生活性服务企业创业创新和发展。四是利用社会事业和民生工程资金，采用无偿资助、贷款贴息、经费补助和奖励等多种方式，支持家庭服务、养老服务等部分生活性服务业细分行业发展。五是采取政府购买方式，扩大文化、体育、养老、健康、家庭服务等服务需求，促进生活性服务业发展。

在税收方面，为减轻生活性服务企业负担，国家稳步推进"营改增"改革，并在某些行业、某些环节实施特殊优惠政策，促进生活性服务业发展。一是自2016年5月1日起全面推进生活性服务业"营改增"改革。全面推行"营改增"之前，大部分生活性服务业主要适用5%的营业税税率。"营改增"之后，生活性服务业税率变化分两种情况：年应税销售额不超过500万元的小规模纳税人及一般纳税人提供的可选择简易计税方法的生活性服务适用3%的简易征收率；年应税销售额超过500万元的一般纳税人适用6%的增值税税率。同时，为确保"营改增"后企业税负"只减不增"，"营改增"改革提出了比较细化的过渡政策，明确新增试点行业的原营业税优惠政策原则上予以延续，对老合同、老项目以及特定行业采取过渡性措施。如对于月销售收入不超过3万元的很多生活性服务小微企业和个体工商户原来免征营业税，"营改增"过渡期将继续免征增值税。并确定生活性服务业中的一些项目免征增值税，其中包括养老机构提供的养老服务、相关教育服务以及医疗服务、个人转让著作权等。这些过渡期政策有利于进一步减轻特定生活性服务企业的税收负担，促进生活性服务业快速发展。二是对家政服务、文化服务、养老服务等行业给予税收优惠，如对电影制片企业销售电影拷贝（含数字拷贝）、转让版权取得的收入，电影发行企业取得的电影发行收入，电影放映企业在农村的电影放映收入，均免征增值税。一般纳税人提供的城市电影放映服务，可选择按照简易计税办法计算缴纳增值税；对提供纳入国家级非物质文化遗产名录的传统医药诊疗保健服务免征营业税；对养老机构提供的生活照料、康复护理、精神慰藉、文化娱乐等养老服务免征营业税。三是对生活性服务业自主创新、节能减排、资源节约利用等方面给予税收优惠。如对吸收就业多、资源消耗少和污染排放低等服务类企业，给予一定的所得税优惠。

（二）优化信贷融资政策

为解决企业融资难问题，采取积极的信贷和融资政策，促进中小微生活性服务企业发展，拓展生活性服务企业融资渠道。一是鼓励商业银行加大信贷支持，开发适合服务企业需要的金融产品，拓宽金融机构对服务企业贷款抵押、质押及担保的种类和范围，特别是给予中小微企业信贷支持。二是鼓励有条件的旅游、体育、文化等企业上市融资，支持企业发行企业债、中小企业私募债、短期融资券、中小企业集合票据等债务融资工具，拓展多元化融资渠道。三是创新保险、担保业务，支持生活性服务业发展。如探索设立文化企业融资担保基金，为文化企业提供融资担保；鼓励保险机构开发更多适合医疗、养老、文化、旅游等行业特点的保险险种；鼓励保险机构围绕体育健身、竞赛表演、场馆服务、户外运动等需求开发多样化保险产品，促进体育产业发展。

（三）促进社会资本投资

为激发民间资本投资活力，促进部分生活性服务业的产业化发展，国家主要出台了以下政策：一是取消行政审批，简化企业登记手续。如对采用连锁经营的服务企业实行企业总部统一办理工商注册登记和经营审批手续，对养老机构设立许可等186项工商登记前置审批事项改为后置审批，加强"先照后证"改革后的事中事后监管，取消商业性和群众性体育赛事审批等，着力促进社会资本投资。二是支持民间资本参与生活性服务业发展。鼓励民间资本通过独资、合资、合作、联营、租赁等途径，采取特许经营、公建民营、民办公助等方式参与养老、体育、文化、健康等行业发展，提升"半市场化"生活性服务业产业化发展水平。三是积极扩大生活性服务业对外开放。探索实行准入前国民待遇加负面清单管理模式，鼓励外资进入养老、健康等服务领域。

（四）加强人才教育培训

针对生活性服务业人才短缺问题，积极发展职业教育，加大职业技能培训力度，促进生活性服务业就业和创业。一是加强生活性服务业人才培养，鼓励高等学校、中等职业学校增设家庭、养老、健康等生活性服务业相关专业，培养老年医学、康复、护理、营养、心理和社会工作等方面的专门人才。二是加强从业人员职业技能培训，采取补贴政策，鼓励从业人员参加技能培训，提升从业人员职业技能，促进生活性服务业从业人员职业化发展。三是强化从业人员劳动权益保护，如规定家政服务机构支付给员工制家政服务员的工资不得低于当地最低工资标准，保障家庭服务从业人员劳动报酬、休息休假等权益。养老机构应当积极改善养老护理员工作条件，依法缴纳养老保险等社会保险费，提高职工工资福利待遇等。

（五）保障社区服务设施用地

针对社区商业和便民服务设置配套不足、难以保障居民便利生活需求的情况，加强城市生活性服务业用地保障，规定新建社区（含廉租房和公租房等保障性住房小区、棚户区改造以及旧城改造安置住房小区）商业和综合服务设施面积占社区总建筑面积的比例不得低于10%。同时，优先保障农产品批发市场、农贸市场、社区菜市场和便民生活服务网点用地，完善新建居住区和社区医疗卫生、文化体育、社区服务等相关设施的配套，并严格控制将社区便民商业网点改作其他用途。这些政策对于鼓励生活性服务业向社区布局、促进社区生活服务便利化发展发挥了重要作用。

（六）完善法律法规和行业标准

法规和标准是引导行业规范发展的重要手段。在健全法规方面，相关生活性服务行业主管部门制定了一系列家政、美容美发、洗染、家电维修、养老、旅游、体育、文化等服务行业的部门规章，颁布了卫生管理规范和服务质量管理规范，如《餐饮业管理办法》《住宿业管理办法》《家庭服务业管理暂行办法》《旅行社管理条例》《养老机构管理办法》《国家体育产业基地管理办法》等，对企业主体的设立、管理和服务行为，从业人员服务行为，以及行业主管部门的监管等提出了要求。在制定行业标准方面，生活性服务行业标准体系建设逐步完善，其中仅批发零售、住宿餐饮、家庭和居民服务业涉及的行业标准就有129项[1]，如《餐饮业现场管理规范》《家政服务基本规范》《洗染业服务质量要求》等。同时，养老、旅游、文化、健康等生活性服务行业标准不断完善，如《养老服务机构服务质量标准》《旅游娱乐场所基础设施管理及服务规范》《旅游景区卫生标准》《文化娱乐场所卫生标准》《无烟医疗卫生机构标准》《养老机构医务室基本标准（试行）》等，这些行业标准规定了餐饮、家政、养老、旅游、文化等行业经营者的服务流程、服务内容及服务监督与改进的内容和要求，对规范行业发展、提升各行业服务质量和水平具有重要作用。

二、现行政策存在的主要问题及缺陷

总体上看，我国现行生活性服务业相关政策较多、覆盖内容较广，对促进生

---

[1] 国内贸易流通标准汇编（2015年），商务部内部报告。

活性服务业发展起到了积极的作用。从国家有关生活性服务业发展的政策来看，适用于生活性服务业的政策体系已较为完善，政策的目标重在降低市场准入、降低企业负担、营造良好的政策环境，一定程度上对促进近年来生活性服务业发展起到了重要的作用。但总体上看，政策适用性较广，即大多数政策都是适用于各个服务行业的，如在财政、税收、融资以及市场准入、行政规费等方面的系列政策不仅适用于生活性服务业，而且也适用于金融、物流、信息等生产性服务业，而生活性服务业自身政策较少。在国家层面，专门的生活性服务业政策主要是针对家庭服务业的政策，而在地方层面，仅有重庆、浙江、云南等少数地区专门制定了有关促进餐饮业、住宿业和家庭服务业发展的政策。同时，由于现行政策系统性与衔接性不强、政策执行不到位、宣传推广不够等原因，大多数生活性服务业不仅没有享受到应有的政策红利，还面临以下一些问题。

（一）现有政策系统性差

目前，我国适用于生活性服务业的政策主要集中在国家和地方有关促进服务业发展的实施意见中，或餐饮业、住宿业、家庭服务业等单个行业的实施意见中，导致现有生活性服务业政策过于分散，系统性不强，难以起到很好地促进生活性服务业发展的效果。主要表现在：适应消费结构升级的需要，国家已出台《加快生活性服务业发展　促进消费结构升级的意见》，但尚未出台系统的具体的生活性服务业发展的政策。

（二）财税政策尚不完善

1.财政资金引导作用尚未充分发挥

从目前生活性服务业财政资金的引导效果来看，存在一些突出问题：一方面，某些行业管理体制存在条块分割、部门分割等情况，造成资金投入分散、难以集中使用，加之缺乏有效的资金监管和投入机制，影响了引导资金使用效果。如2009—2012年家政网络中心建设资金投入较多，但由于缺乏持续运营投入，很多都已倒闭或转业，造成了政府财政资金的很大浪费。另一方面，部分财政专项资金并未用在关键的"刀刃"上。以财政资金对养老服务业的扶持为例，按照养老服务业"9073"的发展格局，97%的老人未来要实现居家养老和社区养老，但目前现行养老服务业扶持政策主要是补贴机构养老的床位，其中建设床位一次性补贴标准为数千元至数万元，运营补贴为每床位每月数百元，致使大部分补助资金都用于扶持机构养老发展，而对居家养老的生活照顾和社区养老的医疗护理服务扶持资金几乎为空白。此外，新型财政引导资金模式还不够完善。以市场化养老服务产业试点为例，自2014年在吉林、山东、安徽、湖南、内蒙古、甘肃等8个试点省区开展市场化养老服务产业试点以来，因银行、企业等社会资本80%（每个试点省区中央财政引导资金为3亿元，中央及地方政府出资额不超过基金募集总额的20%）的占比过高，再加上养老服务产业占用资金多、周期长、利润率不高等因素的影响，导致养老服务产业基金筹集时间过长，部分试点省区至今仍未筹齐所需基金，影响了养老服务产业化发展。

2. "营改增"后部分企业税负可能增加

由于大多数生活服务企业规模较小，属于小规模纳税人，"营改增"后适用3%的简易征收税率，相比之前5%的营业税税率，税负将明显降低。但对于作为增值税一般纳税人的生活性服务企业，由于生活性服务业大多属于劳动密集型行业，人工成本较大，如美容美发等行业人工支出占比高达80%以上，按现行"营改增"政策，人工费用一般不能抵扣，而其他可抵扣项目较少。同时，生活性服务业产业链上游企业存在经营不规范问题，很多上游抵扣项目很难取得增值税发票，导致相关成本无法进行抵扣。如餐饮业可以纳入抵扣范围的食材等原材料以及电费、水费、维修费用等如果没有按规定要求获得增值税抵扣发票，都可能出现进项抵扣不足的情况。因此，在"营改增"政策调整初期由于进项税额抵扣不足，可能导致部分生活性服务企业税收负担不降反升。调研显示，"营改增"后，中型家政服务企业的增值税率为6%，由于家政服务企业几乎没有进项抵扣，中型家政服务企业的税率将高于"营改增"前的5.5%。由于演艺娱乐业几乎没有进项可以抵扣，"营改增"后，其税收由3.3%提高到6.6%，企业负担明显增加。

同时，对于作为增值税一般纳税人的生活性服务企业，在全面推行"营改增"的过程中，还面临以下几个问题：

（1）增值部分的核算问题。生活性服务业普遍具有单店规模较小、经营较为分散、直接面对最终消费者的行业特点，进项价格很难核算。如餐饮业，由于产业链条较长、原材料繁多、食物制作过程复杂，难以详细计算进项价格，因此也难以计算增值部分，进而可能导致"营改增"后作为一般纳税人的餐饮企业税负增加。

（2）两种纳税身份的核定问题。按照"营改增"政策，小规模企业和一般纳税人企业各自适用不同税率。由于"营改增"后，小规模纳税人企业的税负会明显下降，而一般纳税人企业的税负可能上升。为规避税负上升风险，部分大中型生活性服务企业可能将规模业务进行拆分"打散"，重新注册成为小规模纳税人。这一定程度上将阻碍生活性服务企业竞争力和行业集中度的提升，不利于生活性服务业转型升级和创新发展。

（3）不同环节适用不同税率问题。"营改增"后，大多数生活性服务行业的增值税税率为6%，但对于某一行业的不同环节、不同业态，也存在不同的增值税率。如"营改增"后餐饮业的增值税税率分为两种情况：堂食缴纳6%的增值税税率，而销售食品（外卖）则需要缴纳17%的增值税税率。不同的增值税税率可能影响多种业态融合发展的餐饮企业的积极性，进而制约一些生活性服务业新兴业态的发展。

3. 税费名目仍然较多

"营改增"后，在现行的税制下，按照规范经营进行纳税，住宿与餐饮业、居民与家庭服务、体育服务等生活性服务业的增值税为6%，企业所得税为25%，同时还要缴纳银行卡手续费、排污费、垃圾处理费、治安联防费、员工体验费、残疾人保障金等诸多费用，且部分收费存在费用率偏高、征收不合理等问题。如在体育服务行业，台球俱乐部缴纳的税费占运营成本的8%~10%。在文化服务行业，文化产品的增值税和营业税税率也较高。调研显示，北京开心麻花娱乐文化传媒有限公司2014年前三个季度上交的各项税收占营业收入的52%，税费负担较重。在餐饮行业，2015年餐饮娱乐类银行卡刷卡手续费率虽已从2%调低为1.25%，但仍偏高。

（三）中小微企业融资难

随着金融创新的发展，一些文化、健康和第三方生活服务平台企业获得了国内外风险投资基金的青睐，但由于生活性服务企业大多是中小企业，企业实力较弱，融资难、融资贵的问题仍然是企业发展面临的主要瓶颈。

1. 银行贷款门槛高

目前，银行贷款门槛相对较高，一般要求企业提供固定资产抵押或者担保单位。而生活性服务业多是轻资产行业，固定资产比较少，可抵押的自有资产较少，较难获得银行贷款。

2. 直接融资成本高

由于融资成本较高，大量小微企业难以从资本市场获得资金，只能采用第三方保证或非自有资产担保的方式融资。以担保融资为例，除银行贷款利息外，小微企业通常还需向担保公司缴纳 10% 左右的保证金，支付 3%~5% 的担保服务费，融资成本达到 10%~15%。即便如此，能够获得银行贷款的小微企业数量仍然有限，其中大部分不得不通过民间借贷（利率高于 15%）渠道融资，长期难以承受。

3. 融资供需不匹配

银行信贷与小微企业的融资需求不匹配，有针对性的贷款项目创新不足。例如，文化服务行业的创意和版权估值较难，文化版权难以用于质押融资。在健康服务业，按照目前《物权法》《担保法》的相关规定，医疗服务用地不得办理抵押贷款，严重制约了民办营利性医疗机构的融资。

（四）社保缴费压力较大

根据现行《劳动合同法》，养老、餐饮、家政等生活性服务行业企业要为员工缴纳"五险一金"等社保费用。但由于生活性服务行业大多属于劳动密集型行业，用工人员较多，且从业人员流动性较大，企业如果严格按照规定缴纳社保费用，不仅压力较大，还面临频繁的入保和撤保现象，造成了资源浪费。同时，由于生活性服务行业人才激励机制不足，对从业人员的工资待遇、住房、保险等方面缺乏有效的激励政策，加之大多数生活性服务业社会认可度不高，年轻人从事相关服务的意愿较低，导致人力成本较高，不利于企业持续发展。

（五）服务设施用地不足

社区是生活性服务业发展的重要载体。但由于各地房地产项目开发时缺乏社区服务设施配套规划、社区管理体制复杂等诸多原因，大多数社区没有预留商业和综合服务设施用地，造成社区生活性服务业业态配置不足，居民生活消费不便利。如目前北京市大多数小区未规划预留配套的养老设施用地，如果直接租用商住场地则费用过高，一般民营机构难以负担。同时，虽然有一些社区建设了相应的生活服务设施，但由于完全商业化，租用成本较高，公益性和微利性的社区菜店、社区日间照料中心、餐饮店等社区便民生活服务网点难以发展。

（六）法规标准不够健全

目前，生活性服务业中很多行业法规和标准建设正处于起步阶段，还不够完善。特别是法律法规体系建设相对滞后，目前我国现有的生活性服务业相关的法规都属于部门规章，法律层级较低，约束性较差。以现行《家庭服务业管理暂行办法》为例，该办法属于部门规章，不仅囿于商务部门对家庭服务业的行业管理职责，而且在内容上还不够完善，不仅对家政服务员劳动权益保护不足，也缺少对家政服务 O2O 新模式中家政服务平台企业与从业人员、从业人员与雇主之间的法律纠纷的规范，以及对"黑中介"的规范等。与此同时，尽管相关行业出台的行业标准较多，但由于大多数标准都是推荐性的，强制力低，很多标准都没有得到较好的应用和推广，同时很多现行标准与行业发展实际不符，迫切需要加快修订和完善。

（七）市场准入制度不完善

党的十八大以来，在放宽市场准入制度、减少行政审批的大背景下，生活性服务行业的市场准入制度进一步放宽，发展环境逐步优化。与此同时，也面临着一些新问题：一是部分行业从业人员持证上岗需要继续实行。为放宽市场准入，人力资源和社会保障部废止了原劳动保障部颁行的《招用技术工种从业人员规定》，包括车工、汽车修理工、营业员、美容师、美发师、摄影师、家政服务员等 4 类共 90 个职业无须持证上岗。尽管该项政策有利于促进生活性服务业从业人员就业和创业，但在一定程度上不利于行业规范管理和健康发展，容易导致行业服务质量不高、有效供给不足。二是生活性服务共享经济准入条件亟待研究。共享经济是基于互联网的个人对个人间的一种商业模式，由于其发展面临着个人参与者专业化水平较低以及诚信、安全和监管等方面的挑战，个人参与者进入网络交易第三方平台经营的市场准入还处于模糊地带。传统的市场准入监管模式已不适应共享经济发展的需要，迫切需要加快研究共享经济个人创业市场准入制度，放宽个人创业限制，促进共享经济发展。

此外，由于一些地方部门对生活性服务业不够重视，虽然国家有关生活性服务业的政策已出台若干年，如服务业与工业同价政策、连锁经营企业跨地区经营实行总分支机构汇总纳税政策以及清理行政规费等，但由于地方部门利益驱使，基本上没有得到有效落实。

第三节　优化生活性服务业供给的政策建议

当前，我国生活性服务业仍处于起步、培育阶段。适应消费结构升级和未来生活性服务业市场化发展的趋势，促进政策体系的构建要充分发挥市场机制配置资源的决定性作用，逐步加强市场化机制方面的政策，强化产业支持和创新供给，加强政策引导支持力度，建立财政、税收、投融资等政策工具箱，引导支持生活性服务业创新供给，发挥促进新消费的引领作用（图 12-1）。

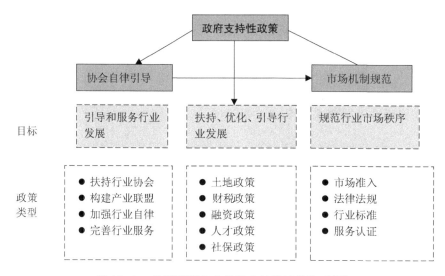

图 12-1　生活性服务业供给支持性政策体系框架

一、制定生活性服务业发展战略规划

随着我国逐步进入服务经济时代，要高度重视生活性服务业发展，从扩大消费、保障民生和促进就业的角度出发，研究制定全国生活性服务业发展中长期战略规划，明确未来生活性服务业发展方向和重点。同时，鼓励各地根据自身发展条件，制定生活性服务业发展规划，着力提升生活性服务业品质化、精细化发展水平，促进服务消费。此外，为推进细分生活性服务行业发展，可在健康服务、养老服务、旅游服务等行业制订一系列行动计划，以指导和促进生活性服务业重点领域发展。

二、完善生活性服务业支撑体系

企业是市场的主体，各种生活性服务业发展模式的推广与应用，都离不开生活性服务企业的发展。因此，要以培育创新型服务企业为核心，壮大专业服务人才队伍，完善行业协会职能，形成企业、人才和行业协会互为支撑、协同发展的格局。

（一）培育创新型生活服务企业

创新型服务企业是指拥有自主知识产权的核心技术、知名品牌，具有良好的管理经营理念和企业文化以及明显竞争优势和持续发展能力的企业。要以培育创新型生活性服务企业为目标，充分发挥市场机制在资源配置中的决定性作用，营造公平开放的发展环境。

1. 培育大型生活性服务企业

加快对大型生活性服务企业的财政支持，鼓励企业培育品牌和跨地区连锁经营，培育一批有实力的餐饮、住宿、家政、文化、养老等大型连锁经营企业集团。鼓励有实力的生活性服务企业加快兼并重组，培育一批业务多元化的企业集团。推动生活性服务企业联盟发展，构建优势互补、联动发展的行业格局，带动整个生活性服务业发展。在生活服务各行业推广全产业链发展模式，通过整合产业链上下游资源，提高企业可持续发展能力，培育一批拥有核心技术和知名品牌的创新型服务企业。

2. 支持特色中小微生活性服务企业发展

对于具有一定经营特色和品牌的中小微生活性服务企业，严格落实国家支持中小微企业发展的财税政策，鼓励中小微生活性服务企业提高信息化、专业化水平，激发生活性服务企业发展活力。加大对餐饮、零售等行业老字号企业的扶持，支持"老字号"企业引入现代经营理念和经营管理方式，加大体制、技术和经营管理创新力度，实现创新发展。

3. 支持有条件的生活性服务企业"走出去"

我国很多文化、餐饮、足疗、美容美发等企业都具有深厚的文化底蕴，而且是单纯的经营性企业（不像批发业或零售业采取出租或联营方式经营），具有"走出去"的优势，应加快研究制定扶持生活性服务企业"走出去"的政策，促进生活性服务业国际化发展。

（二）建设职业化、专业化生活性服务人才队伍

人才供给是生活性服务业发展的重要保障。应通过创新就业政策、引进高端人才、强化职业培育、鼓励创新创业、允许柔性引进和多点执业等方式，最大限度地发挥人才在生活性服务业发展中的作用。

1. 继续人才职业技能培训

针对家庭服务、养老护理等人才紧缺的问题，继续加强从业人员职业技能培训，建立职业生涯晋升通道，提高人力资源供给质量。鼓励有条件的高校与美国、英国等国家拥有家政专业的大学合作，采取联合培养、输出培养等多种方式培育一批专业家政服务人才。支持大专院校等机构设立老年护理管理、老年护理康复等专业，培养养老服务管理、医疗保健、护理康复、营养调配、心理咨询等专业人才。鼓励并支持具备条件的居家养老、社区养老、集中养老机构和社会工作人才培训中心建立养老服务实训基地，对参加养老护理职业培训和职业技能鉴定的从业人员按相关规定给予补贴。

2. 鼓励生活性服务领域创新创业

充分挖掘生活性服务业新兴领域市场潜力，出台综合性扶持政策，鼓励大学生、失业人员等到家政服务、健康服务、养老服务、体育服务、批发零售等生活性服务行业创业就业，增强生活性服务业人才供给。

3. 完善从业人员社会保障

针对家政服务员没有纳入社会保险范围的情况，应将保障家政服务员的安全责任险、工伤保险等内容纳入相关法律条款之中，如规定员工制和中介制家政服务企业都必须给家政服务员缴纳安全责任险和工伤保险，规定雇佣家庭必须按一定比例为家政服务员缴纳健康保险，以保障家政服务员从事家政服务工作中的意外事故和人身安全造成的伤害。积极借鉴北京市对符合条件的员工制家政服务企业，在合同期内给予最长不超过 5 年的社会保险补贴政策，扶持员工制家政服务企业发展，促进行业规范发展。对员工制和员工式家政服务企业给予岗位补贴、社会保险补贴等支持政策，对购买职业责任险、人身意外伤害险等商业保险的家政企业给予资金补贴。借鉴南京市对住宿餐饮和居民服务企业优先参加工伤保险实行"总量包干、动态实名、定额缴费"的办法，减轻企业社保缴费负担。

4. 完善从业人员激励政策

针对年轻人不愿意从事餐饮、居民及家庭服务、养老等行业工作的情况，结合新型城镇化过程中农民工市民化的趋势，对具有一定技能的、职业化发展的从业人员，逐步放开城镇落户限制，创造激励机制。对文化、健康、体育等生活性服务业，进一步落实国有企业、院所转制企业、职业院校、普通本科高校和科研院所创办企业的股权激励政策，鼓励各类人才以知识产权、无形资产、技术要素等作为股份参与企业利润分配，促进大众创业。

5. 推动从业人员职业化发展

逐步建立生活性服务业不同行业职业技能鉴定体系，在根据不同职业的技能要求设定相应的等级数量和从业规范的基础上，提高其适用性。同时，根据生活性服务业发展的现实需要，为逐渐成熟的新兴职业建立新的等级评价体系或在已有相近职业的基础上延伸拓展，从而提高生活性服务业职业评价体系的完整性和动态性，促进从业人员职业化发展，增强人才供给。

（三）推动行业协会年轻化、职业化、规范化发展

十八届三中全会提出要激发社会组织活力，发挥行业社会组织在社会治理方面的作用。按照这一要求，要加快改变我国生活性服务业行业协会"半官方"性质，实现行业协会商会与政府机关脱钩，通过采取"政府购买服务"等形式，鼓励生活性服务行业协会发展。同时对于以民营、个体经济经营为主的服务行业，行业协会的发展至关重要。要加强行业协会规范发展，完善餐饮、沐浴、美容美发、家政、洗染等行业协会的职能，对协会进行年轻化、职业化、规范化整合提升，增强行业协会凝聚力和影响力；鼓励各地支持行业协会以购买政府服务的方式为政府和企业提供服务，鼓励行业协会积极开展行业技能大赛和节庆等活动，帮助企业解决困难，并将企业问题和意见及时向政府反映，充分发挥其作为政府和企业间的桥梁和纽带的作用。

三、健全生活性服务业促进政策体系

（一）调整财政资金支持导向

针对现行生活性服务业财政资金使用中存在的问题，应加快调整支持方式和支持

重点，从直接支持向间接引导转变，从支持规模扩张向提高服务供给能力和质量转变。

1. 加大财政资金支持力度

适应服务需求快速增长的趋势，加大对文化、体育、健康、养老等生活性服务领域的资金支持。建议运用中央财政服务业发展专项资金，以股权投资、产业基金、政府和社会资本合作（PPP）等市场化方式，支持养老服务、健康服务、家庭服务等生活性服务业发展。综合运用无偿资助、贷款贴息、后补助、偿还性资助等方式，支持部分公益性微利性的文化、体育和居民生活服务设施建设，补齐短板。

2. 创新政府购买服务的方式

发达国家政府服务类采购占政府采购规模的 50% 以上，而我国服务类采购占政府采购规模的比重不足 10%。2014 年 12 月财政部等部委印发的《政府购买公共服务管理办法（暂行）》，已明确将养老服务、公共教育服务、公共文化、体育等服务纳入政府采购范围。因此，应进一步完善政府向社会购买服务的制度安排，按照中央与地方政府的一定出资比例，购买养老、健康、文化、体育、社区居民生活服务。例如，在养老服务业，可借鉴日本的经验做法，针对每个老人过去缴纳的"养老护理保险费用"水平、当前的健康状况等，给老人分级，并提供相应水平的基本保障，具体方式是向养老机构支付 90% 的资金（中央政府 50%、地方政府 40%），个人承担 10%。超过相应基本保障水平的，由个人自愿选择和承担。

3. 创新财政资金使用方式

在继续推进文化、旅游、养老、体育等产业发展基金试点的基础上，加快向家庭服务、住宿、餐饮等其他生活性服务业推广基金式财政支持模式，推动设立支持重点生活性服务业态发展的股权投资基金、产业投资基金和创业投资引导基金，通过投资、参股和担保等形式，支持新兴生活性服务业态和企业发展。考虑到产业发展基金一般以追求利润为目标，建议在养老、体育、家庭服务等产业发展基金使用中，明确规定一定比例的资金用于支持公益性、微利性生活性服务业态，确保财政资金支持的普惠性和公平性。

（二）完善优化税费政策

针对企业税费负担较重的问题，建议"正税清费"，采取稳步推进"营改增"改革，调整税率、延长纳税期限、减免税、出口退税、税项扣除、亏损弥补、投资抵免等多种手段和方式，完善生活性服务业税收政策，激发企业发展活力。

1. 稳步推进生活性服务业"营改增"改革

"营改增"是实行结构性减税，推进供给侧结构性改革的重要内容。针对全面推行"营改增"后生活性服务业面临的问题，应积极探索以下措施，尽可能规避企业税负可能上升的不利影响，将减税效应覆盖全部生活性服务行业。

（1）扩大简易计税范围。除小规模纳税人之外，扩大一般纳税人提供的可选择简易计税方法的生活性服务的范围，允许难以进行增值部分核算的生活性服务企业选择适用简易计税方法，适用3%的简易征收率，避免"营改增"给企业带来的税负增加。如年应税销售额超过500万元的家政服务企业，由于增值部分难以核算，且存在员工多、人员流动大等问题，应适用3%的简易征收率。对于文化演出业等其他难以进行进项抵扣的服务行业也应实行3%的简易征收率。

（2）探索将人工支出等纳入进项抵扣范围。针对生活性服务业人工成本比重较大、无法进行抵扣的问题，可探索将生活性服务企业从业人员的社保支出纳入进项抵扣范围，降低企业社保缴费压力。

（3）进一步完善"营改增"过渡性政策。按照"只减不增"的要求，对生活性服务企业增值税税负明显超过原5%营业税的部分实行即征即退政策，确保形成减税效应。同时，对于不同环节适用不同税率的问题，在实际操作中应根据企业的主业确定适用税率。如餐饮企业的营业收入如果主要来源于堂食，那么其提供外卖服务应适用6%的税率；如果餐饮营业收入主要来源于外卖服务，则应适用17%的税率。

（4）鼓励生活性服务企业提升精细化管理水平。鼓励生活性服务企业根据生产经营的需要，开展服务外包、进行设备更新和购置不动产等，并尽量选择能提供增值税专用发票的供应商，取得增值税专用发票、农产品销售发票等抵扣凭证，并及时认证抵扣。同时，鼓励生活性服务企业强化财务精细核算，对收入、成本、费用进行税价分离，分别核算不含税金额以及对应的销项税额或进项税额，以最大限度地获取进项抵扣项目。

2. 借鉴国外经验实施税收优惠政策

建议借鉴国外经验，对不同生活性服务业实施不同的税收优惠政策。一是对部分具有公益性质且市场化运营的生活性服务业态，如社区的菜店、体育场馆、日间照料中心等按一定比例减免所得税。落实小微型餐饮、家政、养老、旅游等企业所得税、增值税减免政策。二是适应新一轮科技革命推动下部分生活性服务业由劳动密集型行业向资本和技术密集型行业转变的趋势，将具有研发创新能力的文化服务、健康服务等企业，视为高新技术企业，享受15%的企业所得税。三是落实连锁生活性服务企业总分支机构汇总缴纳企业所得税、增值税政策。完善电子商务税收征管，促进线上线下公平征税。对投资期限较长、利润较低的养老、旅游等行业允许固定资产加速折旧，并适当延长亏损年限，将亏损年限从5年延长至10年左右。四是完善社会捐赠和赞助税收政策。对文化演出、体育赛事、养老服务等进行赞助或捐赠的企业或个人，提高企业所得税或个人所得税税前扣除比例，并根据赞助或捐赠物资和资金的标的，减免其部分税收。五是对采用节能减排设备的生活性服务企业，给予一定的所得税减免。如对旅游、餐饮、体育等企业购置环境保护、节能节水和安全生产专用设备的，可允许该专用设备投资额的10%从应缴纳企业所得税额中抵免；当年不足以抵免的，可以在以后5个纳税年度结转抵免。六是加快制定促进中小生活性服务企业研发和技术进步的税收支持政策，激励中小企业的研发创新行为。如对文化、健康、养老等企业开发新技术、新产品、新工艺产生的研究开发费用，可按照一定比例在企业所得税前加计扣除。七是对文化服务、体育服务、健康服务等领域实施的出口退税等政策，可设定较长的优惠期，以促进服务贸易发展。对企业引进的国外先进技术和设备，免征进口环节税。

（三）创新信贷融资政策

针对小微型生活性服务企业融资难、融资贵的问题，建议鼓励各地加快推动现有投融资政策措施落地，探索建立生活性服务业多元化的投融资模式。

1.创新"轻资产"行业的信贷政策

鼓励商业银行加大对中小微生活性服务企业信贷支持，将生活性服务业企业的店名、商标、声誉等无形资产以及稳定的现金流纳入授信的范围。如对获得省级优秀民营企业、先进纳税餐饮企业可给予一定的贷款授信额度。加快建立资质可靠、市场认同较高的第三方评估机构，合理评估抵押资产，同时扩大可抵押资产的范围，完善无形资产、债券抵押、商业用地抵押制度。例如，为鼓励民间资本参与发展健康服务业，对通过招拍挂方式出让的土地，可允许其办理抵押，探索建立营利性医疗机构用地保障及抵押贷款政策。

2. 拓展生活性服务业多元融资渠道

支持有条件的文化、健康、旅游等生活性服务企业上市融资、发行公司债、企业债券、短期融资券等。鼓励生活性服务企业发展融资租赁、商圈融资、供应链融资等融资创新方式。支持电子商务企业依法合规创新金融产品和服务，促进互联网支付、移动支付、股权众筹融资等互联网金融业务发展，支持创业创新。借鉴美国文化企业的股权融资、夹层融资、优先级别债务融资等融资方式，创新文化服务业融资渠道。支持有条件的中小生活性服务企业在境内外市场上市融资。

3. 建立保险产品保护机制

鼓励保险公司针对不同生活性服务业开发责任保险、信用保险、健康保险等险种，探索建立保险产品保护机制。创新养老保险产品，参考国外长期照护筹资制度成熟做法，发展商业性长期护理保险，采取政府补贴一部分、医保拿出一部分、个人缴费一部分的办法，通过商业保险缴费为老年长期照护服务，为解决失能、半失能老年人养老问题提供基本的制度保障。

四、增强社区生活性服务设施供给

针对社区生活性服务设施用地不足的问题，整合社区资源，完善土地政策，强化用地保障。

（一）落实国家支持社区商业的相关土地政策

在土地利用总体规划和城乡规划中统筹安排服务业发展用地的规模、布局和时序，扩大生活性服务业用地供给。严格落实新建社区服务设施面积占社区总面积不低于10%的政策。推动地方政府出资购买一部分商业用房，支持社区菜店、便利店、早餐店等居民生活必备的商业网点建设。严格控制新建社区土地用途，城市新建居住小区要预留服务设施规划面积，确保生活服务设施重点项目落地。小区建成后要按照建设标准无偿移交，形成国有资产。

（二）建立原国有配套商业网点回租回购制度

充分履行国有企业的社会责任，对于已经到期和即将到期的配套商业网点统一回租回购,用于连锁化、品牌化的社区商业项目和社区菜店、便民餐饮、养老服务机构等社区生活性服务网点发展。

(三)区别推进城市新旧社区商业服务设施建设

对于新建社区,应结合新型城镇化建设过程中城市改造和新区建设,通过建立商务、财政、城建等多部门联席机制,在社区开发建设时统一规划社区商业服务网点,按照不低于10%的社区商业和综合服务设施面积中优先保障生活性服务设施面积需求,集中或相对集中规划建设社区商业服务设施,鼓励有实力的连锁企业参与社区商业建设,到社区设立超市、便利店、标准化菜店、快餐店、洗衣店、理发店等各类便民利民的网点,确保社区商业服务设施与住宅和其他公共服务设施同步规划、同步建设。

对于老旧社区,由于社区商业发展空间有限,应突出拾遗补阙原则,通过行政购置、房产置换、集中连片租赁等方式,加快社区商业服务设施建设,加大对原有网点进行改造升级的力度,鼓励品牌连锁企业采取收购兼并、特许经营、品牌加盟方式对社区的个体店等商业资源进行整合,完善社区便民服务功能。

(四)强化社区生活服务业态配置和供给方式创新

加强社区必备型商业网点配置,重点配置连锁经营的便利店(含直销菜店、平价菜店、放心粮油店)、餐饮(含早餐)、家政服务、再生资源回收点,鼓励发展美容美发、药店、洗染、维修、代收代缴等居民生活必备型商业网点。鼓励企业积极开展定制服务、订单服务、预约服务、电话咨询服务等。鼓励生活性服务企业与电子商务平台、快递企业合作,发展店铺自提、配送到柜以及以实体店为基地送货上门等业务,健全物品接收、送货上门、维修、洗衣、代收代缴等便民服务功能,完善社区便民服务网络。

(五)创新社区生活服务设施管理体制机制

对于涉及民政、商务、文化、邮政等部门管理的社区商业和生活性服务业态,建议建立部门协调机制,由社区居委会统筹负责社区商业及服务设施的综合配置。对社区商业和生活性服务项目进行实时优化和动态调整,坚决制止和纠正不按规定建设配套商业设施、随意改变配套商业用房规划用途性质的行为。

五、完善生活性服务业市场准入制度

为促进生活性服务业规范发展，要坚持放管服并重的原则，在不同环节、不同层次上放宽市场准入的同时，适应新形势、新变化，进一步完善市场准入制度。

（一）进一步放宽市场准入限制

对于文化、健康、养老等事业与产业并存的生活性服务行业，应进一步放宽市场准入限制，着力打破垄断，探索在行业不同环节、不同领域建立负面清单的管理模式，鼓励社会资本参与文化服务、健康服务、体育服务、养老服务等生活性服务业的发展。如扩大医疗健康服务市场开放，允许外商独资办健康机构，允许和支持国外和港澳台地区职业教育机构以控股、独资等方式在国内设立分校。借鉴日本允许外国人从事家政服务业的做法，建议选择北京、上海、深圳三地作为试点，允许引进高素质外籍保姆如菲佣等从事家庭服务工作。

（二）推行技能型从业人员持证上岗制度

从业人员持证上岗是发达国家促进生活性服务业规范发展的通例。法国、意大利、新加坡等发达国家对住宿餐饮、居民和家庭服务业，要求从业人员在上岗之前必须经过严格培训，只有具备了从业人员资格方可上岗。在放宽行业市场准入的同时，必须加强从业人员资质管理，对家政、养老等部分细分生活性服务行业从业人员实行持证上岗制度，以提高服务供给质量。

（三）完善共享经济模式下市场准入制度

借鉴网络约租车平台监管的"上海模式"，对住宿、餐饮、家政等网络交易第三方平台实行许可证制度，个人参与者通过平台审核后获取从业资格上岗证。由网络交易第三方平台对个人参与者的信用进行背书，并统一购买强制责任险。这样既能够实现政府对网络交易第三方平台的监管，也有利于降低共享经济模式下个人创业门槛，营造大众创业的市场环境。

六、加强行业法规标准体系建设

积极借鉴国际经验，加快完善生活性服务业相关法律法规、行业标准和信用体系建设，营造法治化营商环境，促进生活性服务业规范健康发展。

（一）加快完善法律法规体系

加快清理涉及生活性服务业的过时的法律法规，积极推进家庭、养老、健康、餐饮等生活性服务行业立法。一是加快研究制定和完善有关文化、健康、教育培训等行业核心技术、专业技能、知名品牌的知识产权保护的相关法律法规，加强知识产权保护，严厉打击制售侵权假冒商品行为，加大对反复侵权、恶意侵权等行为的处罚力度。加快研究制定商业模式等新形态创新成果的知识产权保护办法。健全知识产权维权援助体系，增强知识产权保护力度。二是借鉴日本、美国等国家经验，加快制定和完善生活性服务业细分领域、新兴业态法律法规体系，支持和规范行业发展。如在零售领域，积极推动《商品流通法》《电子商务法》出台，完善商业网点规划建设管理条例、零售商供应商公平交易等相关法律法规。在养老服务领域，制定社会力量举办社区托老所、日间照料中心管理办法。三是加强从业人员劳动权益保护。如对于家庭服务业，应加快修订《家庭服务业管理暂行办法》，针对易受伤害性，考量家政服务员劳动权益保护，在相关法律条款中明确家政服务员的最低工资标准、工作时间、休息休假、劳动强度及劳动保护等相关内容。

（二）加强标准和服务认证体系建设

根据不同生活性服务行业的特点，加快制定和完善生活性服务行业标准体系，推动生活性服务业标准化建设。针对现有很多生活性服务行业标准落实不到位的情况，在继续制定完善生活性服务行业标准体系的同时，强化现有标准的贯彻执行，鼓励骨干企业率先应用标准，并将符合市场需要的企业标准上升转化为行业标准。加强标准的实施监督检查和跟踪评价，促进标准的推广和实施。建立生活性服务业认证认可制度，在重点领域开展认证示范工作，建立第三方评估制度。如借鉴国外经验，加快建立养老服务机构等级评定制度和养老服务机构第三方评估制度，对养老机构和社区养老服务的质量、效果、效率进行综合评估，强化对养老机构的服务范围、服务质量和服务收费情况的日常监督和年审，提升行业服务质量和水平。

（三）加快行业信用体系建设

针对不同行业的特点，加快研究构建文化、体育、养老、住宿餐饮、家庭服务和居民服务等行业的诚信体系。健全诚信制度，鼓励企业建立服务公示制度、承诺制度、服务评价制度、服务反馈制度、服务跟踪制度。完善行业监管信息平台，建立健全企业和从业人员信用记录、披露和使用制度，鼓励开展信用等级评定。培育和引导市场化平台企业建立基于交易主体评价和社会综合评价的虚拟信用评价机制，推动评价信息在平台之间共享和互认。创新网络监管模式，开展电子商务信用培育与监管，探索建立电子商务第三方交易平台治理机制，推进生活性服务业O2O模式规范发展。完善市场诚信黑名单制度，强化社会道德谴责，约束市场经营主体的失信行为。

（四）完善行业协同监管机制

为规范生活性服务业发展，应利用信息手段加强行业协同监管。一是鼓励政府各监管部门加强协作和信息共享，建立联合监管机制。二是完善生活性服务业相关行业协会职能，推动行业协会向专业化、职业化、服务化方向转型发展，搭建政府与企业沟通的桥梁和纽带，充分发挥行业协会引导和规范生活性服务行业发展的作用。三是积极探索政府部门、行业协会、公众多方参与的协同监管机制，加强对生活性服务企业经营行为的监管，营造多元化主体平等参与、公平竞争的市场环境。

参考文献

中文部分：

1. [加] 赫伯特·G.格鲁伯，迈克尔·A.沃克.服务业的增长：原因与影响 [M].陈彪如译.上海：上海三联书店，1993

2. [美] 维克托·R.富克斯.服务经济学 [M].许微云，万慧芬，孙光德译.北京：商务印书馆，1987

3. [美] 丹尼尔·贝尔.后工业社会 [M].彭强编译.北京：科学普及出版社，1984

4. [美] H.钱纳里，等.工业化和经济增长的比较研究 [M].上海：上海三联出版社，1989

5. [美] H.钱纳里.发展的型式 1950—1970[M].北京：经济科学出版社，1988

6. [美] 西蒙·库兹涅茨.各国的经济增长 [M].北京：商务印书馆，1985

7. [美] 迈克尔·波特.竞争战略 [M].陈小悦译.北京：华夏出版社，1997

8. [美] 迈克尔·波特.竞争优势 [M].陈小悦译.北京：华夏出版社，1997

9. [美] 雅各布·明赛尔.人力资本研究 [M].张凤林译.北京：中国经济出版社，2001

10. [澳] 杨小凯，黄有光.专业化与经济组织——一种新兴古典为观经济学框架 [M].张玉纲译.北京：经济科学出版社，1999

11. [英] 亚当·斯密.国民财务的性质和原因的研究 [M].北京：商务印书馆，1997

12. 黄少军.服务业与经济增长 [M].北京：经济科学出版社，2000

13. 魏江，Mark Boden，等.知识密集型服务业与创新 [M].北京：科学出版社，2004

14. 程大中.生产者服务论——兼论中国服务业发展与开放 [M].上海：文汇出版社，2005

15. 陈宪，程大中.黏合剂：全球产业与市场整合中的服务贸易 [M].上海：上海社会科学院出版社，2001

16. 周振华.产业结构优化论 [M].上海：上海人民出版社，1992

17. 刘志彪，等.经济结构优化论 [M].北京：人民出版社，2003

18. 刘伟.工业化进程中的产业结构研究 [M].北京：中国人民大学出版社，1995

19. 芮明杰，刘明宇，任江波.论产业链整合 [M].上海：复旦大学出版社，2006

20. 陈英.后工业经济：产业结构变迁与经济运行特征 [M].天津：南开大学出版社，2005

21. 任旺兵.我国服务业发展的国际比较与实证研究 [M].北京：中国计划出版社，2005

22. 于刃刚，李玉红，麻卫华，于大海.产业融合论 [M].北京：人民出版社，2006

23. 吴德进.产业集群论 [M].北京：社会科学文献出版社，2006

24. 高汝熹，张洁.知识服务业——都市经济第一支柱产业 [M].上海：上海交通大学出版社，2004

25. 李善同，华而诚.21 世纪初的中国服务业 [M].北京：经济科学出版社，2002

26. 程红，熊梦，刘扬，路红艳.会展经济：现代城市"新的经济增长点" [M].北京：经济日报出版社，2003

27. 夏永轩，乔军.汽车服务利润，北京：机械工业出版社，2006

28. 周振华.现代服务业发展研究 [M].上海：上海社会科学出版社，2005

29. 李悦，李平.产业经济学 [M].大连：东北财经大学出版社，2002

30. 刘荣明.现代服务业统计指标体系及调查方法研究 [M].上海：上海交通大学出版社，2006

31. 李江帆.中国第三产业发展研究 [M].北京：人民出版社，2005

32. 李江帆.中国第三产业经济分析 [M].广州：广东人民出版社，2004

33. 江小涓，等.服务经济——理论演进与产业分析 [M].北京：人民出版社，2015

34. 迟福林.转型抉择——2020：中国经济转型升级的趋势与挑战 [M].北京：中国经济出版社，2015

35. 任兴洲，王青，等.新时期我国消费新增长点研究 [M].北京：中国发展出版社，2014

36. 李刚，聂平香，等.新时期中国服务业开放战略及路径 [M].北京：经济科学出版社，2016

37. 宋立，郭春丽，等.中国经济新常态 [M].北京：中国言实出版社，2015

38. 路红艳.生产性服务业与制造业结构升级——基于产业互动、融合的视角 [J].财贸经济，2009（9）

39. 路红艳.基于产业视角的生产性服务业发展模式研究 [J].财贸经济，2008（6）

40. 路红艳.国外生产性服务业与制造业的关联性研究综述 [J].国外经济管理，2007（4）

41. 王保伦，路红艳.生产性服务业与地区产业竞争力的提升 [J].经济问题探索，2007（7）

42. 路红艳.大力发展生产性服务业，促进我国产业结构优化升级 [J].经济前沿，2008（1）

43. 路红艳.生产性服务业与制造业结构调整的市场化机制 [J].商业时代，2014（5）

44. 路红艳.国外发展生产性服务业的政策与启示 [J].中国经贸导刊，2010（9）

45. 路红艳.法国发展民生服务业的政策措施及启示 [J].中国经贸导刊，2009（2）

46. 路红艳.加快创新我国生活性服务业发展模式 [J].中国经贸导刊，2013（10）

47. 路红艳.国外生活性服务业发展的政策与启示 [J].商场现代化，2013（11）

48. 路红艳.把优化生活性服务业供给作为扩消费的重要着力点 [N].国际商报，2016-02-22

49. 俞华，路红艳等.把扩大生活服务消费培育成新增长点 [J].中国国情国力，2015（10）

50. 俞华，路红艳. 我国生活性服务业政策梳理与分析 [J]. 中国经贸导刊，2014（30）

51. 路红艳. 借鉴国际经验发展养老服务 [N]. 经济日报，2015-07-16

52. 李金勇. 上海生产性服务业发展研究 [D]. 中国博士论文全文数据库，2005

53. 王金武. 我国生产性服务业与制造业互动分析及其对策研究 [D]. 中国硕士论文全文数据库，2005

54. 甄峰，顾朝林，朱传耿. 西方生产性服务业研究述评 [J]. 南京大学学报（社会科学版），2001（3）

55. 钟韵，阎小培. 西方地理学界关于生产性服务业作用研究述评 [J]. 人文地理，2005（3）

56. 李江帆，毕斗斗. 国外生产服务业研究述评 [J]. 外国经济与管理，2004（11）

57. 高春亮. 文献综述：生产者服务业概念、特征与区位 [J]. 上海经济研究，2005（11）

58. 赵群毅，周一星. 西方生产性服务业的地理学研究进展 [J]. 地理与地理信息科学，2005（11）

59. 顾乃华，毕斗斗，任旺兵. 生产性服务业与制造业互动的发展：文献综述 [J]. 经济学家，2006（6）

60. 肖祥辉，李忠民. 服务经济理论研究述评 [J]. 重庆工商大学学报（西部论坛），2005（8）

61. 刘书翰. 新熊彼特服务创新研究：服务经济理论的新发展 [J]. 经济社会体制比较，2005（4）

62. 张卿. 20 世纪 30 年代以来西方服务增长理论述评 [J]. 南方经济，2005（7）

63. 刘志彪. 现代服务业的发展：决定因素与政策 [J]. 江苏社会科学，2005（6）

64. 刘志彪. 发展现代生产者服务业与调整优化制造业结构 [J]. 南京大学学报（哲社版），2006（5）

65. 刘志彪. 基于制造业基础的现代生产者服务业发展 [J]. 江苏行政学院学报，2006（5）

66. 周振华. 产业融合：产业发展及经济增长的新动力 [J]. 中国工业经济，2003（4）

67. 周振华. 现代服务业发展：基础条件及其构建 [J]. 上海经济研究，2005（9）

68. 周振华. 产业融合拓展化：主导因素及基础条件分析（上）[J]. 社会科学，2003（3）

69. 郑吉昌. 生产性服务业的发展与分工的深化 [J]. 管理评论，2005（5）

70. 郑吉昌，夏晴. 论新兴工业化和现代服务业的互动发展 [J]. 社会科学家，2004（6）

71. 郑吉昌，夏晴. 基于互动的服务业发展与制造业竞争力关系 [J]. 工业工程与管理，2005（4）

72. 郑吉昌，夏晴. 现代服务业与制造业竞争力关系研究 [J]. 财贸经济，2004（9）

73. 高传胜. 生产者服务业与经济国际化：耦合性与互动发展 [J]. 现代经济探讨，2004（11）

74. 高传胜，刘志彪. 生产者服务于长三角制造业集聚和发展——理论、实证和潜力分析 [J]. 上海经济研究，2005（8）

75. 程大中，陈福炯. 中国服务业相对密集度及对其劳动生产率的影响 [J]. 管理世界，2005（2）

76. 程大中. 论服务业在国民经济中的"黏合剂"作用 [J]. 财贸经济，2004（2）

77. 江小涓. 我国服务业加快发展的条件正在形成 [J]. 首都经济大学学报，2004（3）

78. 江小涓. 产业结构优化升级：新阶段和新任务 [J]. 财贸经济，2005（4）

79. 林民书，韩润娥. 我国第三产业发展滞后的原因及结构调整 [J]. 厦门大学学报，2005（1）

80. 林民书，杨治国. 调整第三产业结构推动生产性服务业发展 [J]. 经济学动态，2005（5）

81. 陈宪，黄建锋. 分工、互动与融合：服务业与制造业关系演进的实证研究 [J]. 中国软科学，2004（10）

82. 吕政，刘勇，王钦. 中国生产性服务业发展的战略选择 [J]. 中国工业经济，2006（7）

83. 顾乃华，毕斗斗，任旺兵. 中国转型期生产性服务业发展与制造业竞争力关系研究 [J]. 中国工业经济，2006（9）

84. 聂清. 生产者服务业与制造业关联效应研究 [J]. 国际商务研究，2006（1）

85. 刘重. 生产服务业对产业结构的影响及发展趋势分析 [J]. 未来与发展，2006（6）

86. 刘重，冯培英. "双轮驱动"生产性服务业与制造业的协调发展 [J]. 经济界，2005（6）

87. 刘重. 现代生产性服务业与经济增长 [J]. 天津社会科学，2006（2）

88. 钟韵，阎小培. 我国生产性服务业与经济发展关系研究 [J]. 人文地理，2003（5）

89. 王贵全. 生产性服务对贸易格局的影响 [J]. 亚太经济，2002（2）

90. 姚为群. 生产性服务——服务经济形成与服务贸易发展的原动力 [J]. 世界经济研究，1999（3）

91. 王玉倩，白玲. 促进我国服务经济发展的思考 [J]. 经济与管理研究，2005（7）

92. 李江帆，刘继国. 新型工业化与广东第三产业升级优化 [J]. 南方经济，2005（5）

93. 刘继国. 制造业服务化带动新型工业化的机理与对策 [J]. 经济问题探索，2006（6）

94. 夏杰长，尚铁力. 西方现代服务经济研究综述 [J]. 国外社会科学，2006（3）

95. "服务经济发展与服务经济理论研究"课题组. 西方经济理论回溯 [J]. 财贸经济，2004（10）

96. 吴颖，刘志迎，丰志培. 产业融合问题的理论研究动态 [J]. 产业经济研究，2004（4）

97. 马云泽. 世界产业结构软化趋势探析 [J]. 世界经济研究，2004（1）

98. 李美云. 国外产业融合研究新进展 [J]. 外国经济与管理，2005（12）

99. 代文，秦远建. 基于产业集群的现代服务业发展模式研究 [J]. 科技进步与对策，2006（3）

100. 崔焕金，洪华喜. 地方产业集群演进与升级考察 [J]. 经济问题探索，2005（12）

101. 杨亚琴，王丹. 国际大都市现代服务业集群发展的比较研究 [J]. 世界经济研究，2005（1）

102. 李红. 知识密集型服务业集群研究述评 [J]. 科学管理研究，2005（12）

103. 王晓玉. 国外生产性服务业集聚研究述评 [J]. 当代财经，2006（3）

104. 魏江. 发展生产性服务业的战略思考 [J]. 浙江经济，2006（7）

105. 高峰. 全球价值链视角下制造业与服务业的互动 [J]. 现代管理科学，2007（1）

106. 路红艳. 中国工业化进程与新型工业化 [J]. 经济纵横，2007（1）

107. 华而诚. 论服务业在国民经济发展中的战略性地位 [J]. 经济研究，2001（12）

108. 李海舰，袁磊. 基于价值链层面的利润转移研究 [J]. 中国工业经济，2005（6）

109. 宁吉喆 . 以消费升级为导向 加快推进供给侧结构性改革 [N]. 经济日报，2016-03-29

110. 焦旸 . 法国的家政服务业 [J]. 中国劳动，2013（12）

111. 刘诗白 . 论增大有效供给 [J]. 经济学家，2000（1）

112. 赵雅萍，吴丰林 . 国内外中长期旅游业发展政策的比较、借鉴与对策 [J]. 发展研究，2015（10）

113. 刘元发 . 促进我国文化产业发展的财税政策研究 [D]. 北京：财政部财政科学研究所，2014

114. 杨信 . 促进我国体育产业发展的财税政策研究 [D]. 南京：南京师范大学，2015

115. 舒文 . 我国文化产业发展政策支持体系问题研究 [D]. 湘潭：湘潭大学，2012

116. 唐海秀 . 促进家庭服务业发展的财税政策研究 [D]. 北京：财政部财政科学研究所，2011

117. 孙倩璐，陆杰华 . 关于养老服务业税收政策创新的国际借鉴与启示的思考 [J]. 老龄科学研究，2016（3）

118. 李萌 . 支持我国养老服务体系发展的财税政策研究 [D]. 北京：财政部财政科学研究所，2015

119. UNDP"促进中国养老服务体系发展的财税政策研究"课题组 . 促进中国养老服务体系发展的财税政策研究 [J]. 财政研究，2012（4）

120. 戴卫东 . 国外长期护理保险制度：分析、评价及启示 [J]. 人口与发展，2011（7）

121. 高春兰，班娟 . 日本和韩国老年长期护理保险制度比较研究 [J]. 人口与经济，2013（3）

122. 付诚，韩佳均 . 我国养老服务产业化发展的现实困境与改进策略 [J]. 经济纵横，2015（12）

123. 李广明，胡立，朱远方 . 我国养老服务业的财税体制改革探讨 [J]. 中国劳动，2015（2）

124. 北京市地方税务局、北京税收法制建设研究会课题组 . 我国养老服务业税收政策创新研究 [J]. 老龄科学研究，2016（3）

125. 纪宁，孙东 . 法国发展养老服务业促进就业和完善社会保障的启示与借鉴 [J]. 中国经贸导刊，2010（23）

126. 唐振兴 . 对发展中国养老服务业的思考 [J]，老龄科学研究，2014（4）

127. 班晓娜，葛稣 . 国外发展养老服务产业的做法及其启示 [J]，大连海事大学学报（社会科学版），2013（6）

128. 郭竞成 . 居家养老模式的国际比较与借鉴 [J]. 社会保障研究，2010（1）

129. 侯立平 . 美国"自然形成退休社区"养老模式探析 [J]. 人口学刊，2011（2）

130. 韩艳 . 中国养老服务政策的演进路径和发展方向 [J]. 东南学术，2015（4）

131. 金璐 . 中英两国养老服务业政府供给方式比较 [D]. 上海：上海工程技术大学，2015

132. 姜长云 . 家庭服务业发展的国际经验 [J]. 经济研究参考，2010（56）

133. 骆雷 . 体育强国建设中我国竞赛表演业政策研究 [D]. 上海：上海体育学院，2013

134. 茆晓颖 . 促进我国体育产业发展的财政政策支持研究 [D]. 成都体育学院，2015（4）

135. 祁述裕，孙博，曹伟，纪芬叶 . 2000—2014 年我国文化产业政策体系研究 [J]. 东岳论丛，2015（5）

136. 李季 . 我国文化产业财税政策研究 [D]. 沈阳：东北财经大学，2013

137. 漆亮亮 . 促进机构养老服务业发展的税收政策探析 [J]. 中国国情国力，2015（3）

138. 胡怡建 . 支持养老服务发展的税收政策研究 [J]. 公共治理评论，2015（10）

139. 魏鹏娟 . 我国体育赞助税收政策研究 [J]. 西安体育大学，2013（11）

140. 王晓芳，张瑞林 . 中、英、日非营利体育组织税收优惠制度比较 [J]. 武汉体育学院学报，2013（12）

141. 郭竞成 . 居家养老模式的国际比较与借鉴 [J]. 社会保障研究，2010（1）

142. 陈广玉 . 世界电影产业发展及扶持政策掠影之法国 . 上海情报服务平台网，http://www. istis.sh.cn，2015–08–27

143. 李善同，高传胜 . 中国生产者服务业发展与制造业升级 [M]. 上海：上海三联书店，2008

144. 魏江，周丹著 . 生产性服务业与制造业融合互动发展——以浙江省为例 [M]. 北京：科学出版社，2011

145. 姜长云 . 发展农业生产性服务业的模式、启示与政策建议——对山东省平度市发展高端特色品牌农业的调查与思考 [J]. 宏观经济研究，2011（3）

146. 刘建国 . 上海市消费服务业的变动趋势与政策选择 [J]. 上海上海经济研究，2007（10）

147. 邹坦永 . 国内消费者服务业研究成果述评 [J]. 商业时代，2011（7）

148. 梁华峰 . 消费性服务业研究综述 [J]. 中国人口资源与环境，2014（5）

149. 郝宏杰，付文林 . 劳动力技术禀赋与消费性服务业增长——来自中国省级层面的经验证据 [J]. 财贸研究，2015（2）

150. 王燕，吴蒙 . 我国是否已进入经济服务化时代——判断标准及目前所处阶段 [J]. 经济问题，2016（2）

151. 王晓红，李勇坚 . 全球服务业形势分析与展望 [J]. 全球化，2016（1）

152. 刘春雨，皮建华等 . 促进生活性服务供需匹配助力供给侧结构性改革 [J]. 中国经贸导刊，2016（7）

外文部分：

1. Abdrew J. Krmenec and Adrian X. Esparza, " Entrepreneurship and extraregional trade in the producer services", *Growth and Change*, Vol.30 (1999),pp.213-236.

2. Adrian Esparza, "Small manufacturing firm business services externalization in

the Chicago metropolitan region", *Urban Geography*,1992,13,1,pp.68-86.

3．Alan MacPherson, "The role of producer service outsourcing in the innovation performance of New York Sate manufacturing firms", *Annals of the association of American geograthers*, Vol.87, No.1 (Mar.,1997), 52-71.

4．A MacPherson, "Industrial innovation in the small business sector: empirical evidence from metropolitan Toronto", *Environment and Planning A*,1988,Vol. 20,pp.953-971.

5．Alan MacPherson, "Industrial innovation and technical service linkages: empirical evidence from Toronto", *Urban Geography*,1988,9,5,pp.466-486.

6．Alan Jones, "On the interrelationships between the services-producing industries and the goods-producing industries of Canada", *The service Industries Journal*,Vol.12, No.4(1992),pp.497-512.

7．Alber de Vaal, Marianne van den Berg, "Producer services, economic geography, and services tradability", *Journal of regional science*, Vol.39,No.3(1999),pp.539-572.

8．Angela Airoldi,Giancarlo Bianchi Janetti,Antonio Gambardella and Lanfranco Senn, "The impact of urban structure on the location of producer services", *The Service Industries Journal*,Vol.17,No.1(1997),pp.91-114.

9．A S Bailly, D Maillat, W J Coffey, "Service activities and regional development: some European examples", *Environment and Planning A*,1987,Vol. 19,p 653-668.

10．Celine Boteus-Orain. Rachel Guillain, "Changes in the intrometropolitan location of producer services in France (1978-1997): Do information technologies promote a more dispersed spatial pattern?", *Urban Geography*,2004,25.6. pp.550-578.

11．Christian Schulz, "Foreign environments: The internationalization of environmental producer services", *The service industries journal* 25(3)-2005.

12．Christian Schulz, "Environmental service-providers, knowledge transfer, and the greening of industry", *IGU commission on the organization of industrial space annual residential conference.* Dongguan/China,8-12 August 2000.

13．C. Michael Wernerheim and Christopher A. Sharpe, "'High Order' Producer Services in Metropolitan Canada: How Footloose Are They?"*Regional Studies,*

Vol.37.5,pp.469-490,July 2003.

14．C Michael Wernerheim and Christopher A Sharpe, "Producer services and the 'mixed-market' problem: some empirical evidence", *Area,* (1999) 31.2,123-140.

15．David P. Lindahl; William B. Beyers, "The creation of competitive advantage by producer service establishments", *Economics geography*, Vol.75, No.1 (Jan., 1990), 1-20.

16．D M W N Hitchens, "The adequacy of the supply of professional advisory services to manufacturing firms in rural mid Wales",*The Service Industries Journal*,Vol.1 7,No.4(1997),pp.669-689.

17．D M W N Hichens, P N O'Farrell, C D Conway, "The competitiveness of business services in the Republic of Ireland, Northern Ireland, Wales, and the South East of England", *Environment and Planning A*,1996,Vol. 1928,p 1299-1313.

18．Donghoon Lee, Kenneth I. Wolpin, "Intersectoral labor mobility and the growth of the service sector", *Econometrica*, Vol. 74,No.1(2006),1-46.

19．D Phillips, A D MacPherson, B Lentnek, "The optimum size of a producer service firm facing uncertain demand", *Environment and Planning A*,1998,Vol 30,p 129-141.

20．Emmanuel Muller, Andrea Zenker, "Business services as actors of knowledge transformation and diffusion: some empirical findings on the role of KIBS in regional and national innovation systems. Arbeitspapiere Unternehmen und region", *Working Papers Firms and Region* No. R2/2001.

21．Eric C. Thompson, " Producer services", *Kentucky Annual Economic Report 2004.*

22．Francisco J. Buera and Joseph P. Kaboski, "The rise of the service economy",2006.

23．Frank Moulaert and Camal Gallouj, "The locational geography of advanced producer service firms: the limits of economies of agglomeration", *The Service Industries Journal*,Vol.13,No.2(1993),pp.91-106.

24．Gregory Ryan Schrock, "Innovation and High-technology producer services:

evidence frow Twin cities firms", A thesis submitted to the faculty of the graduate school of the university of Minnesota. January 2003.

25．Heidi Dahles, "Producer services and Urban restructuring: Western theoretical perspectives", *The first seminar on " Brokers of Capital and Knowledge*: *Producer Services and Social Mobility in Provincial Asia*",1960-2000,March 15,1999.

26．Heidi Dahles, "Advanced Producer Services in Singapore: A Vehicle for the New professional Classes?" Paper for the workshop *" Brokers of Capital and Knowledge: Producer Services and Social Mobility in Provincial Asia*", Amsterdam, May 8-10,2000.

27．Hildegunn Kyvik Nordas.SNF, "Information technology and producer services-A source of economic development: The South African Case", *Trade and industrial policy strategies 2001 Annual Forum,* September 10-12,2001.

28．James R. Markusenm, "Trade in producer services and in other specialized intermediate inputs", *The American economic review*, Vol.79, No.1 (Mar., 1989), 85-95.

29．James Markusen, Thomas F. Rutherford, David Tarr, "Trade and direct investment in producer services and the domestic market of expertise", *Canadian Journal of Economics*,Vol.38,No.3 (2005) ,pp.758-777.

30．James Hodge, "Hildegunn Kyvik Nordas. Liberalization of Trade in Producer Services-the impact on Developing Countries", *CMI Report*，1999.

31．James R. Melvin, "Trade in producer services: A Heckscher-Ohlin Approach", *Journal of Political Economy*,1989,Vol.97,No.5.

32．James W. Harrington, Jr., "Empirical-Research on Producer Service Growth and Regional-Development - International Comparisons", *Professional Geographer* 47 (1): 66-69 Feb 1995.

33．J W Harrington Jr, J R Lombard, "Producer-service firms in a declining manufacturing region", *Environment and Planning A*,1989,Vol. 21p 65-79.

34．James W. Harrington,Jr. Harrison S. Campbell,Jr., "The suburbanization of producer service employment", *Growth and Change*. Vol. 28 (1997), pp.335-359.

35．Janet Y. Murray,Masaaki Kotabe, "Sourcing strategies of U.S. service companies: a modified . Jeff Crump and Norman Walzer", Producer-service Workers in the Nonmetropolitan Midwest.*workshop "The changing rural economy of the Midwest"*,1996.

36． J H J van Dinteren, "The role of business-service offices in the economy of medium-sized cities", *Environment and Planning A*,1987,Vol. 19,p 669-686.

37． J N Marshall, "Linkage between manufacturing industry and business services", *Environment and Planning A*,1982,Vol. 14,p1523-1540.

38． J N Marshall, P Damesick, P Wood, "Understanding the location and role of producer services in the United Kingdom", *Environment and Planning A*,1987,Vol. 19,p 575-595.

39． J N Marshall, C Jaeger, "Service activities and uneven spatial development in Britain and its European partners: determinist fallacies and new potions", *Environment and Planning A*,1990,Vol. 22,p 569,1337-1354.

40． J. N. Marshall, "Business reorganization and the development of corporate services in metropolitan areas", *The Geographical Journal*, Vol. 160,No.1(1994),pp.41-49.

41． J N Marshall, "Research policy and review 4. Services in a postindustrial economy", *Environment and Planning A*,1985,Vol. 17,p1155-1167.

42． John Humphrey and Hubert Schmitz, "How Does Insertion in Global Value Chains Affect Upgrading in Industrial Clusters?" *Regional Studies*, Vol.36.9,pp.1017-1027,2002.

43． John Bryson, David Keeble and Peter Wood, "The creation,Location and growth of small business service firms in the United Kingdom",*The Service Industries Jo urnal*,Vol.13,No.2(1993),pp.118-131.

44． John R. Bryson, " Services and internationalisation: annual report on the progress of research into service activities in Europe in 1998", *The Service Industries Jo urnal*,Vol.21,No.1(2001),pp.227-240.

45． J R Bryson, P. W. Daniels and D. R. Ingram, "Methodological problems and economic geography: the case of business services", *The Service Industries Journal*,Vol.

2119,No.4(1999),pp.1-16.

46. Johanna Nahlinder, " An introduction to innovation in FIRE services", 2000.

47. Johan Hauknes, "Knowledge intensive services—what is their role?" For the OECD Business and Industry Policy Forum on realizing the potential of the service economy: facilitating growth, innovation and competition, Paris ,28 September 1999.

48. Joseph F. Francois, "Trade in producer services and returns due to specialization under monopolistic competition", *The Canadian journal of economics*, Vol.23, No.1 (Feb., 1990), 109-204.

49. Joseph F. Francois, "Explaining the Pattern of trade in producer services", *International economic journal*, Vol.7, No.3 (Autumn 1993), 1-9.

50. Joseph F. Francois, "Producer services, scale, and the division of labor", *Oxford economic papers*, Vol.42 (1990), 715-729.

51. Kevin O'Connor and Thomas A. Hutton, " Producer services in the Asia Pacific Region: an overview of research issues", *Asia Pacific Viewpoint*, Vol.39,No.2 (1998),pp.139-143.

52. Kevin O'Connor, Peter Daniels, "The geography of international trade in services: Australia and the APEC region", *The economics and socio-economics of services: international perspectives*,2000.

53. K O'Connor, "The location of services involved with international trade", *Environment and Planning A*,1987,Vol. 19,p 687-700.

54. L. E. Juleff-tranter, "Advanced producer services: just a service to manufacturing?" *The Service Industries Journal*,Vol.16,No.3(1996),pp.19-34,389-400.

55. Lisa M. Ellram, Wendy L. Tate, Corey Billington, "Understanding and managing the services supply chain", *The Journal of Supply Chain Management*,Fall 2004,pp.17-32.

56. Luis Rubalcaba and David Gago, "Relationships between services and competitivenss: the case of Spanish trade", *The Service Industries Journal*,Vol.21,No.1(2 001),pp.35-62.

57. Metka Stare, "Advancing the development of producer services in Slovenia

with foreign direct investment", *The Service Industries Journal*,Vol.21,No.1(2001), pp.19-34.

58. Michael A. Landesmann and Pascal Petit, "International trade in producer services: alternative explanations", *The Service Industries Journal*,Vol.15,No.2(1995), pp.123-161.

59. Morshidi Sitat, "Producer services and growth management of a metropolitan region: the case of Kuala Lumpur,Malaysia", *Asia Pacific Viewpoint*,Vol.39,No.2(1998), pp.221-235.

60. Morihiro Yomogida, "Communication Costs, Producer Services, and International Trade". 2004.

61. M Perry, "The capacity of producer services to generate regional growth: some evidence from a peripheral metropolitan economy", *Environment and Planning A*,1991,Vol. 23,p 1331-1347.

62. Niles Hansen, "The strategic role of producer services in regional development", *International regional Science Review*,Vol.16,No.1&2 (1994),pp.187-195.

63. Niels Bosma, Erik Stam, Veronique Schutjens,"Creative destruction and regional productivity growth: evidence from the Dutch manufacturing and services industries",*Small Business Economics*, Vol. 36, No. 4, Entrepreneurial Dynamics and Regional Growth (May 2011), pp. 401-418.

64. North American Industry Classification System (NAICS US). R etail Trade: NAICS 44-45 (EB/OL).Washington，DC: The U.S.Bureauof Labor Statistics (BLS) , 2013 - 10 -02 http: / /www. bls. gov /iag /tgs /iag44- 45. htm.

65. N. M. Coe, "The externalisation of producer services debate: the UK computer services sector", *The Service Industries Journal*,Vol.20,No.2(2000),pp.64-81.

66. N M Coe, "Exploring uneven development in producer service sectors: detailed evidence from the computer service industry in Britain", *Environment and Planning A*,1998,Vol.30,pp.2041-2068.

67. P A Wood, J Bryson, D Keeble, "Regional patterns of small firm development

in the business services: evidence from the United Kingdom", *Environment and Planning A,* 1993.

68．Peter A. Wood, "Flexible accumulation and the rise of business services", *Transactions of the institute of British Geographers,New Series,* Vol.16,No.2(1991), pp.160-172.

69．Peter Wood, "Urban development and knowledge-intensive business services: too many unanswered questions?" *Growth and Change,* Vol.37,No.3(2006),pp.335-361.

70．Peter Wood, "Regional innovation and business services", Scott Policy Seminar, May 2001.

71．Peter Sjqholt, "Skills in services. The dynamics of competence requirement in different types of advanced producer services. Some evidence from Norway", *The Service Industries Journal,* Vol.2119,No.1(1999),pp.61-79.

72．P J Dunham, "Reconceptualising manufacturing-service linkages: a realist approach", *Environment and Planning A,* 1997,Vol. 29,p 349-364.

73．P N O'Farrell, D M W N Hitchens, "Research policy and revies 32. Producer services and regional development: a review of some major conceptual policy and research issues", *Environment and Planning A,* 1990,Vol.22,p 1141-1154.

74．P N O'Farrell, "The performance of business-service firms in peripheral regions: an international comparison between Scotland and Nova Scotia", *Environment and Planning A,* 1993,Vol. 25,p 1627-1648.

75．P N O'Farrell, L Moffat, P A Wood, "Internationalisztion by business services: a methodological critique of foreign-market entry-mode choice", *Environment and Planning A,* 1995,Vol. 27,p 683-697.

76．P N O'Farrell, P A Wood, "Internationalisation by business service firms: towards a new regionally based conceptual framework", *Environment and Planning A,* 1998,Vol. 19,No.30,p 109-128.

77．P. N. O'Farrell ,D. M. Hitchens and L. A. R. Moffat, "The competitive advantage of business service firms: a matched Pairs analysis of the relationship between generic strategy and performance", *The Service Industries Journal,* Vol.13,No.1(1993), pp.40-64.

78. P. W. Daniels, "Reflections on the 'old' economy, 'new' economy ,and services", *Growth and Change*, Vol.35,No.2 (2004),pp.115-138.

79. P.W.Daniels, "Export of services or servicing exports? " *Geogr. Ann*,2000,82B(1):1-15.

80. P.W.Daniels, "Economic development and producer services growth: the APEC experience", *Asia Pacific Viewpoint*,Vol.39,No.2 (1998),pp.145-159.

81. P W Daniels, " Producer-services research: a lengthening agenda", *Environment and Planning A*,1997,Vol.19,p 569-574.

82.Peter J. Taylor, Ben Derudder, James Faulconbridge, Michael Hoyler, Pengfei Ni,"Advanced Producer Service Firms as Strategic Networks, Global Cities as Strategic Places",*Economic Geography*, Vol. 90, No. 3 (July 2014), pp. 267-291.

83. Ravi Bapna, Nishtha Langer, Amit Mehra, Ram Gopal, Alok Gupta, "Human Capital Investments and Employee Performance: An Analysis of IT Services Industry",*Management Science*, Vol. 59, No. 3 (March 2013), pp. 641-658.

84. S Bagchi-Sen, J Sen, "The current state of knowledge in international business in producer services", *Environment and Planning A*,1997,Vol. 29,p 1153-1174.

85. S. Bagchi-sen, "Wage Variations in advanced producer service work in New York", *The Service Industries Journal*,Vol.21,No.3(2001),pp.64-86.

86. Shirley L. Porterfield, Glen C. Pulver, "Exports,impacts, and locations of services producers", *International regional Science Review*,Vol.14,No.1 (1991),pp.41-59.

87. Sourafel Girma and Richard Kneller, "Convergence in the UK service sector: firm level evidence ,1988-1998", *Scottish Journal of Political Economy*,Vol.52,No.5(200 5),pp.736-746.

88. Stefanie Broring, L. Martin Cloutier and Jens Leker, "The front end of innovation in an era of industry convergence: evidence from nutraceuticals and functional foods", *R&D Managemet*, Vol.36,No.5(2006),pp.487-498.

89. Steven C. Wilber, "Are services bad for growth? Evidence from a panel of OECD economies", 2002.

90. Sue Birley and Paul Westhead, "New producer services businesses: are they any different from new manufacturing ventures?" *The Service Industries Journal*,Vol.14, No.4(1994),pp.455-481.

91. Sven Illeris and Jean Philippe, "Introduction: the role of services in regional economic growth", *The Service Industries Journal*,Vol.13,No.2(1993),pp.3-10.

92. Teresa Garcia-Mila. Therese J. McGuire, "A note on the shift to a service-based economy and the consequences for regional growth", *Journal of regional science*,Vol.38,No. 2(1998),353-363.

93. Willian B.Beyers, "Impacts of IT advances and E-commerce on transportation in producer services", *Growth and Change*, Vol.34,No.4(2003),pp.433-455.

94. William B. Beyers, "Impacts of IT Advances and E-Commerce on Transportation in Producer Services",*Growth Change* 34 (4): 433-455 Fal 2003.

95. William B. Beyers, "Workplace Flexibilities in the Producer Services". *Service Industries Journal* 19 (1): 35-60 Jan 1999.

96. William B. Beyers, "The Creation of Competitive Advantage by Producer Service Establishments", *Economic Geography* 75 (1): 1-20 Jan 1999.

97. William B. Beyers, "Strategic-Behavior and Development Sequences in Producer Service Businesses", *Environment and Planning A* 29 (5): 887-912 May 1997.

98. William B. Beyers, "Explaining the Demand for Producer Services: Is Cost-Driven Externalization the Major Factor? " *Papers in Regional Science,* 75 (3): 351-374 Jul 1996.

99. William B. Beyers, "Producer Services",*Progress in Human Geography* 17 (2): 221-231 Jun 1993.

100. William B. Beyers, "Current Trends in Outsourcing in the Producer Services in the United States", *XIV Conference RESER*-23,24 septembre 2004-Castres.

101. W B Beyers, D P Lindahl, "Strategic behavior and development sequences in producer service businesses", *Environment and Planning A*,1997,Vol. 29,p 887-912.

102. William B. Beyers, "Producer services", *Progress in Human Geography,*Vol. 17,No.2(1993),pp.221-231.

103．William J. Coffey, "Forward and backward linkages of producer-services establishments: evidence from the Montreal metropolitan area", *Urban Geography,*1996, Vol.17,No.7,pp.604-632.

104．W J Coffey, M Polese, "Trade and location of producer services: a Canadian perspective", *Environment and Planning A*,1987,Vol.19,p 597-611.

105．W J Coffey, A S Bailly, "Service activities and the evolution of production systems: an international comparison", *Environment and Planning A,*1990,Vol.22,p 1607-1620.

106．William J. Coffey, "The geographies of producer services", *Urban geography*, 2000,Vol.21,No.2, pp.170-183.

107．William J. Coffey and Richard G. Shearmur, "The growth and location of high order services in the Canadian urban system,1971-1991", *Professional Geography*, 49(4)1997,pp.404-418.

108．W. Richard Goe, "The producer Services sector and development within the deindustrializing urban community", *Social forces*, Vol.72, No.4 (Jun., 1994), 971-1009.

109．W. Richard Goe, " Factors associated with the development of nonmetropolitan growth nodes in producer services industries, 1980-1990", *Rural Sociology,* Vol.67,No.3(2002),pp.416-441.

110．W Z Michalak, K J Fairbairn, "The producer service complex of Edmonton: the role and organization of producer services firms in a peripheral city", *Environment and Planning A*,1993,Vol. 25,p761-777.

111．Yu Zhou, "Beyond ethnic enclaves: Location strategies of Chinese producer service firms in　Angeles", *Economic Geography*, Vol.74,No.3(Jil.,1998),228-251.